O REBELDE DO TRAÇO

Dênis de Moraes

O REBELDE DO TRAÇO
A VIDA DE HENFIL

3ª edição, revista e ilustrada

Rio de Janeiro, 2016

CIP-BRASIL. CATALOGAÇÃO NA PUBLICAÇÃO
SINDICATO NACIONAL DOS EDITORES DE LIVROS, RJ

M818r   Moraes, Dênis de, 1954-
      O rebelde do traço: A vida de Henfil / Dênis de Moraes. – 3ª ed. revista
e ampliada – Rio de Janeiro: José Olympio, 2016.
      il.

      ISBN 978-85-03-01273-7

      1. Henfil, 1944-1988. 2. Cartunistas – Brasil – Biografia –
Juventude. I. Título.

CDD: 927.415
16-29837   CDU: 929:741.5

Copyright © Dênis de Moraes, 1996, 2016

Todos os esforços foram feitos para localizar os fotógrafos das imagens. A editora
compromete-se a dar os devidos créditos numa próxima edição, caso os autores
reconheçam e possam provar sua autoria. Nossa intenção é divulgar o material
iconográfico de maneira a ilustrar as ideias aqui publicadas, sem qualquer intuito de
violar direitos de terceiros.

Capa: Ana Bahia
Fotos de capa: Fernando Seixas/O Cruzeiro/EM/D.A Press

Este livro foi revisado segundo o novo Acordo Ortográfico da Língua Portuguesa.

Todos os direitos reservados. Proibida a reprodução, armazenamento ou transmissão de
partes deste livro, através de quaisquer meios, sem prévia autorização por escrito.

EDITORA JOSÉ OLYMPIO LTDA.
Rua Argentina, 171 – 3º andar – São Cristóvão
20921-380 – Rio de Janeiro, RJ
Tel.: (21) 2585-2060

Seja um leitor preferencial Record.
Cadastre-se e receba informações sobre nossos lançamentos e promoções.

ISBN 978-85-03-01273-7

Impresso no Brasil
2016

Sumário

Apresentação à Nova Edição — Dênis de Moraes   9

Prefácio — Janio de Freitas   13

O moleque na raiz   19

A militância na veia   29

No meio do caminho, o traço   37

O estilo na agulha   51

O voo do urubu   61

A patota indomável   73

Os mortos-vivos   87

A trupe do barulho   97

A sombra solidária   109

Delírios na corte   123

Uma liberdade *sick*   135

De volta ao cheiro da terra   145

Tropelias no paraíso   153

O escriba de mao   159

O amor cai de quatro   169

A catarse na ribalta   179

O barbudo do abc	189
O *bunker*	201
O sultão e seu harém	211
O segredo de Luc-luc	221
Caretas e odaras	235
O fiel e a carteirinha	247
O azougue global	261
O mago	273
O menestrel	279
A câmera de Kubanin	287
A queda do palanque	293
O inimigo no radar	311
A guerra dos 56 dias	325
O tufão na gaiola	337
Epílogo	353
Agradecimentos	357
Cronologia	359
Fontes consultadas	367
Índice onomástico	375

Em memória de Herbert de Souza,
Betinho, e Moacy Cirne

Apresentação à Nova Edição

Dênis de Moraes

Esta nova edição, revista, atualizada e ampliada, de *O rebelde do traço: a vida de Henfil* chega aos leitores vinte anos depois da versão original, publicada pela Editora José Olympio e recebida calorosamente pela crítica. Meu propósito ao lançá-la é contribuir para que as novas gerações conheçam melhor a fascinante trajetória do cartunista Henfil (Ribeirão das Neves, 5/2/1944 — Rio de Janeiro, 4/1/1988), expoente do humor político e um dos mais criativos e combativos artistas brasileiros de seu tempo. Esgotado há vários anos, o livro volta a ficar também ao alcance dos que acompanharam o seu trabalho na imprensa, na televisão, no teatro e no cinema durante as décadas de 1960, 1970 e 1980. Trata-se de oportunidade singular de reavivar a sua inserção naquele rico período histórico e comprovar a atualidade persistente de sua obra. Em pleno século XXI, ela segue sendo uma referência crítica vigorosa diante de realidades socioeconômicas, políticas e culturais que continuam a reproduzir desigualdades e exclusões.

A palavra que parecia dar sentido e justificar a caminhada de Henrique de Souza Filho, nas múltiplas dimensões em que se desdobrou, compunha-se de seis letras: missão. A consciência do que deveria cumprir, com as expectativas implícitas, as suas e as dos outros, foi explicitada por Henfil em carta a seu irmão Herbert de Souza, o Betinho, de 23 de junho de 1978: "Eu realmente me sinto (não sentia não, ainda me sinto!) responsável por todos e por tudo, e tenho que dar resposta a tudo. Você só se esqueceu de dizer a palavra-chave que a gente aprendeu na Ação Católica: MISSÃO!"[1] Para dar vazão à índole missionária, ele enfrentou inquietudes, provas e riscos, principalmente os derivados de sua condição de hemofílico e pelos sofrimentos daí decorrentes, o que simultaneamente lhe realçava a urgência de vida.

O amigo e escritor Frei Betto atribui esse sentimento visceral à formação política recebida por eles, militantes da esquerda católica, na passagem dos anos 1950 aos 1960: "Nós fomos educados para salvar o mundo, como se tivéssemos sido escolhidos ou convocados por Deus para essa missão. Movia-nos a ideia de consertar o Brasil. Somos messiânicos; Henfil totalmente. O messianismo impregnou-se em nós, felizmente na vertente positiva do humanismo e da luta por igualdade social. Nunca fomos colonizadores ou impostores."[2]

Henfil interveio na batalha das ideias com sentido deliberadamente questionador — das concepções, mentalidades e condutas hegemônicas. Não camuflava o alvo: queria transformar o mundo para livrá-lo de injustiças. Leandro Konder sintetizou com precisão o seu legado no jornalismo de resistência ao regime repressivo instalado com o golpe militar de 1964: "Henfil fustigou a violência da repressão política na ditadura. E investiu contra a generalização da hipocrisia e da desonestidade, contra as deformações éticas e o cinismo. Havia em seu humor um constante apelo à revolta, à indignação. A convicção de que ninguém tem o direito de ficar parado, sem tentar fazer algo para mudar o que tem que ser mudado."[3]

---

[1] A carta, até aqui inédita, consta do arquivo de Herbert de Souza, doado ao Centro de Pesquisa e Documentação de História Contemporânea (CPDOC) da Fundação Getulio Vargas.
[2] Entrevista de Frei Betto ao Autor, setembro de 1995.
[3] Leandro Konder, "Henfil, 50 anos", O Globo, 5 de fevereiro de 1994.

Como poucos de sua geração, Henfil ocupou as tribunas e brechas possíveis na mídia com a permanente preocupação de contestar as engrenagens de dominação e defender alternativas socializantes. Ele percebeu que, num país onde até hoje prevalece a concentração oligopólica dos meios de comunicação nas mãos de poucos grupos privados e dinastias familiares, devem ser explorados todos os espaços disponíveis para reverberar reivindicações da cidadania e favorecer ao máximo a conscientização popular.

Quando o termômetro opressivo da ditadura recomendava prudência, Henfil não hesitou em afirmar que "o engajamento é necessário", argumentando: "Você não pode ficar falando de esquis, jogos de tênis ou problemas pessoais quando tem gente literalmente morrendo de fome. [...] Hoje estou com todas as antenas ligadas para um trabalho de transformação, de busca de uma estrutura social mais humana."[4] Ele não se intimidou diante das censuras policial e empresarial que vetavam pilhas de cartuns e charges com o intuito de tentar neutralizá-lo ou silenciá-lo. Reagia produzindo outros tantos, para que alguns sobrevivessem ao pesadelo das proibições. Não temeu incompreensões por defender posições que o situavam, em geral, na contramão do senso comum estabelecido ou dos consensos de ocasião. E, sobretudo, jamais abriu mão de dizer verdades ao poder e aos poderosos, denunciando as lógicas antissociais: "O verdadeiro humorista é o que faz rir contra o poder e sem a sua licença."[5]

Ao reexaminar o estilo contundente de seus desenhos e escritos, podemos perceber o quanto o humor político na imprensa perdeu em potência crítica e imaginação insubordinada. Henfil nunca fez graça dócil, nem se contentou com espetadelas superficiais. "Obviamente tenho o prazer da criação, mas a massa de trabalho que faço

---

[4] Entrevista de Henfil a Tânia Carvalho, "Desenhar, para mim, é como mastigar pedra", Status Humor, n. 41, 1979.

[5] Entrevista de Henfil a Wagner Carelli, "para Henfil, este é um momento de humor", O Estado de S.Paulo, 3 de setembro de 1978.

só se justifica pelo fato de estar inserido numa atitude de denúncia, de solidariedade, servindo para reforçar o pensamento das pessoas, informar e buscar uma saída."[6] Foi capaz de expor as mazelas cotidianas mesclando ironia cortante e deboche provocativo, sem deixar de ser hilariante.

Numa época como a nossa, em que promover o riso inofensivo se tornou uma mercadoria lucrativa e uma extensão do entretenimento apaziguador, é providencial resgatar o seu espírito humanista, a sua coerência ético-política e o seu compromisso com a emancipação social. As páginas seguintes desejam sintonizar-se com o signo da esperança no devir que mobilizou Henfil a lutar, no extremo de suas forças e com a rebeldia de um traço inconfundível, por um destino de luz para o Brasil.

---

[6] Entrevista de Henfil a Maria Carneiro da Cunha, "A linguagem crítica e individual do humor", *Folha de S.Paulo*, 29 de dezembro de 1980.

Prefácio

Janio de Freitas

Henrique de Souza Filho. Henrique Filho. Henfil. Para os familiares, para os mais próximos, às vezes Henrique, mais vezes Henriquinho. Quantas outras maneiras se adotassem para chamá-lo, todas encontrariam nele uma personalidade para encaixar-se bem.

Não hesito, no caso, em falar de personalidades, em vez de facetas de uma personalidade ou de talentos, também estes existentes em multiplicidade. As diferentes características pessoais nele se mostraram, muitas delas, tão delimitadas e completas que assumiram o aspecto de personalidades individualizadas, a ponto de não raro parecerem inconciliáveis.

Não pertencem ao campo das meras diversidades de temperamento as diferenças, por exemplo, entre o criador de humor cáustico, cético quando não pessimista, impiedoso sempre, necessariamente ímpio e, em paralelo, a pessoa disponível para crer em poderes não humanos mas utilizados por humanos. Na radicalidade com que se exerceram e se alternaram, essas diferenças fizeram mesmo a figuração de personalidades. Ou assim me pareceu, mais do que em qualquer outra das incontáveis pessoas especiais, multifacéticas, com quem a sorte me fez conviver.

Dênis de Moraes consegue costurar Henfil, Henrique, Henriquinho e os demais na desenvoltura própria de uma só pessoa. O que, em vez de impedir, creio que mais levará o leitor a usufruir da convivência com toda a riqueza excepcional contida na brevidade com que Henfil, ou Henrique, ou Henriquinho, traçou o seu percurso na vida.

Para o grande público, até agora, a personalidade é uma só e só um nome: o cartunista Henfil. Na verdade, foi muito mais do que um cartunista em uma fase de proliferação do gênero. Já ao se iniciar como profissional, Henfil trouxe duas contribuições muito importantes ao cartunismo. Uma, de teor do cartum; a outra, formal.

Por força da época, a política impregnara o cartunismo de tal maneira que as suas outras possibilidades de expressão humorística e crítica se perdiam no esquecimento. E, mesmo como política, o cartum perdia sua natureza: tornava-se um comício-relâmpago. Aos novos em geral, e também a certos veteranos, já bastava desenhar duas figuras quaisquer e dar o recado político no texto embaixo ou nos balões. O desenho não tinha mais função. Se o diálogo fosse publicado sem o desenho, dava no mesmo.

Henfil começa na contramão. Reconhece, e aplica ao seu cartum, a universalidade temática do humor, a dimensão metafórica que o humor pode ter, não importando se o seu tema imediato é a paternidade ou o consumo, a avareza ou o futebol, ou qualquer outro. Com essa premissa, recheada pelo talento incomum, o sucesso do Urubu já bastaria para consagrá-lo.

Mas Graúna, Zeferino e Bode Orelana — presenças teimosamente diárias na caatinga institucional a que a ditadura reduzira o Brasil — fizeram o trio fenomenal. E fenômeno não apenas na criatividade. O trio tornou-se um revigorante matinal, oxigenava as mentes oprimidas pelo pesadelo diuturno que era a boçalidade ditatorial.

A outra contribuição trazida ao cartum por Henfil, a de ordem formal, deu-se também pela recusa do que as novas gerações de cartunistas estavam praticando: assegurado o teor político, o desenho — como forma, como concepção, como elaboração — era secundário. O bom cartum não depende, é verdade, de que o autor seja um grande desenhista. Mas daí a cretinizar o desenho vai uma distância insuportável. E era isso que se ia generalizando. Na melhor das hipóteses, deparava-se com um mau imitador do desenho de Jaguar ou de Ziraldo — os arredondados de traço instável ou os quadrangulosos esquemáticos.

Henfil já chegou limpando a área do desenho, despojando-o de tudo o que não fosse indispensável. Sobre o território limpo, veio o traço leve e ágil, definido e consciente, dando ao desenho uma leveza que o fazia flutuar no quadrinho, enquanto o quadrinho mesmo flutuava, ele também, no espaço mais amplo da folha impressa. Não há dúvida de que o desenho de Henfil foi fundamental para seu êxito. Tal como o êxito de Henfil foi fundamental para os cartunistas que se seguiram.

Como uma pessoa chega a essa condição? Eis uma pergunta sempre fascinante. E o que faz dessa condição alcançada, como e com que objetivos a utiliza? No caso de Henfil — tão complexo pela combinação, em altas doses, de talento excepcional, de doença congênita, de dores ao longo da vida, de paixões, de consciência social, de esperança-desesperança —, tenho o prazer de introduzi-lo, leitor, nas respostas: basta passar à próxima página, onde Dênis de Moraes o aguarda com a preciosa exposição de humor, de sofrimento, de coragem, de caráter — de Henfil, em uma palavra.

O rebelde do traço

O MOLEQUE NA RAIZ

Henrique de Souza Filho veio ao mundo em Ribeirão das Neves, Minas Gerais, no dia 5 de fevereiro de 1944, ano em que as expectativas de uma vitória dos Aliados contra o nazifascismo aumentavam a cada telegrama lido pelos locutores de rádio. Os pracinhas brasileiros tinham acabado de embarcar para a Itália.

Henriquinho tinha 1 ano e 8 meses de idade quando acordou sobressaltado com o foguetório e correu apavorado ao quarto da empregada Maria Leal. Comemorava-se o fim da Segunda Guerra Mundial. A passagem da família Souza por Ribeirão das Neves durou o suficiente para os Aliados triunfarem, Vargas ser deposto e a democracia se restabelecer no Brasil, com anistia aos presos políticos, reorganização partidária, fim das leis de exceção e eleições para a Assembleia Constituinte e a Presidência da República.

O encontro irreversível com o traço só aconteceu aos 7 anos, em Belo Horizonte. Enchia os cadernos com rabiscos. De tanto observar o altar da igreja nas missas de domingo, Henriquinho transpôs para o papel miúdas figuras de santos, que sua mãe, Maria da Conceição, se orgulhava de mostrar às paroquianas. Esperteza dele. Recorria às figuras mal decalcadas dos ícones para tentar compensar o péssimo desempenho escolar.

Mas foi o álbum de família que dissipou as dúvidas. Aos 12 anos, Henriquinho aceitou o desafio proposto por sua irmã mais velha, Maria Cândida, a Tanda. Ela queria presentear o marido, Arnaldo, com um álbum que reunisse fotografias dele, do casamento, da lua de mel e dos primeiros filhos do casal. Pediu ao irmão que o ilustrasse.

Em questão de dias, ele concluiu o serviço. Tanda quase não acreditou no que viu. As ilustrações em nada se assemelhavam às manchas multicoloridas do imaginário infantil; tinham indiscutíveis marcas de preciosismo. Com lápis de cera e aquarela, ele recriou locais percorridos por Arnaldo.

O álbum correu de mão em mão e Tanda e Arnaldo ouvindo a pergunta:

— De quem são estes desenhos?

Apontavam para Henriquinho. Ele levantava as sobrancelhas e amansava o fogo da vaidade com um sorriso de candura.

Quase trinta anos depois, Henrique de Souza Filho, o Henfil, alisou a barba com fios grisalhos antes de rever o álbum. A ansiedade nostálgica parecia desproporcional naquelas mãos que fabricavam humor caligráfico e corrosivo, como sintetizou o crítico de quadrinhos Moacy Cirne. Ao folheá-lo, nem o estoque cômico que Henfil carregava nas veias o livrou da compulsão de rir. A ingenuidade de outrora repicava no coração de um homem que, calejado pela ironia de ver o mundo se expandir em meio às dores coletivas, desenhava como se estivesse mastigando pedras.

* * *

Henriquinho descendia de famílias do norte de Minas, zona árida, de vegetação rasteira, que integra o polígono das secas. O tronco materno provinha de Bocaiuva. Maria da Conceição era filha de Rodrigo Antônio de Araújo Abreu, coletor federal de impostos e depois comerciante, e de Maria Augusta Figueiredo, severa matriarca do clã.

Seu pai, Henrique de Souza, nasceu em Pirapora, 400 quilômetros ao norte de Belo Horizonte. A inclinação para tropeiro terminou na adolescência, quando se empregou no comércio. Extrovertido e pé de valsa, atravessava de barco o São Francisco para ir a bailes em lugarejos vizinhos.

Henrique partiu para Montes Claros, atraído pela construção da estrada de ferro que cortaria Minas até a capital. Trabalhou como almoxarife e tesoureiro, o que o obrigava a constantes viagens. Nessas andanças, foi parar em Bocaiuva, incluída no traçado da ferrovia inaugurada em 1926, onde conheceria Maria da Conceição. Amor à primeira vista. Henrique encheu-se de coragem e pediu autorização para cortejá-la. Os dois jamais puderam ficar a sós: se não eram os pais a vigiá-los, havia uma tia de plantão na sala.

Casaram-se em dezembro de 1923, ele com 28 anos e ela com 17, e tiveram 12 filhos, dos quais oito sobreviveram: Maria Cândida, Zilah, Wanda, Herbert José (Betinho), Maria da Glória, Henrique de Souza Filho, Filomena e Francisco Mário. Maria da Conceição (a primogênita), Carmen e Soledade morreram precocemente; José Maria viveu apenas dois anos e dois meses. Maria da Conceição perdeu outros quatro filhos por problemas na gravidez. E ainda enfrentou a provação de ter quatro filhos hemofílicos: José Maria, Betinho, Henriquinho e Chico Mário.

Henrique fez fama de mão-aberta. Na padaria que abriu em Bocaiuva, os fregueses penduravam as contas. Um dia, Maria da Conceição comprovou o que suspeitava: o dinheiro disponível no caixa não equivalia à receita. Coincidência ou não, dois ex-empregados não tardaram a ter a sua própria padaria.

No começo dos anos 1930, Henrique inaugurou o primeiro e único cinema mudo da cidade. As sessões atraíam muita gente, mas eram pouco rentáveis, porque o dono não cobrava entrada dos mais necessitados. Outra tentativa, sem êxito, foi no ramo de tecidos.

A pedido de correligionários de Bocaiuva, Benedito Valadares, mandachuva em Minas após a Revolução de 1930, nomeou-o, interinamente, interventor municipal. Após o curto mandato, foi juiz de paz. A família levava uma vida modesta, com Maria da Conceição costurando e bordando para vestir os filhos. O orçamento apertou bastante quando ela convenceu o marido a matricular Maria Cândida e Zilah, as filhas mais velhas, no internato do Colégio Santa Maria, em Belo Horizonte. A partir daí, cresceu o desejo de Maria da Conceição de mudar-se para a capital, onde todos os filhos poderiam estudar e haveria recursos para tratamentos de saúde.

Se a medicina brasileira ainda se aprofundava no estudo da hemofilia, imagine o que acontecia no distante norte de Minas, na primeira metade do século XX. A doença era chamada de "mal do sangue", e o único médico da localidade não se arriscava no diagnóstico.[7] A própria Dona Maria confessaria, muitos anos depois, que, quando jovem, desconhecia o fato de se tratar de uma doença hereditária transmissível pela mulher (na qual é recessiva, enquanto é patente no homem). Foi na dolorosa experiência com os filhos que se apercebeu das sequelas das hemorragias provocadas por traumatismos mínimos. Ela guiava-se pela intuição, impedindo-os de subirem em árvores, andarem a cavalo e até de se debruçarem à

---

[7] A hemofilia decorre de uma deficiência na coagulação sanguínea, motivada pela ausência ou insuficiência dos fatores 8, 9 ou 11 — proteínas produzidas no fígado que interferem no processo coagulatório. As hemorragias podem ser espontâneas ou decorrentes de ferimentos; para controlá-las, é necessário recorrer a transfusões constantes, a fim de repor o fator coagulante, proporcionando alívio ao paciente. Até 1960, os hemofílicos readquiriam os fatores de coagulação por meio de transfusões de sangue (extraído de pessoas normais) de seis em seis horas. Era o único meio de estancar as hemorragias externas ou internas (as chamadas hemartroses: derrames nas articulações que provocam dores e inchaços terríveis, sobretudo nos joelhos). Depois, foi descoberto o crioprecipitado, obtido do plasma fresco de doadores não hemofílicos e rico em proteínas do fator de coagulação (o fator 8). No início da década de 1990, surgiram os concentrados com origem na engenharia genética, que já não dependem exclusivamente de sangue humano ou animal, o que reduz os riscos de contaminação. Com a evolução das pesquisas científicas, hoje existem três alternativas de tratamento para a hemofilia: a) os produtos extraídos do plasma humano e depois purificados por métodos que garantem o melhor nível de segurança possível; b) produtos recombinantes pela engenharia genética contendo ainda componentes de origem sanguínea (humana ou animal); c) produtos recombinantes de última geração produzidos pela engenharia genética e que já não contêm nenhum vestígio de derivados sanguíneos (humano ou animal).

janela. Acolchoava com feltro as quinas dos móveis para que não sofressem qualquer espécie de ferimento.

Atendendo a vontade da mulher, Henrique estabeleceu-se em Belo Horizonte com um pequeno armazém onde vendia fiado a pagadores relapsos. O estoque foi acabando e ele faliu. Graças ao bocaiuvense José Maria Alkmin, político emergente e primo em segundo grau de Maria da Conceição, os Souza saíram do atoleiro. Nomeado diretor da Penitenciária Agrícola de Ribeirão das Neves, então distrito de Contagem, a 35 quilômetros de Belo Horizonte, Alkmin designou Henrique para a chefia do almoxarifado, com direito a morar numa das casas da administração.

Belo Horizonte experimentara um surto de dinamismo na administração do prefeito Juscelino Kubitschek. As principais ruas do centro foram asfaltadas e iluminadas, praças remodeladas. O novo cartão-postal era o conjunto da Pampulha, marco da arquitetura moderna brasileira, projetado pelo jovem arquiteto Oscar Niemeyer, compreendendo o Iate Clube, o Cassino (atual Museu de Arte), a Casa de Baile e a Igreja de São Francisco. Ao lado de Niemeyer, atuaram outros papas do modernismo, como Roberto Burle Marx, Alfredo Ceschiatti e Candido Portinari.

Ao assumir, em 1945, o cargo de provedor da Santa Casa de Misericórdia, José Maria Alkmin convidou Henrique para gerenciar o recém-criado Serviço Funerário. Com 2 anos incompletos, Henriquinho foi morar com os pais, os irmãos e a empregada Maria Leal numa casa no bairro Floresta. A família cresceria em Belo Horizonte, com os nascimentos de Filomena e Francisco Mário.

Betinho e, mais tarde, Henriquinho assimilaram a rotina do Serviço Funerário, a três quadras da imponente sede da Santa Casa. Em momentos distintos, os dois irmãos descobriram o prazer de andar de automóvel — um luxo, já que menos de 5 mil veículos circulavam pela capital. Pouco importava o fato de estarem a bordo de carros fúnebres transportando urnas mortuárias.

Henriquinho familiarizou-se com o universo funerário a partir de 1949, quando os Souza foram morar a uma quadra dali, na rua Ceará, 198. A casa, de sala e três quartos, tinha cômodos mais amplos do que a anterior, mas era uma proeza abrigar um casal, oito filhos (de idades as mais diversas) e a empregada.

A filharada odiou quando Seu Henrique comprou a última novidade tecnológica da época: uma vitrola. Odiou porque parou de ir a programas de auditório nas rádios de Belo Horizonte. Em compensação, os ouvidos da família puderam se aprimorar com um repertório eclético que incluía modinhas mineiras, Jacob do Bandolim, Catulo da Paixão Cearense, Ernesto Nazareth, Pixinguinha, Mozart, Beethoven e Chopin. Não foi à toa que Chico Mário muito cedo se afeiçoou aos acordes eruditos que um dia o transformariam em um compositor de mão-cheia.

Os colegas de primário no Grupo Escolar Pedro II não faziam ideia da doença que obrigou Henriquinho a faltar às aulas por duas semanas, até cessar a hemorragia provocada pela queda de um dente de leite. O amigo e vizinho Paulo César Santos Teixeira, o Paulinho, cansou de ver a sua perna com o triplo da grossura habitual, por causa de derrames no joelho: "Ele mal conseguia andar. Reclamava à beça das dores. Tinha medo de cair, pois qualquer corte era um drama horrível."

Henriquinho, Betinho e Chico Mário contaram com um anjo da guarda, o médico Expedito Rolla Guerra. Recém-formado, ele era residente na Santa Casa de Misericórdia quando, numa noite de 1945, o chamaram para atender Betinho, que havia caído no banheiro e cortado o lábio. Internou-o na Santa Casa e salvou-lhe a vida. Tornou-se amigo da família e dedicou-se a estudar a hemofilia em livros alemães traduzidos para o espanhol. Sendo médico, conseguia sem atropelos os plasmas sanguíneos. Betinho, Henriquinho e Chico Mário submetiam-se às transfusões endovenosas sem reclamar.

Às escondidas da mãe, Henriquinho andava em carrinhos de rolimã que ele e Paulinho fabricavam utilizando tábuas e cabos de vassoura. Nas brigas das redondezas, cumpria missão estratégica: ia à frente da turma da Santa Efigênia para mexer com os adversários do São Lucas. Todo mundo sabia que era doente e não se podia bater nele. E por isso abusava nas provocações.

Na experiência comunitária em Santa Efigênia, Henfil absorveu fragmentos essenciais à consciência social que o nortearia sempre. "Identifiquei-me com o sofrimento daquele povo carente à porta da Santa Casa e nas favelas. Aprendi a dar valor a um sistema solidário e humano", afirmaria décadas depois.

Imperava na casa dos Souza o sistema fixado pela religião católica apostólica romana. Como os irmãos, Henriquinho cresceu sob o signo do pecado e da culpa, avisado de que, se mentisse, estaria cravando um espinho no coração de Jesus Cristo. Em dias de tempestade, queimava-se palha benta e as crianças escondiam-se debaixo da mesa, com medo da ira divina. Henriquinho chegou a ser coroinha da paróquia do bairro. A mãe alimentava o inconfesso desejo de vê-lo um dia ordenar-se padre na Catedral Metropolitana.

Nem na religião Henriquinho encontrou resposta para a adversidade enfrentada pelo irmão mais velho. Dos 15 aos 18 anos, Betinho vivera recluso em um quarto nos fundos do quintal, curando-se de uma tuberculose. O pneumologista reuniu a família para preveni-la do pior: a infecção era seriíssima. Cientificado, o doutor Expedito Rolla Guerra temeu que o menino não escapasse — uma hemoptise provocaria um sangramento fatal nos pulmões.

Betinho passou três anos de pijama; só punha sapatos para a visita mensal ao médico. Lia compulsivamente e ouvia radionovelas. Se quisesse alguma coisa, apertava a campainha conectada à casa principal. Os tísicos eram segregados em guetos domésticos ou, no caso dos mais abastados, em estações de cura nas montanhas.

Com pavor de contágio, os pais mandaram construir uma pequena cancela de madeira para impedir o acesso ao quartinho onde ele convalescia. Dali, Henriquinho observava-o. A diferença de nove anos entre os dois encurtou-se, paradoxalmente, na distância física de 10 metros. "Era uma espécie de vigilância infantil: do lado de fora, Henfil me espreitava, seguia passo a passo o que acontecia comigo", relembrou Betinho.

Quando ninguém mais acreditava na cura, Betinho leu, num exemplar antigo da revista *O Cruzeiro,* o anúncio de um remédio contra a tuberculose chamado Hidrazida. Alertou a mãe. Três meses depois, estava curado.

* * *

Henriquinho detestava estudar. Na última série do primário, no Grupo Dom Pedro II, escudou-se na hemofilia para ser aprovado. A rigor, teria sido reprovado por faltas — 60% delas por crises hemorrágicas, 40% por malandragem.

As coisas se complicaram quando, aos 11 anos, ingressou na primeira série ginasial do tradicional Colégio Arnaldo, administrado por padres e onde haviam estudado Carlos Drummond de Andrade, Fernando Sabino e Rubem Braga. Nas primeiras semanas, assistiu às aulas com a abnegação de um beato. Porém não demorou a se unir ao grupo que esperava o sinal bater para, no momento certo, sair de fininho pelo portão, sem que ninguém notasse.

Henriquinho repetiu duas vezes a primeira série, três a segunda e duas a terceira. Ou seja: sete bombas! A mãe ficou sabendo que ele faltava sistematicamente às aulas ao ser notificada por escrito pelo colégio. Dona Maria ameaçou interná-lo no temido Educandário Dom Bosco. Exigiu que estudasse ou fosse trabalhar.

Novamente inscrito na terceira série ginasial, em 1960, Henriquinho encontrou um parceiro ideal nas matanças de aulas: Lucas Mendes. Lucas tinha tomado bomba no Colégio Militar e cursava a terceira série no Arnaldo. Os dois sentavam-se no último banco da sala, onde combinavam as "colas" nas provas, quando os professores se distraíam. Às vezes, nos intervalos, escapuliam para remar no bucólico lago do Parque Municipal.

Pelo mau desempenho do filho, os pais de Lucas o transferiram para o internato. Henriquinho, igualmente com notas baixas e excesso de faltas, abandonou o Colégio Arnaldo ao término do ano letivo de 1960.

Em 1961, foi reprovado na terceira série ginasial no Colégio de Aplicação da Faculdade de Filosofia da Universidade Federal de Minas Gerais. Restou à Dona Maria matriculá-lo, em 1962, no turno da noite do Colégio Lúcio Santos, um verdadeiro paraíso — os alunos que pagavam as mensalidades em dia eram aprovados sem tensões.

Henriquinho passou no exame de seleção para a quarta série no Colégio Estadual de Minas Gerais, onde concluiu o ginásio em 1963 — aos 19 anos! Seis meses depois, fez as provas do Madureza para recuperar o tempo perdido, sendo aprovado nos exames correspondentes às três séries do curso clássico. Santa Efigênia estremeceu: teria o gazeteiro, afinal, se regenerado?

A MILITÂNCIA NA VEIA

Os irmãos Souza abandonaram a religião do medo na década de 1950, quando a Ação Católica sacudiu as bases da Igreja, pregando uma participação consciente dos fiéis nas questões sociais. O movimento baseava-se na *L'Action Catholique*, idealizada na França pela Ordem dos Dominicanos, com o objetivo de ampliar a evangelização e despertar vocações religiosas. Os dominicanos resgatavam no Evangelho o compromisso dos cristãos com a justiça e a igualdade.

O mestre da nova geração era o afável e carismático frei Mateus Rocha, provincial dos dominicanos aos 32 anos. Humanista com amplo domínio filosófico e apaixonado por Dostoievski, Mateus cumpriu papel intransferível na consolidação da Ação Católica. Sua obra *Jec, o Evangelho no colégio* arrebatou milhares de adeptos em todo o país, transformando o método Ver-Julgar-Agir em marca registrada de valores evangélicos permeados por um socialismo utópico. Dividido em quatro troncos — Juventude Estudantil Católica (JEC), Juventude Universitária Católica (JUC), Juventude Independente Católica (JIC), formada por profissionais liberais, e Juventude Operária Católica (JOC), este pouco representativo em Minas —, o movimento conseguiu plantar bases sólidas em um dos redutos mais conservadores do catolicismo brasileiro.

Zilah e Wanda, irmãs de Henfil, filiaram-se à Ação Católica. Em 1953, ao sarar da tuberculose, Betinho ingressou na JEC, influenciado pela leitura dos católicos franceses trazidos por Zilah e pela rara vocação evangelizadora de frei Mateus. "Na JEC, os assistentes apresentavam Cristo como o cara que veio fazer uma revolução, não em termos políticos, mas de qualquer maneira uma revolução, pessoal, humana. Com isso, cultivávamos uma religiosidade muito politizada no sentido de construir uma sociedade justa, com uma visão anticapitalista do mundo", salientou Betinho.

A casa da rua Ceará transformou-se em palco de reuniões de ativistas cristãos. Os jovens descobriam nos dominicanos pessoas normais, que iam a festas, tocavam violão e dialogavam de igual para igual com secundaristas e universitários. Só usavam batinas de vez em quando e dispensavam romarias gratuitas. Resta saber o que Dona Maria, católica à antiga, achava de tantos modernismos em sua sala de visitas. "Mamãe não entendia direito o que estava ocorrendo. Como tinha padre no meio, isso para ela bastava", afirmou Wanda. E Seu Henrique? "Meu pai era um tipo humano simplório, não esquentava a cabeça com a tendência cultural intensa da família. Os filhos falando de sociologia e Freud, e ele lá, tranquilo, no canto dele, falando de Pirapora e Bocaiuva", recordaria Henfil.

A efervescência do novo catolicismo exerceu enorme poder de atração sobre o quase adolescente Henriquinho. "Quando conheci os dominicanos, tomei o maior susto: eles cantavam, dançavam, contavam piadas, falavam palavrão, riam... E estavam limpos, soltos, felizes! Fiquei fascinado com essa possibilidade de libertação." Vestir um dia o hábito branco dos dominicanos equivalia a endossar uma Igreja que não oprimia e libertava.

A quebra dos tabus desmanchou o monolitismo clerical a que Henriquinho fora habituado. Frei Mateus Rocha, com o inseparável cigarro Lincoln entre os dedos amarelados, adorava contar anedotas picantes na frente dos pirralhos — como se demonstrasse que, entre a descoberta do sexo e os pecados veniais, havia uma longa distância a percorrer. É bem verdade que a virgindade continuava um dogma: os militantes da JEC e da JUC só deviam ter relações sexuais após o casamento. A maioria deles ignorava solenemente o primado da abstinência, o mesmo acontecendo com uma ou outra jecista/jucista de vanguarda.

O exemplo de Betinho — que, aos 21 anos, era interlocutor do frei Mateus Rocha e vinha de publicar o ensaio "Capitalismo e miséria" na revista francesa *Témoignage Chrétien* — motivava Henriquinho a querer entrar na JEC. Betinho frisou que não pretendia moldar a cabeça do irmão: "Se o fiz, foi de forma indireta, por observação dele. Menino ainda, Henfil se mostrava uma pessoa extremamente atenta a tudo que acontecia à volta. Sei que me observava e me seguia, mas não exerci papel educador. Eu odiava quem alugava os outros para ensinar lições. Nunca fui de ficar em cima." O fato inconteste é que a influência existia, e nos anos seguintes se alargou.

O maior obstáculo era a idade: os jecistas tinham de 16 a 18 anos, e ele, apenas 15. Andava pelos corredores da sede da entidade, na rua Espírito Santo, doido para varar as reuniões de secundaristas ou para bater à porta da sala de frei Chico, o assistente da JEC. Uma tarde, sentou-se na fila de trás. A seu lado, flagrou um molecote da mesma idade, aluno do Colégio Marista: Carlos Alberto Libânio Christo, o hoje escritor Frei Betto, tão temeroso de ser expurgado dali quanto ele.

Alexandre Braz, estudante do Colégio Estadual, juntou-se a Henriquinho e Betto na ânsia precoce de militar politicamente. Os três leram o indispensável *Princípios para a ação,* do padre L. J. Lebret, espécie de catecismo jesuíta, e os primeiros textos de Emmanuel Mounier, mesmo encrencando com palavras e expressões traduzidas do francês. A encíclica *Mater et Magistra,* com a qual o papa Joao XXIII renovou a postura da Igreja, pregando o ecumenismo e falando em socialização, reforçava o desejo de maior envolvimento com a JEC.

Nas festinhas de sábado à noite, em casas alternadas, os jecistas testavam a habilidade para cooptar simpatizantes. A esse trabalho davam o nome de nucleação. Em geral, o recrutamento iniciava-se nos colégios: sem jamais mencionar o vínculo com a JEC (o máximo permitido era declinar a condição de cristão), o nucleador arrumava pretexto para emprestar a um colega o livro-guia *Estrela de alto-mar.* Henriquinho, com seu pendor para a galhofa, convencia com facilidade. "Dizíamos que era possível ser cristão sem deixar de namorar, de ir a festas, de falar bobagem. A nossa postura moderninha tinha um efeito fantástico", lembrou Betto. Se após a leitura o alvo se mostrasse receptivo, era convidado a uma das festinhas.

Ao som de Ray Conniff e da Orquestra de Waldir Calmon, entremeada com goles de cuba-libre e salgadinhos, a sutil catequese prosseguia. "Adorávamos nuclear nesses bailinhos", recordou Betto. "Levávamos as pessoas com quem tínhamos feito apostolado. O clima era diferente, não havia bagunça, todos se tratavam bem. Mas os novatos não sabiam que era tudo armado. As meninas da JEC iam dançar com os caras, puxavam um papo diferente. A pessoa acabava se envolvendo, até que num determinado dia abríamos o jogo. Sentávamos numa mesa de bar e propúnhamos: 'Que tal se nós nos organizássemos para ler juntos, rezar um pouco, estudar a Bíblia, fortalecer nossa fé?' A resposta, normalmente, era positiva. Aí, falávamos da JEC."

A passagem pela JEC ressaltaria um dos timbres característicos da personalidade de Henriquinho: a independência diante da fidelidade ideológica. Uma de suas críticas à JEC dizia respeito ao excessivo rigor na escolha dos quadros de direção. "Henriquinho apontava o espírito fechado do grupo ao qual ele próprio pertencia. Os comentários dele eram desconcertantes, irônicos. A sua vertente crítica, com um toque no bom sentido anárquico, impunha um questionamento saudável ao conjunto dos militantes", recordou outro ex-jecista, o professor Tomaz Aroldo da Mota Santos.

* * *

Os últimos três anos de Seu Henrique foram de padecimento. Ao guardar um pote na despensa, sentiu uma dor forte no peito. O médico diagnosticou enfarte do miocárdio. Obrigado a uma severa dieta, reduziu drasticamente o ritmo de trabalho e perdeu muito de sua vivacidade. O golpe derradeiro veio com derrames cerebrais que o imobilizaram na cama, dependente dos cuidados de Dona Maria. Morreu em 1961, aos 66 anos.

Com a morte do marido, Dona Maria passou a receber uma pensão modestíssima, o que obrigou a família a apertar o cinto. Os filhos mais velhos já ajudavam nas despesas. Zilah e Wanda trabalhavam fora; Betinho obtivera bolsa de estudos para cursar sociologia na Faculdade de Ciências Econômicas da Universidade Federal de Minas Gerais, onde ingressara em 1958.

Henriquinho, aos 16 anos, começou a trabalhar de dia, enquanto estudava à noite no Colégio Lúcio dos Santos e depois no Colégio Estadual Central. Fez entregas para a loja de queijos do cunhado Arnaldo e trabalhou meses como office-boy na Alfa Publicidade, período em que circulava pelo centro da cidade com uma pastinha de documentos a caminho dos bancos. Já então, preocupava-se em aumentar a resistência física às sequelas da hemofilia. Separava do salário o valor da mensalidade da academia, onde, secretamente, praticava musculação.

Se os empregos não o apeteciam, o mesmo não se podia dizer do agitado ambiente político-estudantil de Belo Horizonte. Participação era a palavra de ordem no Brasil. Estudantes, sindicalistas urbanos e rurais, artistas, intelectuais e organizações de esquerda mobilizavam-se para converter na práxis o ideal das transformações sociais. A Revolução Cubana embalava sonhos libertários, tanto quanto as alas progressistas da Igreja Católica após a lufada renovadora do Concílio Vaticano II. Também em Belo Horizonte, o líder revolucionário cubano Fidel Castro era o grande ídolo estudantil.

O fascínio pelo engajamento político de Betinho sedimentou as convicções de Henriquinho. De 1960 a 1964, Betinho projetou-se como expressiva liderança da esquerda católica, dentro e fora do meio estudantil. Foi peça-chave nas negociações entre cristãos de esquerda e comunistas que redundaram nas eleições de Aldo Arantes, Vinícius Caldeira Brant e José Serra para a presidência da União Nacional dos Estudantes (UNE). Ao lado de Leonel Brizola na sacada do Palácio Piratini, em Porto Alegre, Betinho engrossou a patriótica campanha pela posse do vice-presidente João Goulart, após a renúncia de Jânio Quadros.

A partir do congresso dos dez anos da JUC, em 1960, Betinho esteve à frente dos entendimentos que resultaram na fundação da Ação Popular (AP), em 1962, da qual foi secretário-geral. Para a AP, convergiram egressos da JEC e da JUC acossados pela hierarquia católica mineira, em função da queda pelo socialismo. Sob influência do padre Henrique de Lima Vaz, a AP procurava mesclar a opção cristã com fundamentos do marxismo, o que a situava como alternativa ao PCB no campo da esquerda. Defendia a aliança operário-estudantil--camponesa como meio de concretizar o projeto revolucionário.

Não é de se espantar que, uma vez mais, Betinho funcionasse como farol. Henriquinho convivia sob o mesmo teto com um ativista de tempo integral, em cujo ideário se inscreviam o socialismo, o nacionalismo, as reformas de base, a igualdade de direitos e o anti-imperialismo.

A inclinação pela política, a partir dessa época, constituiria um divisor de águas na vida de Henriquinho. Lia sofregamente os jornais, procurava informar-se. Usou o título de eleitor pela primeira vez nas eleições parlamentares de 1962, votando em candidatos do PTB.

Passou a atuar na União Municipal dos Estudantes Secundaristas, controlada pela JEC, e, nas pegadas do irmão Betinho, tornou-se assíduo frequentador do Diretório Acadêmico da Faculdade de Ciências Econômicas, um dos centros de ebulição política da capital. Entre os alunos, jovens promissores que, mais tarde, viriam a destacar-se no meio acadêmico e na vida pública, como Theotonio dos Santos, Bolívar Lamounier, Simon Schwartzman, Vinícius Caldeira Brant, Paulo Haddad, Ronaldo Costa Couto e Venício de Lima. Como se fosse universitário, Henriquinho frequentava reuniões e almoçava no bandejão. Fez amigos nas turmas de primeiro e segundo anos de sociologia e política e assistia a algumas aulas. "Sempre alegre e solidário, não havia quem não gostasse dele", recorda Venício de Lima.

Quis o destino que Henriquinho folheasse revistas em quadrinhos emprestadas por colegas da sociologia. Já se interessava por charges, notadamente as de Mauro Borja Lopes (Borjalo) e Carlos Estêvão em *O Cruzeiro*, e pela revista *Pererê*, editada por Ziraldo Alves Pinto. Nas horas vagas, rascunhava o que seriam suas primeiras incursões no domínio do cartum. Quando souberam que Henriquinho desenhava, os dirigentes estudantis o procuraram para ilustrar cartazes, folhetos e jornais para as campanhas eleitorais no diretório acadêmico.

* * *

A primeira namorada de Henriquinho não atuava nas hostes jecistas ou jucistas. Sara era aluna do Colégio Estadual Central, onde se conheceram em 1962. O namoro durou dois meses, e ele a apresentou à família, que havia se mudado para uma casa na rua Venezuela, 181, no Sion. Os dois aproveitavam os intervalos das aulas para beijos e abraços. Se dependesse apenas de Henriquinho e Sara, o namoro teria ido longe — falavam até em se casar. Não contavam, porém, com as pressões dos pais dela assim que souberam que ele era hemofílico. "Foi um golpe duríssimo para o Henriquinho, que nunca mais a viu", garantiu a irmã Wanda.

Henriquinho não fazia o tipo namorador, embora adorasse paquerar. Naquele tempo, as moças de família casavam virgens, e as que já não o eram todo mundo conhecia e cobiçava. Também não se enquadrava na categoria dos "zoneiros" — aqueles jovens que torravam as economias nos bordéis da avenida Pedro II, região central da cidade. Henriquinho frequentou pouco o baixo meretrício, o que Ricardo Gontijo, um de seus amigos prediletos desde aquela época, atribuiu à rígida educação religiosa, ao puritanismo e à hemofilia. Mas às vezes acompanhava a pequena turma que fazia incursões noturnas na Pedro II.

Paulo César Santos Teixeira protagonizou um episódio inusitado em um bordel. Apressado, Henriquinho voou com a parceira para o quarto. Paulinho achou tão melancólica aquela sala à meia-luz, repleta de móveis surrados, que dispensou companhia e pôs-se a ler, frugalmente, o Novo Testamento — e em francês! Ao sair da alcova, os cabelos em desalinho, Henriquinho estranhou vê-lo tão composto e compenetrado. Na rua, perguntou-lhe:

— E aí, como é que foi?

— Ah, acabei não indo. Fiquei sem vontade.

— O quê?!

Melhor teria sido envergonhar-se por mentir. Paulinho contou-lhe a edificante verdade bíblica. Henriquinho quase o esfolou vivo — e pelo resto da vida o azucrinou com a acusação imprópria de que o Novo Testamento lhe roubou a potência.

No meio do caminho, o traço

O diálogo de Henfil com o traço prosperou quando, a pedido de Betinho, Lúcio Nunes arranjou-lhe uma vaga na revisão da revista *Alterosa*.

— Revisão? — ele se espantou.

— Você não está precisando de emprego? — devolveu Betinho.

— Mas eu não sei nada de português...

— Lá você aprende.

A *Alterosa* acabara de ser comprada pelo Banco Nacional de Minas Gerais, pertencente ao governador do estado, José de Magalhães Pinto. Candidatíssimo ao Palácio do Planalto em 1965, ele montava, de uma tacada só, o seu esquema de comunicação, adquirindo o controle acionário do *Diário de Minas*. O xadrez sucessório sacudia a imprensa mineira. O grupo do pessedista Juscelino Kubitschek, grande rival do udenista Magalhães Pinto, já dispunha do *Correio de Minas* como suporte para a corrida presidencial.

Magalhães indicou o deputado federal José Aparecido de Oliveira para presidir as duas empresas. Aparecido deu carta branca e crédito bancário para o jornalista Roberto Drummond, egresso da *Última Hora*, reerguer a *Alterosa*. Fundada em 1939 pelo jornalista Miranda Castro, "a revista da família mineira" tinha o formato das atuais *Veja* e *IstoÉ* e dedicava-se a amenidades. Sua decadência no início dos anos 1960 podia ser medida pela queda vertiginosa na tiragem — de 25 mil exemplares, na fase áurea, para 6 mil.

Drummond definiu o perfil da nova *Alterosa:* um casamento criativo das revistas *O Cruzeiro* e *Paris Match,* com nuances da revolucionária *Senhor.* Os títulos seriam longos, com toques de sofisticação (houve alguns em francês) ou de humor; grandes reportagens, ensaios e crônicas; fotografias revalorizadas; textos reescritos à exaustão; paginação ousada. A equipe formada por Roberto Drummond reunia estrelas em ascensão no jornalismo mineiro: Fernando Gabeira, Ivan Ângelo, Carlinhos Wagner, Carmo Chagas, Ponce de Leon Antunes, José Maria Mayrink, José Salomão David Amorim, Samuel Dirceu, Moacir Japiassu, Ignez Abreu e Argemiro Ferreira, entre outros.

Viciado em cartunistas franceses como Sempé, Bosc e Chaval, Roberto Drummond tinha uma ideia fixa: lançar na *Alterosa* um novo Borjalo, o mineiro que estraçalhava em *O Cruzeiro.* A primeira tentativa fracassou, pois Cid Horta nunca entregou os desenhos prometidos. Roberto concedeu-se um prazo de três meses para descobrir um cartunista que pudesse ser feito na casa. Preventivamente, comprou os direitos de publicação no Brasil de um cartum mensal de Bosc.

Em maio de 1962, ficou pronto o número experimental da revista. Roberto leu-a de cabo a rabo e alarmou-se com os erros de revisão. Irritado, desabalou-se da redação, na rua Rio de Janeiro, até a oficina, que funcionava na rua Piauí. Sua fisionomia parecia uma noite de relâmpagos. Wilson Manso, chefe da oficina, levou um susto ao ouvi-lo esbravejar:

— Quem é o revisor?

Constrangido, Wilson murmurou:

— É o Henriquinho.

— E quem é... — Roberto largou a frase pelo meio, ao lembrar-se do irmão de seu amigo Betinho que fora colocado na revisão.

— O que está havendo com o Henriquinho?

— Ele só fica desenhando e descuida da revisão.

— E desenha bem?

— Desenha.

— Mande ele me procurar lá na redação, com os desenhos.

Henriquinho detestava ser revisor. Cheio de dúvidas de ortografia, consultava o dicionário seguidamente, quase palavra por palavra. O pessoal da oficina percebeu logo que se tratava de um neófito. Pior: que atrasava o trabalho com a sua inacreditável lentidão. Na segunda semana, Henriquinho achou que poderia romper a hostilidade dos veteranos mostrando-lhes seus rabiscos. Em vez de acelerar a conferência das provas tipográficas, tentava imitar os bonequinhos que o desenhista Rujos copiava da revista americana *Saturday Evening Post* e exibia na TV Itacolomi. Os gráficos não se empolgaram. Henriquinho apelou para conquistar a simpatia dos colegas. Inspirando-se nas famosas "revistinhas de sacanagem" de Carlos Zéfiro, passou a fazer desenhos pornográficos. Aí, funcionou: a oficina, de uma hora para outra, passou a relevar as suas trapalhadas como revisor, e não eram poucos os que aguardavam pelas historietas apimentadas.

Às duas horas da tarde de um dia qualquer na segunda quinzena de maio, de sua mesa, Roberto Drummond viu o rapaz tímido entrar na redação. "Será que é este aí?", pensou instantaneamente. De óculos escuros e desajeitado, Henriquinho aproximou-se quase escondendo o rosto. Roberto pediu os desenhos. Henriquinho enfiou as mãos no bolso e tirou os papéis. "Vou ser despedido", apostou. O diretor da revista bateu os olhos e não teve dúvida: ali estava o cartunista que procurava havia tempos. "Tive vontade de dar um pulo de contentamento", recordou Roberto. "Os cartuns abordavam o suicídio, meio humor negro. Aqueles bonecos não eram tão ruins como muitas pessoas (inclusive o Henfil) dizem. Mudos, comunicavam uma porção de coisas."

Roberto foi direto:

— Vou te transformar em cartunista da *Alterosa*.

Henriquinho, refeito da surpresa, indagou:

— Mas já no próximo número?

— Sim. Você vai ganhar dez vezes mais.

Incrédulo, nem tentou calcular quanto ganharia — como revisor, recebia salário mínimo. Roberto avisou que mandaria comprar revistas francesas para que ele aprimorasse o traço observando Bosc e Sempé. Instruiu-o a colaborar na organização do arquivo da revista. E pediu a Jarbas Juarez que diagramasse duas páginas com o maço de cartuns.

Tudo tão rápido que deixou Henriquinho zonzo. Ainda faltava acertar um detalhe.

— Vamos escolher um nome para você assinar os desenhos — disse-lhe Roberto.

— Que tal Souza? É o sobrenome de meu pai, que já faleceu.

— Souza? De jeito nenhum — sentenciou o diretor. — Qual é o seu nome todo?

— Henrique de Souza Filho. Ah, eu podia assinar como Henriquinho. Todos me chamam assim.

— Nada disso — vetou o quase ditador Drummond. — Você vai assinar Henfil. Hen de Henrique e Fil de Filho.

— Henfil? Horrível. Minha família não vai gostar nada dessa história de Henfil.

— Esqueça sua família. Vamos gerar uma controvérsia, e isso é ótimo para um cartunista. Muita gente vai ficar sem saber se você é brasileiro ou não. Uns vão chamá-lo de Anfiu, como se fosse francês. Outros o chamarão de Rênfil, como se fosse inglês. No Brasil, é sempre bom parecer estrangeiro.

— Sei não...

Roberto ordenou:

— Desenhe o nome Henfil para assinar os desenhos.

— Isso eu não faço!

O impasse só se desfez quando Roberto ameaçou devolvê-lo à oficina.

— E tem mais: vou telefonar para o Betinho avisando que você está atirando pela janela uma chance de progredir na vida.

A contragosto, Henriquinho rabiscou o nome de seu duplo. Roberto esperou uns minutos para voltar à sala. Pressentia uma grande descoberta e, por isso, jogava pesado para não perdê-la.

— É isso que você quer? — perguntou Henriquinho, incomodado. Roberto aprovou a assinatura de Henfil, rápida como um raio *laser*.

Nilton Santos, com a camisa amarela da seleção brasileira que conquistaria a Copa do Mundo de 1962, no Chile, era o personagem de capa da edição de junho da *Alterosa,* na qual Henfil estreou profissionalmente. Os seis cartuns sobre o tema "suicídio", em duas páginas espelhadas, apresentavam indícios do que seriam suas marcas registradas: a noção de velocidade, ressaltada por traços finos e econômicos, e o espírito transgressor. Uma dessas ilustrações: um homem se atira da janela com o cuidado de abrir o guarda-chuva como se fosse um paraquedas.

Henfil se decepcionou com o resultado: "A impressão era péssima, e os desenhos me pareciam horrorosos. Tinha consciência de que precisava engrossar o traço." Mas se envaideceu com os elogios de colegas de redação àquele humor de tintas ingênuas. Estranhou a faina diária: folhear revistas estrangeiras, arrumar pastas de arquivo e burilar o lápis no papel horas a fio. Roberto Drummond exigia relatórios verbais sobre as leituras (sobretudo da *Paris Match*) e mandava-o refazer os cartuns, sob suas vistas. Henfil escutava as prescrições com o ar de um condenado ao mais pérfido dos castigos. O diretor insistia para que se orientasse pelo humor à francesa; Henfil apreciava o estilo dos chargistas de *O Cruzeiro.* Pelas costas, reclamava da "tirania" de Roberto, comparando-o a Yustrich, o técnico brutamontes do Atlético Mineiro. "A nossa convivência não era das mais cordiais, porque eu cobrava muito", reconheceu Roberto. Cobrava, aliás, de toda a equipe. Os textos finais tinham que passar por seu crivo; não raro, reescrevia-os e alterava títulos e subtítulos. Às vezes, gastava-se uma tarde inteira para decidir a diagramação de uma página de fotos bem abertas e espaços em branco.

Henriquinho perturbava-se com a disciplina férrea e vivia hesitante quanto à vocação para o cartum. Não havia meio de se acostumar com o nome Henfil. Deu de faltar ao trabalho e cismou de se demitir. Roberto Drummond pediu mais de uma vez a Betinho que convencesse o irmão a prosseguir na revista.

O drama foi diminuindo à medida que Henfil se habituou ao ambiente familiar da redação. Sempre de óculos escuros, provavelmente por timidez, sentava-se numa mesa lateral, ao lado de Jarbas Juarez. No fim do expediente, os jornalistas afastavam as mesas e cadeiras, transformando a redação em campo de pelada. Trepado na prancheta da diagramação, Henfil zombava dos atletas que maltratavam a pelota.

* * *

Henfil estudava à noite, não bebia por recomendação médica e resistia a patotas. Mesmo assim, aparecia no bar Bucheco (boteco em russo), na rua Guajajaras, administrado pelos futuros guerrilheiros Inês Etienne Romeu e Cláudio Galeno Magalhães Linhares e frequentado por jornalistas, artistas e intelectuais de esquerda. O Bucheco compunha a moldura boêmia de uma Belo Horizonte de 600 mil habitantes, poucos crimes, tráfego reduzido e nenhum motel de alta rotatividade. Do recém-inaugurado sistema de escadas rolantes do Edifício Maletta às duas emissoras de televisão (Itacolomi e Alterosa), a cidade parecia arrancar para a vanguarda. A sucursal do Centro Popular de Cultura da UNE era comandada pelo poeta Affonso Romano de Sant'Anna. O cineclube do Centro de Estudos Cinematográficos (CEC) congregava 3 mil sócios, com direito a carteirinhas personalizadas e acesso a um acervo de mil películas, dos Irmãos Marx à *Nouvelle Vague*. O grupo de dança de Klauss Vianna atraía jovens de outras capitais. O jovem maestro Isaac Karabtchevsky regia o Madrigal Renascentista, com a fulgurante Maria Lúcia Godoy como solista. Milton Nascimento, no inseparável terno azul-marinho, era *crooner* nos bailes do Automóvel Clube e no bar Sagarana. Nas artes cênicas, sobressaíam o Teatro Universitário, o Teatro Experimental e o Grande Teatro Lurdes. *O Estado de Minas, Folha de Minas, Correio de Minas* e *Diário de Minas* disputavam a primazia entre os jornais, inclusive publicando suplementos literários. Um bando de jovens e talentosos jornalistas planejava o futuro, de preferência no Rio de Janeiro, onde o *Jornal do Brasil* despontava como a bíblia da mídia impressa desde a reforma gráfico-editorial de 1958.

Belo Horizonte também fervilhava politicamente. No decorrer de 1963, as forças conservadoras desfecharam a ofensiva de propaganda ideológica que iria desestabilizar o governo Goulart. A filial mineira do tenebroso Instituto de Pesquisas e Estudos Sociais (IPES) encarregava-se de aplicar regionalmente os fundamentos da estratégia golpista. Nas catacumbas conspiratórias, o IPES-MG elaborou uma lista com dezenas de "comunistas que devem ser anulados, eliminados, presos ou exilados no caso de uma ação militar em nossa pátria". Entre eles, dois membros da família Souza: Betinho, "elemento perigoso no campo político", e Wanda, "altamente perigosa, ocupando posição de liderança no movimento revolucionário". A irmã de Henfil, aluna da primeira turma de Jornalismo da UFMG e exercendo uma chefia na Legião Brasileira de Assistência, atuava em mutirões assistenciais nas favelas da cidade, ao lado do padre Francisco Lage, um dos precursores da Teologia da Libertação.

Nessa quadra conturbada, as posições progressistas de Henfil foram expostas na carta por ele enviada ao semanário *Brasil Urgente*, fundado em São Paulo pelos dominicanos e dirigido por frei Carlos Josaphat. Datada de 8 de outubro de 1963 e assinada por Henrique Souza, o texto foi editado com o título "É preciso aumentar o grosso da tropa". Com leves pitadas de humor, pregava a união dos cristãos "na autenticidade evangélica da revolução brasileira" e elogiava o

Brasil Urgente por se contrapor com dinamismo "aos órgãos marginais da imprensa de sacristia". Eis um trecho:

"É necessário que os verdadeiros intelectuais cristãos se integrem a nós. (...) É questão de responsabilidade, pura e simplesmente. De amadurecimento do movimento. De aumentar o grosso da tropa. (...) Intelectuais de todo o Brasil, uni-vos ao *Brasil Urgente*! Guerra é guerra!"

Henfil fechava com a AP, embora não fosse filiado. Sabia o que se discutia nos encontros e nos bastidores, lia documentos. Como todo esquerdista mineiro da era Goulart, admirava — não incondicionalmente — Leonel Brizola, Miguel Arraes, Luiz Carlos Prestes e Betinho. E, como seus pares, radicalizava o discurso contra o imperialismo, a burguesia reacionária, a exploração dos trabalhadores e o latifúndio.

Comparecia aos comícios organizados pela Frente de Mobilização Popular — organismo suprapartidário que procurava unir as forças progressistas diante da pressão da direita contra as reformas. Mas fugia das aglomerações, escolhendo locais de onde pudesse escapulir com facilidade em caso de tumulto. Uma simples pancada poderia provocar hemorragia.

O clímax dos antagonismos em Belo Horizonte aconteceu durante o congresso da Central Única dos Trabalhadores da América Latina (CUTAL), no auditório da Secretaria de Saúde. O deputado Leonel Brizola participaria do comício de encerramento, no dia 24 de fevereiro de 1964. Durante toda a semana, associadas da Liga da Mulher Democrata (LIMDE) formaram a "cadeia cívica contra o marxismo": por uma rede de telefones, protestavam contra o ato convocado pela CUTAL.

Horas antes do comício, caminhões descarregaram jovens militantes armados de porretes, aos quais se juntaram grupos paramilitares. O auditório foi ocupado por simpatizantes do IPES. Mesmo protegido por meia dúzia de fuzileiros navais, Brizola não chegou ao local, pois a pancadaria explodiu nas ruas próximas e somente amainou com a intervenção da cavalaria da Polícia Militar.

Testemunha ocular do conflito, Henfil voltou para casa com um hematoma no braço, segundo ele causado pelo esbarrão de um fuzileiro naval que carregava uma bolsa cheia de metralhadoras para proteger Brizola.

O agravamento da crise institucional não impediu Betinho de viajar ao Rio para o comício pelas reformas de base na Central do Brasil, em 13 de março. Nas semanas que antecederam o golpe militar de 31 de março, lideranças ponderadas temiam que a quebra da hierarquia nos quartéis, com o motim de marinheiros e fuzileiros navais no Rio, desse pretexto aos comandos militares para deporem Jango. Como nove entre dez simpatizantes da AP, Henfil acreditava que o esquema militar de Goulart e a mobilização das forças populares impediriam quarteladas. "Achávamos que o poder estava nas nossas mãos e que não o tomariam de nós", admitiu Paulo César Santos Teixeira. Na manhã do dia 30 de março, Betinho reuniu-se com o comando da AP e lideranças estudantis, advertindo para a possibilidade do golpe.

Mas o triunfalismo preponderava nas avaliações da esquerda. Na prática, o radicalismo de certas tendências inviabilizava a unidade em torno de Jango, para assegurar os avanços sociais e deter a conspiração reacionária. E os militares legalistas, àquela altura, eram minoria no conjunto das Forças Armadas.

Na noite do dia 30, Betinho embarcou para o Rio, seguindo direto para o Departamento de Correios e Telégrafos (DCT), que funcionava como central de comunicações. Lá, soube da marcha das tropas do general Olympio Mourão Filho e da deflagração do movimento que trucidou a democracia. Jango voara para o exílio.

Da janela do apartamento de um amigo no Flamengo, Betinho assistiu a cenas dolorosas: o prédio da UNE ardendo em chamas, tropas do Exército nas esquinas, estudantes presos, barricadas dissolvidas a bala. Seu nome constava da primeira lista de cassações de direitos políticos e logo seria indiciado em Inquéritos Policiais Militares, os sinistros IPMs. A repressão o procurava em Belo Horizonte. A casa da rua Venezuela não foi revistada, mas agentes do Dops circularam nas redondezas.

A PM, o Exército e o Dops vasculhavam residências, diretórios acadêmicos, redações, salas de aula e sindicatos. A caça às bruxas alastrava-se por todo o Brasil. As sedes da Jec e da Juc foram invadidas e depredadas no dia 1º de abril de 1964. O bar Bucheco, fechado. Vários ex-companheiros de Henfil, constando ou não das listas de "subversivos", tratavam de rasgar livros "comprometedores" e se esconder em locais seguros.

Henfil desligou a televisão e constatou a expressão de pavor nos irmãos. Dona Maria rezava um terço por Betinho. Dias depois, sob a acusação de ter redigido o primeiro manifesto da Une contra o golpe militar, Wanda foi presa e confinada três dias na penitenciária feminina. Os órgãos de segurança sabiam que ela nada tinha a ver com o documento, mas a detiveram por mera intimidação. Posta em liberdade, Wanda não demorou a ser dedurada por dois colegas de faculdade e acabou indiciada no IPM aberto para apurar "atos de subversão" na UFMG. Temendo uma demissão política, ela licenciou-se da Legião Brasileira de Assistência (LBA) graças a um atestado médico que recomendava tratamento de saúde para "problemas mentais".

Com a ajuda da noiva de um dirigente da AP, Betinho ficou três dias escondido no Hospital Psiquiátrico Pinel, no Rio. Uma batida policial no edifício ao lado obrigou-o a refugiar-se num sítio no interior do estado. Em junho, foi para um "aparelho" da AP em São Paulo, de onde partiu para o exílio no Uruguai, via Mato Grosso, Paraguai e Argentina.

A aflição tomou conta da família. Como se não bastassem as perseguições aos irmãos, Henfil ficou alarmado com prisões de jornalistas da *Alterosa*. Mas respirou fundo e manteve o equilíbrio emocional. O clima em casa era tenso, todos precisavam de apoio. Na ausência de Betinho, assumia de fato o lugar vago desde a morte do pai, mesmo não sendo a espinha dorsal em matéria de finanças. Das compras de mês ao acompanhamento dos estudos de Chico Mário, tomaria a dianteira.

* * *

Alguns meses após o golpe militar, tenso com as escassas informações sobre o paradeiro de Betinho, Henfil apareceu na redação da *Alterosa* com a lenga-lenga de que não aguentava mais desenhar. Roberto Drummond ignorou o rompante do *bad boy*:

— Em vez de pedir demissão e jogar fora um bom salário, você vai é criar um personagem.

— Criar um personagem? Não vou, não. O Borjalo não precisou de personagem para dar certo.

— É, mas você vai ter que criar um personagem.

— Então espera um pouco.

Henfil foi à máquina de escrever, bateu o pedido de demissão e o entregou a Roberto, que rasgou o papel.

— Você vai para casa, volta em cinco dias. Se não tiver criado nenhum personagem, aceito sua demissão.

Cinco dias de suspense. Menos para Roberto Drummond, que apostava no recuo do pupilo, conforme explicou: "Ele já enfrentava uma guerra interna entre Henfil e Henriquinho. Era o dilema de escolher entre passar à história ou permanecer como figurante. Henfil relutava, mas no fundo pressentia a queda para o cartum. Além disso, o pessoal da revista o incentivava a prosseguir."

No quinto dia, ao retornar do almoço, Roberto topou com os indefectíveis óculos escuros. Henfil desembrulhou os papéis, com um gracejo:

— Olha aí. Você queria um, eu criei dois personagens...

Chamavam-se "os dois Fradinhos": o Cumprido (com u mesmo), magro, narigudo e alto, e o Baixinho, atarracado, bonachão e gordo, ambos vestindo hábitos de dominicanos. O traço, por mais hesitante que fosse, arrepiou Roberto pelo parentesco com Sempé. Todos quiseram saber em quem Henfil se inspirara para delinear os personagens. Ele tergiversou, mas de fato se baseara nos tipos físicos de dois frades dominicanos: Humberto Pereira (Cumprido) e Carlos Alberto Ratton (Baixinho).

Houve um episódio decisivo para a gestação dos Fradinhos. Henriquinho acompanhou Wanda a um encontro com o padre Francisco Lage, no Convento dos Dominicanos. Em dado momento, viu entrar no pátio uma fila de frades em contrito silêncio, as mãos recolhidas debaixo dos hábitos. Dois desses frades despertaram-lhe a atenção: um comprido, sério e absorto em reflexões; o outro, que vinha logo atrás, baixinho e com ar moleque. De repente, o baixinho dirigiu um olhar maroto a Henriquinho e, com gestos velocíssimos, tirou de dentro do hábito um pão, mordeu-o e escondeu a mão novamente. Não sem antes fulminar o rapazinho com outro olhar, safado e cúmplice.

Henriquinho incorporou a Cumprido e Baixinho os traços físicos dos frades que tanto o impressionaram. Os personagens eram ingenuamente anticlericais e de temperamentos opostos: Cumprido, tolerante, carola e certinho; Baixinho, impaciente, provocador e um tanto sádico. Permitiam a Henfil aplicar tímidas alfinetadas na moral cristã. "Desde o início, os Fradinhos eram uma maneira de enfrentar as repressões: a religiosa, a da família, a dos costumes. Mas eles surgiram após o golpe de 64, quando não havia muito espaço para mexer com a repressão política."

Os Fradinhos estrearam na edição de 25 de julho de 1964, com a *Alterosa* já em tamanho grande, igual ao da *Manchete*. Henfil dividiu a página em quadros para contar as peripécias da dupla infernal.

Nos quatro números em que saíram as historietas, Cumprido e Baixinho escondem-se nos galhos de uma árvore para, incógnitos, atirarem frutas em inocentes; perseguem um ladrão que roubara a bolsa de uma senhora, cercam-no e acabam repartindo com ele joias e dinheiro; apertam campainhas de casas e correm para se proteger da polícia no convento.

Henfil mal teve tempo de consolidar os perfis dos Fradinhos, pois, agastado com o rumo da sucessão presidencial, Magalhães Pinto comunicou a Roberto Drummond o fechamento da revista, entre o Natal e o Ano-Novo de 1964. As máquinas importadas da Alemanha, testadas num suplemento de moda da Rhodia, ficaram sem imprimir uma página sequer da *Alterosa* e foram vendidas, quase virgens, à Editora Abril.

No último dia de trabalho, Henfil foi com a equipe a um dos bares do Maletta afogar as mágoas em cervejas, palmitos em rodelas e filés-palito. Na hora das despedidas, as lentes escuras dos óculos disfarçaram a emoção de Henfil ao abraçar Roberto Drummond.

O fim da *Alterosa* coincidiu com o vestibular de Henfil. No rastro de Betinho, ele escolheu sociologia, o curso que "formava os quadros para a revolução", como se propalava nos meios de esquerda. Entre setenta candidatos, Henfil foi aprovado em oitavo lugar.

Ele comemorava o feito quando Flávio Márcio o procurou, em fins de janeiro de 1965, acenando com uma vaga no segundo caderno do *Diário de Minas,* o DM2. Há um mês desempregado, Henfil imaginara que sua trajetória como cartunista tinha se encerrado junto com a *Alterosa*. A princípio, hesitou:

— Meu negócio, agora, é fazer sociologia e dar aulas. Pelo amor de Deus, me tira dessa!

Flávio Márcio fingiu-se de surdo.

O ESTILO NA AGULHA

O *Diário de Minas,* vendido ao *Jornal do Brasil* e simpático ao regime militar, não exibia mais a vitalidade do tempo em que era dirigido por Guy de Almeida. A imprensa mineira continuava pagando mal, e não era à toa que a nova geração de jornalistas sonhava com Rio ou São Paulo, ou cursava Direito de olho numa banca de advocacia. Ainda assim, as redações eram celeiros de bons profissionais — tanto que se recrutaria em Belo Horizonte parte significativa das equipes que fundaram o *Jornal da Tarde* e a revista *Veja.*

Henfil caiu de paraquedas no criativo DM2, editado por Affonso Romano de Sant'Anna e depois por Flávio Márcio. Reunia a fina flor do jornalismo cultural: Ivan Ângelo, André Carvalho, Gilberto Mansur, Ezequiel Neves, Olívio Tavares de Araújo e Marco Antônio de Menezes, entre outros. O cartum de Henfil ocupou duas colunas de cima a baixo, na página 2, e a seção intitulava-se "Lições de graça". Para preencher a "tripinha esquisita", optou por cinco ou seis cartuns independentes.

Henfil tateava à procura de um estilo, de uma modulação própria para satirizar a realidade. Os primeiros cartuns no DM2 eram apenas triviais. O compromisso diário o obrigou a refinar o traço. Fazia e refazia os desenhos, enchendo a cesta de lixo de bolas de papel amassado. Pelas cinco horas da tarde, os cartuns estavam praticamente finalizados. Antes das seis, entregava-os à editoria.

No início, focalizou assuntos da cidade, como repressão a camelôs, cemitério para cães, filas em repartições públicas e loucuras no trânsito. Em três meses, o traço deslizou e ele foi abandonando o zelo excessivo nos contornos dos bonecos, em favor de uma aceleração progressiva dos movimentos.

A seleção temática se diversificou: do futebol ao salário mínimo de fome, tudo parecia permeável à zombaria. Os desenhos já canalizavam o desconsolo de Henfil com a situação interna do país, escorada no binômio autoritarismo político/ajuste econômico brutal. Na série de cartuns sobre a guerra do Vietnã, desenhou crianças vietnamitas desembrulhando, avidamente, saquinhos com bombons atirados pelos aviões norte-americanos — na verdade, bombas que explodiriam em segundos. Também realçou a obsessão anticomunista que contaminava o nosso país, recorrendo ao providencial amistoso entre as seleções de futebol do Brasil e da União Soviética. O jogador brasileiro reclama com o árbitro: "Seu juiz, não posso tolerar infiltração comunista em nossa grande área..."

A súbita ascensão colocou o dilema: prosseguir no jornalismo ou dedicar-se à sociologia? Poucos profissionais viviam exclusivamente do traço; o mercado de trabalho não comportava. Millôr Fernandes escrevia para teatro; Ziraldo trabalhava em publicidade; Jaguar era funcionário do Banco do Brasil; Fortuna, diretor de arte da *Enciclopédia Barsa*. Se os monstros sagrados tinham que se virar, imagine as limitações para um jovem inexperiente. "O desenho de humor era quase um bico. Meus irmãos se cotizavam para manter a casa, e eu também precisava colaborar. Tudo me aconselhava a desistir", rememoraria Henfil.

Faltando um mês para terminar o primeiro semestre letivo, Henfil trancou matrícula na UFMG, acatando o conselho do professor Antônio Otávio Cintra para que investisse na carreira como chargista. Leu avidamente a coleção de *Pif-Paf,* dirigida por Millôr Fernandes, que só durou oito números em 1964. Adorou "o festival de besteiras que assola o país", o Febeapá das crônicas de Stanislaw Ponte

Preta (Sérgio Porto), e o estilo insubordinado do humor político do Barão de Itararé (Aparício Torelly).

O sucesso no *Diário de Minas* valeu a Henfil o Troféu Cid Rebelo Horta, como melhor cartunista de 1965. Recebeu a homenagem no auditório da Rádio Itatiaia, com um sorriso de orelha a orelha, terno e gravata — e de óculos escuros. O levantamento de sua produção indicou nada menos do que 1.800 desenhos em um ano. A fecundidade assombrosa rendeu-lhe o convite da Editora do Professor para publicar uma seleção dos melhores trabalhos. Henfil consultou amigos e a irmã Wanda para escolher noventa cartuns.

O livro, a princípio, se chamaria *Guerra é guerra*. Mas Henfil leu no *Jornal do Brasil* que Jaguar e Fortuna organizavam uma antologia de humor com o mesmo nome. Tratava-se de uma extensa pesquisa sobre desenhos inspirados em guerras, desde a Antiguidade até a década de 1960. O propósito era atacar indiretamente o militarismo em vigor. Para evitar problemas com a censura, decidiu-se excluir autores nacionais. No alto do atrevimento de seus 22 anos, Henfil julgou que Jaguar e Fortuna estavam plagiando seu livro e embarcou de ônibus para enfrentá-los no Rio de Janeiro.

Otto Maria Carpeaux acabara de aceitar escrever o prefácio de *Guerra é guerra* quando a recepcionista da Enciclopédia Barsa levou um certo Henfil, de Belo Horizonte, à presença de Fortuna. O desconhecido foi logo dizendo:

— Eu soube que vocês estão preparando uma antologia intitulada *Guerra é guerra*. Queria pedir que mudassem o nome porque vou publicar um livro com esse título.

Fortuna achou uma audácia tremenda, mas resolveu telefonar a Jaguar.

— O nosso livro vai se chamar *Guerra é guerra,* e ponto final — reagiu Jaguar.

Fortuna mediu de alto a baixo o forasteiro. Pelo sim ou pelo não, despachou-o para o Banco do Brasil, no centro do Rio, onde Jaguar trabalhava.

Jaguar pensou em esculhambar o rapazola folgado, mas se conteve, explicando que não havia proibição de se publicarem títulos idênticos. E ainda suavizou:

— O seu livro vai sair primeiro do que o nosso, você leva vantagem...

Henfil, contrafeito, estava a caminho da porta quando Jaguar perguntou:

— Como é mesmo seu nome?

— Henfil.

— Henfil-fil... parece assovio...

Furioso, Henfil saiu do Banco do Brasil e andou horas pela calçada da praia de Copacabana até acalmar-se. Restava cumprir a segunda etapa do roteiro carioca. Queria que Millôr Fernandes escrevesse o prefácio do livro. Em Belo Horizonte, o publicitário Paulo Nogueira havia lhe dado um cartão para que procurasse Ziraldo, amigo de Millôr. Ziraldo, que ouvira falar de Henfil pelos elogios de Nogueira ("esse garoto é um capeta de inteligente, um desenhista que vai longe"), recebeu-o em seu apartamento. Henfil confessaria depois que suas mãos gelaram ao cumprimentar o criador do Pererê. Ziraldo definiu o telefonema para Millôr como uma tragédia: "Millôr estava atacado e disse que nem queria ver o Henfil. Ponderei que o rapaz era bom, mas ele respondeu que não suportava fazer prefácio. Fiquei muito sem graça e me ofereci para escrever, mas o Henfil, totalmente desapontado, deixou entrever que queria mesmo o Millôr. E regressou puto da vida a Belo Horizonte."

Reunido com amigos no boteco atrás do *Diário de Minas*, Henfil esnobou *Guerra é guerra* e pediu sugestões de título. As propostas foram as mais estapafúrdias, como o infame trocadilho *Henfil sós*. O clique da inspiração coube ao único presente não alcoolizado — o próprio autor —, que escolheu *Hiroshima, meu humor*, paródia a *Hiroshima, mon amour*, clássico de Alain Resnais tantas vezes exibido no cineclube do Cec. O livro foi lançado em meados de 1966, numa concorrida noite de autógrafos na Livraria do Estudante. À última hora, Henfil incluiu a epígrafe: "Se o estupro é inevitável, relax..." (provérbio americano).

* * *

A prisão de Betinho no Rio acabou com o Natal de 1966 da família Souza. Depois de um ano no Uruguai envolvido nas articulações políticas com exilados do calibre de Leonel Brizola, Darcy Ribeiro, Waldir Pires e Neiva Moreira, todos empenhados em definir formas de oposição ao regime militar, Betinho retornara clandestino ao Brasil e montara em São Paulo a base de operação da AP. A família soube de sua volta, mas razões de segurança desaconselhavam contatos diretos, bem como qualquer comentário fora das paredes da rua Venezuela.

Influenciado por leituras de Mao Tsé-tung e Régis Debray, Betinho trouxe a luta armada na bagagem. O modelo revolucionário tanto podia ser o chinês como o cubano; o importante era reorganizar células e frações para o enfrentamento inevitável com a repressão. "A revolução está na boca do fuzil", repetiam os seguidores de Mao.

Numa das idas clandestinas ao Rio, Betinho consultou um médico ligado à AP, pois se sentia enfraquecido e percebeu filetes de sangue nas fezes. Encaminhado ao Hospital dos Servidores, recebeu o diagnóstico: sangramento numa úlcera duodenal. Recebeu transfusões e retornou à casa da sogra, na rua Dezenove de Fevereiro, em Botafogo, com recomendação de repouso absoluto. Por azar, um médico do hospital o reconhecera e o delatou.

No dia 23 de dezembro, uma sexta-feira, Betinho foi acordado pelo desespero de sua primeira mulher, Irles:

— A polícia está aí!

Antes de se entregar aos 12 agentes do DOPS e do Centro de Informações da Marinha (CENIMAR), mandou que Irles escondesse dentro de um pacote de absorventes íntimos papéis e documentos comprometedores. Durante o depoimento no Dops, Betinho mencionou sua condição de hemofílico. Os policiais assustaram-se: uma simples bofetada poderia provocar uma hemorragia fatal. Falou que convalescia de uma úlcera, e com isso o delegado o autorizou a passar o Natal em casa, desde que se reapresentasse na segunda-feira. Betinho deu sua palavra de honra e, claro, a descumpriu. Mas não foi ele quem avisou a família da prisão. A notícia vazou no sábado, 24, e alarmou os Souza, pois eles não tinham conhecimento do acordo informal com o delegado — aliás, caso raro de agente da repressão com rasgo de humanidade.

A primeira informação era de que Betinho se encontrava incomunicável no Dops. Com medo de que ele fosse submetido a maus-tratos, Henfil e amigos telefonaram às redações dos jornais para denunciar a prisão, enquanto as irmãs acionavam advogados no Rio. Na segunda-feira, 26, o pedido de *habeas corpus* nem chegou a ser protocolado, pois Betinho agiu rápido e obteve asilo no consulado do México, na praia do Flamengo. Henfil, que recolhia assinaturas para um manifesto de artistas e intelectuais mineiros exigindo a libertação do irmão, sentiu uma gota gelada de alívio escorrer pelo rosto.

A passagem pelo consulado durou apenas dez dias, pois Betinho não tencionava viajar para o México. A AP montou um esquema de segurança para transferi-lo a um "aparelho" a quatro quadras da representação diplomática. Ele assinou o termo desistindo do asilo. Foi levado para Nova Iguaçu, na Baixada Fluminense, onde passou quarenta dias, de lá seguindo para São Paulo. Já na capital paulista, a úlcera voltou a sangrar, e o levaram às pressas para o Hospital das Clínicas, onde atuava um cirurgião conhecido da organização. Com nome falso ("Francisco") e correndo perigo de vida, Betinho foi operado durante horas, com cinco por cento de chances de sobreviver. Escapou por milagre. Já tinha recebido alta quando Henfil e a família souberam que ele havia suplantado a linha da morte.

Em meados de 1967, recuperado, Betinho viajou clandestino para Cuba, com duplo objetivo: buscar, em nome do comando dos exilados no Uruguai (leia-se Leonel Brizola), dinheiro para operações de guerrilha contra a ditadura; e representar a AP no congresso da Organização Latino-Americana de Solidariedade (OLAS), espécie de central de fomento à luta armada na América Latina. Um emissário comunicou a Henfil que o irmão se ausentaria por um bom tempo do país, sem revelar o destino.

A morte de Che Guevara na Bolívia acabou por esvaziar o congresso da Olas, e Betinho amargou 11 meses em Havana à espera das instruções dos emissários de Fidel Castro. A viagem frustrou-se porque os cubanos não lhe entregaram o ouro para a guerrilha. Em vez de apoiar a AP como ponta de lança da luta armada no Brasil, preferiram a Ação Libertadora Nacional (ALN), de Carlos Marighella.

Ao regressar em 1968, Betinho restabeleceu precariamente a comunicação com a família em Belo Horizonte. As cartas, com remetente e endereço fictícios, cumpriam um périplo de despistamentos até chegar à rua Venezuela. No *front* político, Betinho aliou-se ao núcleo dirigente da AP que voltara da China fascinado pela Revolução Cultural — e pagou alto tributo pela opção. As lideranças sectárias entendiam que militantes oriundos da burguesia precisavam passar por uma "reciclagem ideológica", isto é, proletarizar-se, para apreender o modo de vida da classe operária e assim poder atuar de modo mais convincente junto a ela. O sociólogo teve que virar operário, de macacão e tudo, trabalhando com identidade falsa em fábricas no ABC paulista.

* * *

Tão logo Betinho deixou o consulado do México no Rio, Henfil se demitiu do *Diário de Minas,* aborrecido por não conseguir um aumento de salário de 100 para 150 cruzeiros. Passou a colaborar no

Diário da Tarde e na *Última Hora*, além de desenhar para a agência de publicidade Macron, dos irmãos Laércio e Toni Campos, que conquistara a cobiçada conta da Companhia Cervejaria Antarctica.

Nesse meio-tempo, Carlyle Guimarães Cardoso convidou Henfil a reeditar, na edição mineira do *Jornal dos Sports,* a dupla formada com Márcio Rubens Prado nos últimos meses do *Diário de Minas.* O salário compensava, e ele deixou o *Diário da Tarde* e a *Última Hora.* Os estilos irreverentes assemelhavam-se, e alguém sugeriu que fizessem uma coluna a quatro mãos sobre esportes e amenidades. Márcio redigia e Henfil ilustrava a "Dois toques".

Transferiram-se, no início de 1967, para o *Jornal dos Sports.* Por recomendação de Carlyle, a coluna "Dois toques" deveria limitar--se ao futebol. Henfil logo deixou de lado as piadas sobre os jogos realizados no novíssimo Mineirão para se concentrar nas torcidas do Atlético e do Cruzeiro. Em vez de fazer charges sobre o jogador, o time ou o clube, resolveu fixar-se nas rivalidades entre os torcedores. Os atleticanos seriam "urubus", e os cruzeirenses "refrigerados". Havia intenções políticas por trás dos batismos, como ele esclareceria:

"Eu queria relacionar o futebol à realidade social, jogar com o perfil dos torcedores. Primeiro, chamei a torcida do Atlético de urubu porque tinha muito preto. Representava a massa, o povão excluído. Depois, passei a me referir à Frente Nacional de Libertação Atleticana, numa postura mais política ainda. Os cruzeirenses não gostaram nem um pouco de serem chamados de refrigerados. Parecia coisa de veado... Eu desejava, na verdade, marcar a torcida do Cruzeiro como representante da burguesia mineira. Ficou assim: a elite cruzeirense contra a massa atleticana."

A repercussão dos cartuns esportivos foi tamanha que José de Araújo Cota, chefe da sucursal em Belo Horizonte, falou de Henfil com os diretores do *Jornal dos Sports* no Rio. Joffre Rodrigues, filho do dramaturgo Nelson Rodrigues e responsável pela área de publicidade, recebeu pelo malote alguns desenhos e achou-os "rigorosamente convincentes, de uma expressividade fantástica". Avaliou que aquelas ilustrações se encaixariam como uma luva nos anúncios de lançamento do jornal *O Sol,* que sairia encartado no *JS.* Com o aval da diretoria, pediu a Araújo Cota que marcasse um café da manhã com Henfil, dois dias depois, no Hotel Del Rey. Henfil não só aceitou ilustrar os anúncios como fez meia dúzia de perguntas sobre o arrojado projeto de *O Sol,* idealizado por Reynaldo Jardim. Joffre lhe propôs mudar-se para o Rio e trabalhar como cartunista no *Jornal dos Sports* e em *O Sol.* Em cada jornal ganharia 400 cruzeiros, quase o triplo do que recebia em Belo Horizonte!

Um turbilhão sacudiu os hemisférios de Henfil. Sem dúvida, tinha consciência de que Belo Horizonte estava ficando pequena para ele. Mas a vida em Minas caminhava para uma estabilização profissional (nos limites possíveis) e afetiva. Estava namorando firme a estudante de psicologia Gilda Westin Cosenza, irmã de Gilse Maria, sua amiga militante da AP.

Dona Maria e os irmãos encorajaram-no a mudar-se para o Rio. Os amigos íntimos brincavam dizendo que, finalmente, teriam hospedagem gratuita quando fossem à praia. Os pragmáticos alertavam que o mercado de trabalho em Belo Horizonte era pouco promissor, especialmente para um cartunista, e lembravam a recente revoada de jornalistas mineiros atrás de boas oportunidades nas redações de São Paulo.

Havia uma razão extra para Henfil correr atrás do ouro: os apertos financeiros da família. A dívida contraída para a compra da casa no Sion rolava mês a mês no banco, apesar dos esforços para amortizá-la.

Por tudo isso, a proposta de Joffre era irrecusável. Na segunda semana de setembro de 1967, excitado e trêmulo, Henfil iniciou a viagem de dez horas de ônibus rumo ao Rio. Apertou os olhos e imaginou um arco-íris traçado a régua cruzando o céu.

O VOO DO URUBU

Rua Joaquim Caetano, 3, Urca: este foi o primeiro endereço de Henfil no Rio. Uma casa modesta, de dois andares, a cinco passos da vista deslumbrante da Baía de Guanabara. Por intermédio de Ziraldo, conheceu o proprietário do imóvel, o pintor Sami Mattar, que planejava se mudar. Sorte para ambos: Henfil alugou a casa e Sami conseguiu um apartamento de cobertura ali perto, na rua Otávio Correia, 192, onde instalou seu ateliê. O sobrinho do pintor, Nélio Rodrigues, logo se afeiçoou a Henfil. Aos 22 anos, Nélio estava trocando a publicidade por sua grande paixão: a música (era professor de violão e preparava-se para concertos). Ele testemunhou o ânimo de Henfil no recomeço longe de Minas: "A timidez não o impedia de contar piadas ou de surpreender com tiradas. Às vezes, as piadas nem tinham muita graça, mas o jeito de contar divertia. Estava entusiasmado com a vinda para o Rio, mas não se deslumbrava com a possibilidade de crescer na carreira."

Naquela agitada segunda metade de 1967, os estudantes voltaram às ruas para protestar contra o acordo MEC-USAID, que permitira a interferência da agência norte-americana de desenvolvimento na reforma do nosso sistema educacional (por exemplo, foi introduzida a obrigatoriedade de aprendizado da língua inglesa desde o ensino fundamental). O general Costa e Silva governava desde março, com o respaldo de instrumentos de exceção como a Lei de Segurança Nacional. Mesmo assim, a palavra de ordem era contestação ao arbítrio e ao *statu quo*. A esquerda, dividida, discutia os caminhos para a tomada do poder: os "reformistas" do PCB defendendo a via pacífica, num processo gradual de acumulação de forças; os "revolucionários" dos mais variados matizes pregando a luta armada.

O Rio ainda era um lugar com índices de violência toleráveis, mas os engarrafamentos obrigavam a engenharia de tráfego a malabarismos. O Cine Palácio exibia, pela milionésima vez, *E o vento levou*. Milton Nascimento finalmente pôde aposentar o terno azul-marinho de *crooner* depois de consagrar-se com "Travessia" no Festival Internacional da Canção. O Tropicalismo surgia provocando controvérsias sobre os limites entre a produção estética e a arte de protesto.

Henfil começou a desenhar para o *Jornal dos Sports, O Sol* e *Cartum JS* — este, um suplemento semanal editado por Ziraldo no qual colaboravam cartunistas reconhecidos como Fortuna, Claudius Ceccon, Borjalo e Jaguar, e jovens desenhistas como Alcindo, Adail e Redi. Desde a morte de Mário Filho, em 1966, o *JS* vinha tentando diversificar o seu público-alvo e, com esse propósito, lançara os suplementos *Cartum JS* e o *Cultura JS*, considerados embriões de *O Sol*. Foi de Reynaldo Jardim, então editor do Cultura JS, a ideia de criar uma espécie de jornal-escola, que servisse de campo de experimentação para jovens profissionais e permitisse inovações na linguagem jornalística.

O Sol era crítico, com pautas criativas, diagramação ágil, títulos ousados e textos coloquiais. O *JS* resolveu bancar, e a editora-chefe Ana Arruda formou um time de respeito para viabilizar a proposta. Carlos Heitor Cony e Martha Alencar figuravam entre os editores. Um concurso entre estudantes de jornalismo e ciências sociais escolheu os alunos-repórteres que comporiam a equipe.

O Sol oferecia a Henfil a perspectiva de retomar o humor político dos tempos do *Diário de Minas*. Estreou no seu primeiro número (21/9/1967) com chamada de primeira página: "Da mesma terra de Borjalo é Henfil. Borjalo, com seus bonecos falantes, veio para *O Sol* via TV Globo de Minas. Já Henfil é importação direta." No mesmo dia, *o Jornal dos Sports* assim o apresentou: "O *JS* lança o seu mais novo chargista, o mineiro Henfil, que dará alegria em forma de notícias aos seus leitores."

A colaboração esporádica com o *Cartum JS* iniciou-se no número 3 (8/10/1967). A disputa por centímetros do suplemento obrigava Ziraldo a dosar a volúpia dos desenhistas. A ironia desembaraçada das piadas de Henfil o impressionou, particularmente as tiras que abordavam o preconceito racial.

A seção de Henfil, intitulada "Guerra é guerra" (ressuscitava o nome dado como perdido para Jaguar e Fortuna), saía na página 3. Saltavam aos olhos seus juízos sobre o quadro político vigente no Brasil e no mundo: não perdoava desigualdades e imposturas. "O que me mobiliza é o que eu tenho a dizer, a contar. O desenho vem atrás da ideia, ele é espelho da ideia", resumiria numa de suas primeiras entrevistas a *O Jornal*. A repressão policial ao movimento estudantil, o arrocho salarial, a devastação da Amazônia e as agressões norte-americanas no Vietná logo despontaram como seus alvos prioritários.

Na semana do assassinato de Che Guevara nas matas bolivianas, Henfil liberou ondas de ternura para o líder guerrilheiro e alcançou dois dias seguidos a primeira página. Um dos cartuns: Deus fiscaliza o céu. Ao passar por uma nuvem gigante, ouve ruído e dá uma freada. Entra nela, vê Che doutrinando os anjos e em seguida o admoesta: "Muito bem! O senhor de novo ensinando guerrilha, né, seu Guevara!"

A ousadia máxima de Henfil foi publicar, em 16 capítulos, a Revolução Russa em quadrinhos. A cena final mostra Lenin desembarcando de trem na estação Finlândia e sendo carregado nos ombros pelos bolcheviques.

Em 25 de novembro de 1967, *O Sol* deixou de circular encartado no *Jornal dos Sports*. As pressões políticas e a absoluta falta de anunciantes conduziram-no a um beco sem saída. Das 18 páginas iniciais, restavam oito. O prejuízo financeiro acumulava-se, e a família

Rodrigues, dividida, cancelou a publicação. A equipe tentou, por conta própria, salvar o empreendimento, mas a sobrevida durou menos de dois meses — *O Sol* desapareceu em janeiro de 1968.

O balanço da curta existência de *O Sol* comporta um ponto positivo e um ponto negativo. De um lado, a renovação jornalística antecipou a tendência de experimentação e de questionamento que viria a ganhar força, na década de 1970, com o *Pasquim, Opinião, Ex, Movimento* e *Versus.* De outro, as dívidas contraídas para editar *O Sol* quase levaram o *Jornal dos Sports* ao buraco. Em função do passivo acumulado pela empresa, a Sociedade Anônima Anglo--Brasileira Samabi decidiu fornecer papel ao jornal apenas mediante pagamento à vista na boca do cofre. A administração tinha que se virar todo dia para conseguir o dinheiro.

Com a crise, o *Cartum JS* deixou de circular. De uma hora para outra, Henfil perdia dois empregos; restava-lhe o *Jornal dos Sports.* Ele se apavorou, imaginando que o salário seria reduzido, o que inviabilizaria sua permanência no Rio. O aluguel da casa na Urca consumia-lhe quase a metade dos 1.200 cruzeiros. No cenário de instabilidade, raciocinou com a hipótese de regressar a Belo Horizonte, mas Mário Júlio Rodrigues, um dos diretores da empresa, o tranquilizou: continuaria a receber a quantia combinada com Joffre Rodrigues.

A trajetória de Henfil no *Jornal dos Sports* teve fases distintas. De setembro de 1967 a fevereiro de 1968, os cartuns no rodapé da página 4 extraíam humor dos bastidores do futebol. A segunda fase, decisiva para ele firmar-se, prolongou-se de fevereiro de 1968 a abril de 1969. O seu espaço cresceu no jornal graças à sensibilidade do editor-chefe, Maurício Azêdo, que comandava a reforma gráfico-editorial que tiraria o *JS* do vermelho. Alertado pelo chefe da diagramação, Fichel Davit Chargel, para o potencial de Henfil, Azêdo mandou chamá-lo. Durante a conversa, explicou a nova estratégia do jornal: avivar a paixão dos torcedores por seus times — notadamente o Flamengo, a maior torcida — como meio de atrair um volume maior de leitores. Azêdo o instruiu a deixar de lado as charges frias e criar em cima do principal jogo da rodada.

Nas edições das segundas-feiras, os quadrinhos de Henfil sobre o jogo da véspera ocupavam, no mínimo, metade da última página, além do cartum da capa. Para cumprir a orientação do editor-chefe, ele tinha que ir constantemente ao Maracanã, o que não o agradava muito. "No início, nós praticamente o arrastávamos ao estádio, porque ele vivia dizendo que não gostava de assistir às partidas", salientou Azêdo.

No dia a dia, Henfil quebrava o regime de economia de guerra para ir ao cinema, ou, mais esporadicamente, jantar no restaurante Lamas, no Largo do Machado, um dos raros redutos da boemia intelectual que apreciava. Na saída, era de lei espiar, no salão de bilhar dos fundos, as mesas superlotadas de feras e malandros de toda extração.

As folgas eram aguardadas com ansiedade por Henfil, saudoso da família e, principalmente, de Gilda. Sempre que possível, viajava nos fins de semana, de ônibus, para Belo Horizonte. A ponte rodoviária terminou em 13 de janeiro de 1968, quando, numa mesma cerimônia na Igreja de Santo Antônio, Henfil se casou com Gilda, e Abel Rodrigues Avelar com Gilse Maria, irmã de Gilda. O casamento a quatro fora apressado porque Gilse temia que a qualquer momento se decretasse sua prisão preventiva, em razão da militância na clandestina AP e no movimento estudantil. Combinada a data, Gilda e Gilse iniciaram negociações com os pais, José e Simone, profundamente católicos e conservadores. Concordavam em casar no civil e no religioso, como eles desejavam, mas queriam subir ao altar com minissaias coloridas: Gilse de azul-piscina e Gilda de vermelho-sangue. O acordo custou a sair, mas veio: as noivas adotaram o branco, mas os pais tiveram que engolir os vestidos de barras acima dos joelhos, com um veuzinho miúdo no rosto.

Os noivos Henfil e Abel relutaram em usar terno, julgando um desperdício empatar capital em compra tão supérflua. Mas como se apresentariam perante o juiz de paz e o padre? Lembraram-se dos ternos da formatura no curso colegial. Resgatados dos baús, os paletós ficaram quase na medida, as calças ligeiramente apertadas.

As noivas, com seus vestidos curtos, pararam a igreja — mas isso foi café-pequeno perto das tropelias de Henfil durante a cerimônia. "A cada fala do padre, ele cochichava uma gozação", relatou Gilse. "Dependendo do que o padre dizia, ele botava as mãos para trás e, discretamente, fazia gestos engraçadíssimos."

A lua de mel de Gilse e Abel foi assegurada por Henfil, que cedeu por uma semana a casa na Urca onde ele e Gilda passariam a morar. Ao retornar do Rio, Gilse mal teve tempo de viver com Abel na casa do bairro Floresta, pois saiu a sua prisão preventiva, e os dois caíram na clandestinidade. Com documentos falsos arranjados pela AP, ocuparam uma pequena casa no bairro proletário de Goreti, onde desenvolveriam um trabalho de conscientização política. Gilse — que sequer pôde colar grau como assistente social, embora tenha concluído o curso na Puc — empregou-se como aprendiz de tecelã na fábrica Renascença, enquanto Abel adiantava as tarefas políticas.

Meses depois, a situação se complicou. A repressão ficou sabendo que vários militantes ali se refugiavam, e os agentes batiam de casa em casa exibindo fotografias dos procurados. Para furar o cerco, a AP decidiu montar bases camponesas, dentro da visão tendencialmente maoísta de que a revolução viria do campo para a cidade. Deslocados nos primeiros dias de outubro de 1968 para a região de Ipatinga, Gilse e Abel perderam o contato com Henfil e Gilda.

* * *

Henfil atravessou o conturbado ano de 1968 equilibrando-se entre o casamento, a política e a carreira, e atento às questões familiares. Durante mais de um ano, a correspondência com Chico Mário se pautou pelas constantes cobranças de Henfil para que o irmão pusesse os pés no chão e se aprumasse na vida. Sonhador, Chico oscilava entre a paixão pela música e projetos grandiosos, sem ter ainda suporte financeiro para sustentar-se.

Como reagia às cobranças de Henfil? Segundo Nívia Souza, namorada de Chico, ele ficava tonto, mas nunca o viu com raiva do irmão. Entendia os conselhos como forma de companheirismo. Henfil e Betinho estimulavam a sua aptidão musical. Logo que ele ganhou um violão, Betinho deu-lhe como tarefa ouvir Bach e as *Bachianas* de Villa-Lobos. E o instruía a criar em cima.

Regularmente, Henfil mandava dinheiro para a mãe e para Chico Mário. A família Souza estava a caminho de São Paulo. Meses depois de casarem, Chico e Nívia mudaram-se para uma casa no Jardim América. Henfil presenteou-lhes com um armário de cozinha de duas portas, sem uso, e um faqueiro de prata. Dona Maria também foi para a capital paulista, acompanhada por Glorinha e Filomena. Wanda, com receio de ser presa em Belo Horizonte, ficou no mesmo "aparelho" em São Paulo em que viviam Betinho e o ex-padre Alípio de Freitas. Tanda também acabaria residindo em São Paulo. Zilah permaneceu na casa da família, no bairro Sion.

* * *

Ficar indiferente era a única postura inadmissível em 1968, ano em que se desencadearam lutas libertárias, fossem elas políticas, estudantis, comportamentais ou sexuais. Se os protestos de maio sacudiram a França e a Alemanha, no Brasil a onda de contestação resultou em discussões sobre o uso da pílula, o casamento aberto, a homossexualidade, a emancipação feminina, as drogas, a caduquice da moral burguesa etc. As cisões na esquerda geravam gritos dissonantes nas ruas: "O povo unido derrota a ditadura", ou "O povo armado derrota a ditadura".

Henfil compareceu à histórica passeata dos Cem Mil, evitando, como de costume, caminhar no meio da aglomeração. A uma distância tática de eventuais choques com a polícia, acompanhou o cortejo fúnebre de Edson Luís de Lima Souto, o estudante morto por uma bala da Polícia Militar nos conflitos no restaurante Calabouço, no Rio de Janeiro.

As campanhas antiditatoriais refluíram no segundo semestre de 1968, depois que setecentos estudantes foram presos no Congresso da UNE, em Ibiúna, São Paulo. A classe trabalhadora, que tentara se rearticular nas greves de Osasco e Contagem, teria um longo percurso pela frente em defesa de suas reivindicações, tal a brutalidade do regime contra os sindicatos. Por outro lado, grupos paramilitares de ultradireita intimidavam a oposição com atentados a bomba e outras ações criminosas.

Em meio a rumores de um fechamento político, Henfil agarrou-se com unhas e dentes às oportunidades de trabalho que despontavam. A convite de Anderson Campos, desenhou para a revista *Pais & Filhos*, e quase soltou foguetes quando Ziraldo o chamou a participar de *O Centavo*, caderno humorístico de *O Cruzeiro* no qual pontificavam os cartunistas jovens egressos do *Cartum JS*, como Adail, Wilmar, Redi e Wagner. Estreou no número 13 (18/11/1967) e permaneceu até o 32 (30/3/1968), quando o suplemento deixou de circular. Seus temas favoritos eram a guerra e o militarismo.

Outra trincheira que reforçou o orçamento doméstico foi o suplemento semanal *Manequinho,* criado pelo *Correio da Manhã* em fevereiro de 1968, sob o comando de Fortuna. Nele pontificavam Millôr Fernandes, Ziraldo, Claudius Ceccon e Jaguar. O *Manequinho* resistiu até a fúria castrense consolidar-se com a edição do Ato Institucional número 5, em 13 de dezembro de 1968. Henfil foi a revelação do suplemento, segundo Fortuna: "No lugar dos generais pesadões, cheios de medalhas no peito, estrelas nas lapelas e quepes acintosos, ele desenhava soldados simples, apenas com capacetes e cassetetes. O resultado eram tiras muito menos poluídas visualmente e com perfeita noção de movimento."

Na fantasmagórica sexta-feira 13 de dezembro, Henfil anteviu a desgraça que assolaria o país horas depois. Em charge publicada no *Jornal dos Sports* com o aval de Maurício Azêdo, um torcedor desabafa: "Chega de intermediários! Delegado Padilha para chefe da seleção!"

Deraldo Padilha era um temido delegado de polícia, responsável pela repressão a prostitutas, homossexuais e moradores de favelas.

Com a suspensão das garantias constitucionais, milhares de políticos, estudantes, artistas, intelectuais e líderes sindicais foram presos. Fechado o Congresso e instalada a censura prévia em veículos de comunicação, a ditadura militar cassou os mandatos de 110 deputados federais, 161 deputados estaduais, 163 vereadores e 28 prefeitos, além de aposentar compulsoriamente três ministros do Supremo Tribunàl Federal, Evandro Lins e Silva, Hermes Lima e Victor Nunes Leal, professores universitários e cientistas.

Vinte e quatro horas após a decretação do AI-5, o jornal *O Paiz*, com o qual Henfil passara a colaborar, foi empastelado por grupos paramilitares. O prédio em Copacabana onde morava um de seus editores, o jornalista Joel Silveira, foi cercado por soldados do Exército armados de metralhadoras. Um capitão deu voz de prisão a Joel, que, gripado e com 40 graus de febre, teve a fineza de oferecer um cafezinho ao oficial antes de partirem para o 1º Batalhão de Guardas, em São Cristóvão, onde se encontrava encarcerado o jornalista Carlos Heitor Cony, do *Correio da Manhã*.

Ao admitir, meses antes, Henfil em *O Paiz*, Joel Silveira não poderia ter sido mais espirituoso:

— Olha, a vaga é sua. Aqui é o melhor lugar para se trabalhar. Tem água gelada, a rua Leandro Martins é tranquila e você pode baixar o pau nos desenhos. Agora, o problema é dinheiro. Quando o jornal paga, paga mal.

Henfil topou, motivado pela profissão de fé democrática daquele jornal de 12 páginas, tamanho *standard* e tinta vermelha no logotipo (com país grafado com z em homenagem ao velho *O Paiz*, de Rui Barbosa). No começo, as charges saíam na página 2; depois, publicou tiras dos Fradinhos no segundo caderno, inclusive na última edição do jornal, mutilada pela censura da Polícia Federal. Ganhou uns trocados lá, mas não se esqueceu da bela prancheta que Joel Silveira mandou comprar para ele nem do conselho que lhe transmitiu, autorizado por décadas de bom jornalismo:

— Com raiva, não adianta você escrever, porque, geralmente, perde a razão.

Em 1969, Henfil estourou como cartunista, alcançando projeção nacional e desafogo financeiro. O marco dessa ascensão foi a espetacular ressonância dos personagens que criou no *Jornal dos Sports,* representando as torcidas cariocas. Na verdade, ele reciclou a experiência bem-sucedida em Belo Horizonte, quando alçou os torcedores de Atlético e Cruzeiro à condição de protagonistas dos quadrinhos. Não havia, pois, muito mistério nessa guinada: era jogar com o elemento que funcionou tão bem em Minas — a eterna rivalidade entre as torcidas. No Rio, o combustível seria mais inflamável porque as preferências se dividiam entre quatro grandes clubes (Flamengo, Fluminense, Vasco e Botafogo).

Em 3 de abril de 1969, surgiram os dois primeiros personagens: Urubu (Flamengo) e Bacalhau (Vasco). No caso do Urubu, apenas copiava o nome dado à torcida do Atlético Mineiro. Bacalhau aludia à origem portuguesa do Vasco. Não se tratava de mera coincidência. Eram times de massa, com grande número de torcedores negros. Ao esboçar as disputas entre Urubu e Bacalhau, Henfil definiu logo o ponto-chave da série: a provocação como raiz das situações humorísticas. A cada derrota de um ou de outro, o rival não perdoava.

Henfil percebeu o filão e apressou novos personagens: Pó de Arroz (Fluminense), Cri-Cri (Botafogo) e Gato Pingado (América).

Cada um reverberando traduções simbólicas. Pó de Arroz referia-se ao padrão social elevado da torcida tricolor; Cri-Cri foi inspirado em cartas de flamenguistas que se queixavam do jeito implicante e chato dos botafoguenses; e Gato Pingado retratava a pequena torcida americana.

Henfil pulou do rodapé da página 4 para o alto da página 3, com chamadas de capa quase diárias. Os personagens tornaram-se tão populares que se sobrepuseram aos símbolos tradicionais dos clubes: Urubu substituiu Popeye; Bacalhau assumiu a vaga do Almirante; Pó de Arroz, a do Cartola; Cri-Cri, a do Pato Donald; Gato Pingado, a do Diabo.

A aceitação do personagem de Henfil junto à torcida do Flamengo ficou demonstrada em pesquisa realizada pelo *JS*: semana após semana, aumentava a quantidade de urubus no Maracanã. O bastante para a Sociedade Protetora dos Animais solicitar à Secretaria de Segurança que impedisse a "exploração" dos bichos pelos torcedores. A Polícia Militar interveio, proibindo o ingresso de animais no estádio. Um grupo de flamenguistas entrou com mandado de segurança para ter o direito de levar os urubus. A Justiça indeferiu o pedido, o que obrigou a PM a revistar cada torcedor que passava pela roleta. No jogo contra o Vasco, nenhum urubu voou no estádio — e o Flamengo perdeu. A controvérsia rendeu a Henfil matéria em *O Cruzeiro,* em que foi fotografado num depósito de lixo no Caju ao lado de um bando de urubus. A revista *Veja* dedicou página inteira à polêmica.

Henfil adicionou à guerra de torcidas um componente político sutil: as estratificações sociais entre elas. Urubu e Bacalhau representavam o povão da República Popular de Ramos. Pó de Arroz e Cri-Cri formaram a aristocrática República de Ipanema Beach. "Era uma maneira de passar alguma coisa crítica naquela época. Através de um jornal eminentemente popular, creio que conseguia sugerir quase uma luta de classes", diria ele, anos depois, à *Veja* (13/9/1978).

Com o aumento de salário, Henfil mudou-se para um apartamento na rua Machado de Assis, no Flamengo, sendo requisitado para entrevistas e trabalhos como *freelancer*, inclusive na badalada revista *Realidade*. O *Jornal dos Sports* às vezes atrasava o pagamento, e Henfil recorria a empréstimos com Ivan Chagas Freitas, antigo parceiro nas gazuas no Colégio Arnaldo e filho do futuro governador do Rio de Janeiro, Antônio de Pádua Chagas Freitas.

Henfil permaneceu no *Jornal dos Sports* até 1972. A convite de Maurício Azêdo, trabalhou nove meses na nova revista esportiva *Placar*, desenhando um cartum semanal sobre futebol. Depois que a seleção brasileira conquistou a Copa do Mundo do México, em 1970, a redação da *Placar* foi enxugada, a pretexto de contenção de despesas, e Azêdo deixou a revista. O emprego de Henfil estaria assegurado desde que aceitasse uma redução de salário. Ele estava decidido a sair, mas Azêdo, sabendo de suas necessidades financeiras, o convenceu a ficar até que outra porta se abrisse. Foi como se antevisse que *O Pasquim* estava a caminho.

A PATOTA INDOMÁVEL

Quem levou Henfil para o *Pasquim*? Jaguar garantiu que foi ele; Sérgio Cabral afiançou que foi ele; Henfil disse que foram os dois, e embaralhou as varetas ao falar de um convite de Tarso de Castro para desenhar sobre futebol. E, como se não bastasse, Ziraldo derrubou essas versões, assegurando que Henfil, por livre e espontânea vontade, bateu à porta do jornal.

O fato é que Jaguar estava na improvisada redação do *Pasquim,* em sala cedida pela Distribuidora Imprensa, na rua do Resende, Lapa, quando chegou aquele mesmo mineiro que, dois anos antes, quisera confiscar-lhe o título do livro *Guerra é guerra*. Na cabeça de Jaguar, o Henfil do *Jornal dos Sports* correspondia ao perfil de cartunista que ainda faltava ao *Pasquim,* um sujeito que fizesse "humor porrada", duro na queda, com a virulência de um Don Martin, de *Mad*.

Seja como for, o acerto final aconteceu num encontro com o editor-chefe, Tarso de Castro. Jaguar indicara Tarso ao publicitário Murilo Reis e a Altair de Souza, sócio da Distribuidora Imprensa, para dirigir o jornal de humor que sucederia o *Carapuça,* lançado em 1968 e editado por Sérgio Porto (Stanislaw Ponte Preta) e Alberto Eça. Com a morte repentina de Sérgio, o *Carapuça* deixara de circular. Murilo resolveu juntar um grupo de jornalistas para bolar o novo semanário. Foram três meses de discussões entre Jaguar, Tarso de Castro, Sérgio Cabral e Claudius Ceccon, e às vezes Ziraldo. Depois de idas e vindas, chegou-se ao nome *Pasquim*. Carlos Prosperi elaborou o projeto gráfico e, com a desistência de Jaguar, chamado por Samuel Wainer para a *Última Hora,* Tarso assumiu.

Desde o fechamento da *Pif-Paf,* de Millôr Fernandes, os humoristas não cerziam a inquietação de criar um veículo próprio, sem as injunções da grande imprensa. No período 1964-1968, a articulação resultou nos suplementos *Cartum JS, O Centavo* e *Manequinho.* Um a um, foram fechando. O *Manequinho,* último baluarte, desapareceu junto com o *Correio da Manhã,* após o AI-5. O desenho de humor ainda era considerado acessório, quase um luxo. O estreitamento do mercado de trabalho reforçava a certeza de que só uma publicação alternativa romperia as amarras.

Antes de o *Pasquim* se concretizar, os jovens desenhistas topavam com outra cratera no meio do percurso: os espaços na imprensa estavam ocupados pelos cobrões (Millôr, Ziraldo, Jaguar, Claudius, Fortuna). Henfil fugia à regra, pois aos 24, 25 anos dispunha de uma área própria no *Jornal dos Sports.* Mas não se conciliava com a hierarquia dos quadrinheiros e tomou a si a responsabilidade de organizar a nova geração para desfazer os campos demarcados. A ele se juntaram Juarez Machado, Miguel Paiva, Ivan, Al e Vagner, entre outros. O grupo reunia-se na casa de Henfil, na Urca, em busca de alternativas. A muito custo, conquistaram brechas no *Correio da Manhã* e em *O Cruzeiro,* mas em ambos a experiência se limitou a um ou dois números, porque logo tiveram que repartir as colunas com a velha guarda. Chegaram a cogitar uma revista própria, mas a ideia não vingou.

Poucos meses depois, o *Pasquim* viria repor a cartunistas e chargistas a perspectiva do veículo próprio. Henfil ficou à margem das negociações, que resultaram numa sociedade por cotas para dirigir o jornal: 50% para Murilo Reis (ele e Altair de Souza entrariam com capital e o esquema de distribuição) e 50% divididos em cinco cotas iguais para Jaguar, Tarso de Castro, Sérgio Cabral, Carlos Prosperi e Claudius. Ziraldo e Millôr não quiseram se vincular à empresa, embora se dispusessem a colaborar.

O *Pasquim* chegou às bancas em 26 de junho de 1969. A dissidência da jovem guarda se diluiu. O primeiro a aderir foi Henfil, amansado por Sérgio Cabral e Jaguar.

A revolução do *Pasquim* não demorou três meses para acontecer, apesar de muita gente achar que o formato tabloide fracassaria e que uma tiragem de 14 mil exemplares era uma retumbante doideira. O primeiro número trazia uma entrevista do colunista social Ibrahim Sued ("Sou um imortal sem fardão") e colaborações de Chico Buarque e da atriz Odete Lara, além das zombarias nos cartuns. Às 11 horas da noite daquela quinta-feira, Sérgio Cabral recebeu um telefonema de Altair de Souza, da gráfica.

— Vamos ter que rodar mais 14 mil, porque a edição esgotou!

O país vivia a ressaca do AI-5, e a imprensa, uma fase de niilismo e perplexidades. A oposição, golpeada, tateava numa selva escura. Nos setores progressistas, aspirava-se a uma publicação que descomprimisse o sufoco e mantivesse a chama democrática acesa. O *Pasquim* cumpriria a missão, satirizando o dia a dia do país na fase de fascistização do regime que se configurava.

Tarso de Castro sugeriu que Henfil prosseguisse no *Pasquim* com o cartum esportivo, de tanto sucesso no *Jornal dos Sports*. Ele desgostou-se, pois fazia aquilo quase por obrigação, e continuava achando um tédio o compromisso de praticamente todo domingo aboletar-se na tribuna de imprensa do Maracanã. Contrapropôs a Tarso uma série inspirada em dois personagens que desde 1964 aguardavam uma oportunidade no time principal: os Fradinhos. Mostrou dois desenhos antigos, e Tarso ensaiou reprová-los.

Henfil não disse, mas sabia que faltava sal nas tiras. Baixinho e Cumprido (ainda chamados de os dois Fradinhos) pareciam adormecidos na inocência de Belo Horizonte, chutando latas de lixo ou tocando campainha e correndo.

Tarso consultou o espelho do número 2 e, sem entusiasmo, passou a primeira tira dos Fradinhos para Fortuna paginar. Saiu em um quarto de página, com a devida apresentação de Sig, o rato que ruge, símbolo do jornal, criado por Jaguar: "Henfil, o Don Martin de Minas Gerais." A historinha, como Henfil admitiu, era "boba e sem graça": Baixinho diz que gostaria de ter nascido mulher, e bem sem-vergonha. Cumprido desconfia e sai correndo, perseguido pelos beijinhos de Baixinho.

Henfil revirou de cabeça para baixo a personalidade do Baixinho, injetando-lhe uma overdose de sadismo. A agressividade reforçava-lhe a índole anárquica, aguçando-se instantaneamente o contraste com o comedido Cumprido.

No número 8 (8/8/1969), a série começou a esquentar: em três quartos de página, Baixinho apresenta a mãe a Cumprido, que se encanta com a jovialidade dela: "A senhora tem cem anos pela frente..." A mãe responde: "É... se eu não estivesse com câncer..."

Três semanas depois, ele estourava no *Pasquim*: uma página e a chamada de capa "Os Fradinhos do Henfil em novas e sensacionais engrossadas". Cumprido, desesperançado, ameaça jogar-se do terraço de um prédio. Baixinho barbariza: "Pula em parafuso! Adoro um salto em parafuso!"

Aparecera alguém para quebrar o tabu de que a religião deveria ser poupada pelos humoristas. Henfil proclamava o contrário: a educação religiosa tradicional, povoada de dogmas, de medos e repressões era um prato-cheio. Principalmente pelas hipocrisias que distanciavam os atos humanos dos catecismos e dos refrões morais. Ele dissertava: "O Baixinho anarquiza, ridiculariza e agride as falsidades e as hipocrisias da sociedade em que vivo. Ele é toda uma negação da religião do terror, na qual tudo é pecado. Minha política é simples: poesia não, sadismo sim."

Jaguar apressou-se em elogiá-lo:

— Esse Henfil tem uma pegada fantástica! Se ninguém fizer nada, esses frades sacanas vão nos colocar no bolso...

A marca indelével do Baixinho era o gesto obsceno da mão esquerda fechada, formando o punho, e a direita, espalmada, batendo sobre a esquerda. O efeito sonoro — "top, top, top" — equivalia a uma maneira pouco ortodoxa de dizer que o outro estava ferrado. Sem abdicar do hábito dominicano, Baixinho atropelava os mais transcendentes pruridos. Tirava meleca e grudava no corrimão da escada; colocava casca de banana para alguém se arrebentar no chão; atraía um esfomeado cãozinho com um osso e o abatia com um porrete; esperava uma criança na descida do escorrega com uma gilete... A cada crueldade, inacreditavelmente, sorria.

Cumprido sofreu nas mãos do perverso. Baixinho pede que ele abra a boca que tem uma surpresa. Despeja uma caixa de lasquinhas salgadas. Manda Cumprido adivinhar o que era. "Que qui é? Fritas à francesa?" Baixinho assovia e tem um orgasmo ao elucidar: "Errou! Casquinha de leproso!"

Os desatinos dos Fradinhos, em poucos meses, rivalizavam em popularidade com o Sig de Jaguar. No número 18, Henfil alcançou a contracapa; a partir do 25, cansou de arrebatar as páginas centrais. Àquela altura, segundo Ziraldo, ninguém mais duvidava da profundidade de seu humor, convertido numa das principais atrações do *Pasquim*.

Henfil acumulou cartas de leitores sugerindo aventuras mais sádicas ainda para o Baixinho, que estaria sendo excessivamente contido pelo autor. Foi esperto o suficiente para explorar a empatia conquistada pelos Fradinhos. Sem aviso prévio, no número 25 (11 a 17/12/1969) retirou estrategicamente o Baixinho de cena. O frade dá uma banana para os leitores e diz adeus.

Foi um estrago. Ainda mais que, naquela edição, o *Pasquim* alcançara 180 mil exemplares. A espetacular explosão das vendas começara no número 22, com a entrevista da atriz Leila Diniz: 117 mil exemplares.

Do número 26 ao 32, leitores indignados entupiram o correio com protestos contra o sumiço do Baixinho. Nesse meio-tempo, o *Pasquim* atingiu 200 mil exemplares no número 27, na semana do Natal de 1969.

Silenciosamente, Henfil preparou a volta triunfal do Satanás, consumada no número 33 (5 a 11/2/1970), com tiragem de 235 mil exemplares. Cumprido, a princípio feliz com o banimento de Baixinho, contava os minutos para o comparsa retornar do exílio. Recebe-o com abraços, beijos e gritinhos. Baixinho o adverte: "Pô, beijo na boca, não!" Os dois se abraçam e Baixinho pensa: "Ridículo!"

* * *

O *Pasquim* impôs-se pela imaginação incontrolável e por alvos claros: a ditadura, a classe média moralista, a imprensa reacionária, os coniventes de plantão. E ainda ocupou o vácuo existente entre a cultura oficial e a tradição de esquerda, discutindo modos de vida, padrões de comportamento e até ecologia. A diagramação valorizava ilustrações, desenhos, caricaturas e montagens fotográficas. As frases no cabeçalho da capa aturdiam: "*Pasquim*, ame-o ou deixe-o", "um jornal que tem a coragem de não se definir", "O papel da grande imprensa: papelão", "Imprensa é oposição, o resto é armazém de secos e molhados".

A linguagem coloquial e desabrida seduzia, pois a escrita se aproximava do jeito que se falava. O palavrão passou a valer. A palavra "bicha", execrada pelo falso puritanismo, pôde finalmente ser impressa em letras de forma. Gírias e expressões como "inserido no contexto" viraram moedas correntes. "Tiramos o paletó e a gravata da linguagem", define Jaguar.

As entrevistas coletivas com personalidades as mais diversas (de Vinicius de Moraes e Darcy Ribeiro a Madame Satã e Oscar Niemeyer) eram reproduzidas praticamente como saíam do gravador. O sucesso da fórmula fora acidental. Na pressa de fechar o número 1, imprimiu-se a entrevista de Ibrahim Sued sem qualquer revisão — os leitores receberam a transcrição literal da conversa, com o tom das falas, os gestos, os tumultos etc. Outra sensação eram as "Dicas" — quatro páginas com notas curtas (todas assinadas e algumas ilustradas).

Ainda morando no Flamengo, Henfil não se integrou ao clima ipanemense que caracterizou a primeira fase do *Pasquim*. Figura bissexta na redação, enviava os desenhos por um portador. Jamais assinou ponto nos bares eleitos pela maioria. Só bebia guaraná ou soda limonada; chope, esporadicamente, com amigos do peito; caipirinha, uma a cada trimestre, e depois de alguma insistência. Mas se sintonizava em gênero, número e grau com a turma do *Pasquim* em matéria de escracho e gozação.

A maior afinidade de Henfil era com Jaguar, a quem adotou como uma espécie de irmão mais velho. Ele vivia aconselhando-o a controlar excessos nas noitadas e nas bebedeiras. No mais, curtia o jeito espoleta e as ferroadas anedóticas dos desenhos de Jaguar. Henfil qualificava Millôr como o humorista mais completo do país, e com quem dizia ter aprendido a ler de tudo, "de horóscopo a receita culinária", para se inspirar. A relação com Ziraldo era antiga, e jamais Henfil escondeu que foi um de seus mestres no humor. Contudo, a partir do momento em que se projetou com os Fradinhos, instalou-se uma certa disputa entre os dois. Ziraldo relativizou: "Todo mundo competia muito ali. Éramos um bando de malucos. Mas repare: mineiro não briga nem se estranha com mineiro. Éramos irmãos, com os problemas comuns aos irmãos. E nos divertíamos muito."

Discordavam quanto à conveniência ética de ceder ou não personagens dos quadrinhos para campanhas publicitárias. Henfil — cioso até o último fio de cabelo da integridade de sua obra — opunha-se taxativamente à comercialização, pois, segundo ele, o humorista estabelecia uma relação de confiança com o leitor que poderia se quebrar se interesses meramente financeiros do autor prevalecessem sobre a criação.

Henfil recusou ofertas de empresas para explorar a imagem dos Fradinhos. E explicou-se: "Tenho nada contra o cartunista fazer criação para publicidade. Desde que não trabalhe para que as multinacionais acabem de tomar o Brasil. Não trabalhe pra imobiliárias acabarem com o meio ambiente. Não trabalhe para vender ideias que contradizem seu trabalho jornalístico. Enfim, o problema não é trabalhar em publicidade, o problema é a honestidade do que estamos vendendo."

Recriminava Ziraldo por assinar contratos publicitários envolvendo o inesquecível personagem Jeremias, o Bom. Ziraldo replicou: "Se os cartunistas viviam de seus desenhos, que pecado havia em comercializá-los? Não tinha nada de ideológico nisso. Se a Caixa Econômica, ciente de que eu combatia a ditadura, ainda assim queria o Jeremias, o Bom para a campanha da Loteria Esportiva, o problema era dela."

É bem verdade que Henfil já desenhara para a Petrobras, tão governamental quanto a Caixa Econômica e a Dataprev. Se pilhava Ziraldo com a mão na botija, poderia facilmente ser flagrado ilustrando anúncios do Banco Nacional. Henfil colaborando com um banco?! Ele antecipou-se às cobranças com picardia: "Por que fiz isso? Retribuindo o apoio que o Nacional (nacional!) dá para que seja possível sair a revista todo mês. Se fosse o Chase Manhattan, eu não faria. Enfim, um pouquinho de dignidade, pois sair do jogo totalmente não dá."

* * *

Como explicar que cabeças tão diferentes — Henfil, Jaguar, Ziraldo, Millôr, Fortuna, Paulo Francis, Sérgio Augusto, Ivan Lessa, Sérgio Cabral etc. — tocassem na mesma orquestra sem demolir as partituras? Afora a unidade na oposição à ditadura, no *Pasquim* as individualidades e idiossincrasias, longe de serem ocultadas, subiam à superfície. Se um molestava o outro, decerto, por trás havia rusgas insolúveis ou charme para azeitar o *marketing* do jornal.

Segundo Martha Alencar, secretária de redação no primeiro ano, editar um semanário com tantas estrelas ávidas por liberdade exigia uma habilidade diplomática. "O *Pasquim* era uma fogueira das vaidades. Os fechamentos eram engraçadíssimos, porque implicavam uma experiência de fechar os territórios: duas páginas do Millôr, duas do Ziraldo, duas do Tarso, duas do Jaguar, e você não podia interferir. Henfil não se envolvia com as disputas entre facções. Ele cuidava da vida dele e investia na produção."

E fechava integralmente com a patota do *Pasquim* nas adversidades. A censura foi, com certeza, uma das piores.

Ao instituir a censura prévia a periódicos e livros pelo decreto-lei 1.077, de 26 de janeiro de 1970, o general Médici advertia que não seriam toleradas publicações contrárias ao regime, à moral e aos bons costumes, em quaisquer meios de comunicação, aí incluídos os livros. No número 39 (19 a 25/3/70), a Polícia Federal requisitou os originais do *Pasquim*. No expediente daquela edição, o semanário alertava: "Este número foi submetido à censura e liberado." A capa retratava a atmosfera de tensão: o rato Sig, fantasiado de estátua da liberdade, suava de medo.

A partir da capa dedicada ao arcebispo de Recife e Olinda, dom Hélder Câmara, defensor dos direitos humanos, em abril de 1970, a coerção não cessou de aumentar. O clímax foi a transferência da censura para Brasília. "Ficamos sem saber se daria para sobreviver. Terrível a sensação de impotência a que fomos reduzidos", relembraria Henfil anos depois.

Para entender por que isso aconteceu, é preciso verificar os antecedentes. Ultrapassando os 200 mil exemplares, o *Pasquim* preocupava os escalões do regime — o jornal crescera e se tornara um dos porta-vozes da oposição possível. Como a publicidade era diminuta, o semanário vivia das vendas em banca. O modo mais rápido de asfixiá-lo seria impedir a circulação regular, o que se poderia alcançar com a censura implacável e com intimidações à equipe, para desarticulá-la.

A logística impôs os maiores contratempos. O material precisava seguir, com antecedência, por malote aéreo. No prazo fixado pelos censores, um portador ia ao aeroporto buscar o que sobrara dos originais. O jornal era editado sem tempo para reposição. Por isso, produzia-se, semanalmente, um jornal e meio, para compensar os vetos e garantir a circulação. Na falta de matérias, preponderava a agudeza de espírito. Millôr Fernandes desencavou suas traduções de Shakespeare, Sófocles e Molière. Se os cortes atingiam mais os textos, Henfil, Ziraldo e Jaguar estendiam cartuns por páginas e páginas.

Na escalada repressiva contra o *Pasquim*, em 30 de outubro de 1970, agentes do Destacamento de Operações de Informações--Centro de Operações e Defesa Interna (DOI-Codi) do I Exército invadiram a redação e prenderam Ziraldo, Luiz Carlos Maciel, o diretor de publicidade José Grossi e o auxiliar Haroldo Zager. Paulo Francis foi detido em casa. O fotógrafo Paulo Garcez, que se casara dois dias antes, recebeu voz de prisão ao sair para comprar goiabada. Sérgio Cabral e Fortuna, que se encontravam em Campos fazendo palestra numa faculdade local, mesmo avisados, retornaram ao Rio. A polícia prendeu Fortuna quando ele chegou em casa. Todos foram levados para um quartel na Vila Militar.

Cabral teve tempo de ir à gráfica onde estava rodando a edição do *Pasquim*. Alguém lhe chamou a atenção para o cartum de Jaguar reproduzindo o quadro pintado por Pedro Américo, em que dom Pedro I dá o grito do Ipiranga. Pôs um balão na boca de dom Pedro com a frase tirada da música de Jorge Ben que fazia grande sucesso: "Eu quero é mocotó!" A piada era tão boa que o editor do jornal se recusou a retirá-la. Só que o primeiro escalão do regime reputou a brincadeira como atentatória à segurança nacional — como se a tela de gosto duvidoso de Pedro Américo constituísse um símbolo da pátria. A edição foi apreendida horas após a impressão.

Cabral, Jaguar — que retornara de Arraial do Cabo — e Flávio Rangel decidiram atender a convocação do Exército. Havia a promessa de, após os depoimentos, liberar toda a patota. Os três dividiram o táxi caríssimo até Marechal Hermes. Antes de entrar na Vila Militar, beberam umas cervejas num boteco. Sequer levaram malas com roupas e objetos pessoais. Ingenuamente, caíram na boca do lobo, onde ficaram presos junto com os demais. Souberam, mais tarde, que o ministro do Exército, Orlando Geisel, indignado com o cartum do mocotó, mandou estender as duas semanas de cadeia para dois meses.

E Henfil? Ele ficou branco como papel ao ser informado, por telefone, das prisões. Teve sorte de não estar na redação na hora da batida. Provavelmente constava da lista da repressão. Se ficasse em casa, poderia ter como destino o cárcere. Não quis pagar para ver, até porque tinha consciência do que significava levar uma simples bofetada de algum torturador.

Durante alguns dias, ele se escondeu na cobertura da rua Otávio Correia, na Urca, onde morava seu amigo Nélio Rodrigues. Pediu a Nélio que levasse cartuns à redação do *Jornal do Brasil* e os entregasse a um colega que também trabalhava no *Jornal dos Sports*. Não queria deixar rastro, tanto que aconselhou Nélio a tomar vários ônibus no percurso até a avenida Rio Branco, para impedir que o seguissem e acabassem descobrindo onde se refugiava.

Como ninguém o procurara em casa, Henfil abandonou o sumiço preventivo, juntando-se a três outros dínamos do *Pasquim* que estavam em liberdade: Millôr Fernandes, Martha Alencar e Miguel Paiva.

Grávida de cinco meses, Martha fora presa em casa e levada, com revólver nas costas e de olhos vendados, para dar voltas de carro até o quartel da Brigada de Paraquedistas, no Campo dos Afonsos.

Interrogada a noite inteira, usou um estratagema perfeito para livrar-se das perguntas. Como os militares desconheciam as atribuições jornalísticas de uma secretária de redação, insistiu o tempo todo que era uma simples secretária e não sabia dos meandros do *Pasquim*. Na manhã seguinte, o comandante da Brigada, general Hugo de Andrade Abreu, futuro chefe do gabinete militar no governo do general Ernesto Geisel, ao tomar conhecimento de que a presa estava grávida, mandou soltá-la.

Martha sentiu-se desimpedida para, depois de tomar um banho e trocar de roupa, voltar à redação. Lá encontrou pregado na parede um bilhete de Chico Buarque, manifestando solidariedade ao jornal. Em minutos, chegou Glauber Rocha, com raiva cívica:

— Temos que fazer alguma coisa. Estou aqui para o que der e vier. A gente mobiliza o pessoal.

O telefone não parou de tocar: eram amigos querendo notícias da equipe presa e manifestando apoio irrestrito. Henfil articulou-se com Martha e Miguel Paiva e, no impulso, os três procuraram Millôr com a proposta de manter o *Pasquim* em circulação. Millôr concordou sem pestanejar, enquanto se acionavam advogados para defender os presos.

Uma força-tarefa, sob a coordenação de Martha, mobilizou-se para reeditar o *Pasquim*. Por consenso, resolveram descentralizar os trabalhos, evitando que uma nova investida da repressão dizimasse os sobreviventes. Martha foi a única que permaneceu na redação. Os outros trabalhavam em casa ou se escondiam com amigos e parentes.

Na semiclandestinidade, Henfil, Millôr e Miguel Paiva combinaram desenhar e escrever em nome dos que estavam detidos, inclusive assinando por eles. Além de mantê-los presentes no jornal, tentariam segurar os leitores, já que a maioria possivelmente ignorava o que acontecia. Dividiram-se por estilos. Henfil desenhou imitando Jaguar e Fortuna; Miguel Paiva encarnou o Ziraldo; Millôr escreveu textos como se fosse Sérgio Cabral, Paulo Francis, Flávio Rangel e Luiz Carlos Maciel.

Na cadeia, os personagens reais vibraram — já tinham desistido da greve de fome, que ninguém ali era de ferro-gusa, e molharam o bolso do guarda de plantão para conseguir umas cervejas. Jaguar interrompeu a compenetrada leitura de *Guerra e paz,* de Tolstoi, para rir de seu Sig completamente destrambelhado por Henfil. Intelectualizado e cheio de bons modos, Sig, possuído pela veia sádica do Baixinho, fazia xixi nos pés dos outros!

Foi preciso despender muita energia para assegurar a continuidade do *Pasquim*. Martha, Henfil, Millôr e Miguel produziam 80% do jornal. O espaço restante era preenchido com colaborações de artistas e intelectuais que se ofereceram espontaneamente — entre eles Glauber Rocha, Chico Buarque, Otto Lara Resende, Rubem Braga, Carlos Heitor Cony, Antonio Callado, Paulo Mendes Campos, Fernando Sabino e Marcos de Vasconcellos. Henfil varou noites na prancheta, mesmo quando sofria dores com derrame em um dos joelhos.

Os leitores mais sagazes não custaram a perceber o código de comunicação proposto pela redação: sem poder se referir aos companheiros presos, os editores falavam sempre na gripe que assolara o *Pasquim*.

Mas seria impossível, com tantos desfalques e edições improvisadas, a qualidade do jornal não cair. Havia motivos de sobra para estar vendendo menos de 100 mil exemplares — cerca da metade do que alcançara antes. Às 23h do dia 31 de dezembro de 1970, o Exército libertou os nove inocentes. Jaguar, frustrado com o fim do come e dorme na Vila Militar, pegou um táxi direto para o *réveillon* de Albino Pinheiro em Santa Teresa, onde o carregaram em triunfo.

* * *

Nem o bulício do *Pasquim* deteve a euforia de Henfil no dia 21 de novembro de 1969, quando nasceu seu único filho, Ivan Cosenza de Souza. O contentamento ficou patente na carta enviada a Chico

Mário, dois dias depois: "Estou com a cabeça ainda meio desregulada pela expectativa desses dias."

Ele exultou quando Gilda teve a confirmação de que estava grávida. Extravasou graficamente a alegria, montando o laudo positivo do teste de gravidez ao lado de uma foto de Gilda. Tirou cópias e mandou aos amigos.

As impressões iniciais sobre Ivan evidenciavam o estilo inconfundível do jovem pai: "O menino é sadio paca. 50 cm. 3 quilos e 100. Olho aberto e muita fome. Feio feito um sapo. Uma barata. Vamos ver se melhora a fachada. Senão, eu jogo DDT nele pra ver... se for barata, morre! Apesar de ter sido cesariana, está tudo tão normal que não tem graça. Gilda está bem mesmo. Andando e dando de mamar ao esganado do sapo."

Para se avaliar o pai completamente fora do figurino, basta mencionar o episódio relatado por Gilda à jornalista Ana Arruda. O indefeso Ivan tinha completado 6 meses quando o progenitor se aproximou do berço e soltou um berro horroroso. O bebê começou a chorar. Gilda ralhou:

— Como é que você faz isso com seu filho?

Henfil respondeu:

— O Ivan tem que se habituar com a vida. A vida é isso. A vida é susto, não é sopa!

Aos 2 anos, o filho encantava-o a ponto de escrever: "O Ivan já anda fluentemente e fala pa-pa-i tão lindo! Eu fico vermelho de vergonha." Antes que alguém da família apontasse a sua corujice, defendeu-se: "Procuro disfarçar [a vergonha] enfiando o dedo nos olhinhos dele."

OS MORTOS-VIVOS

A jornada do *Pasquim* incluiu outros sobressaltos sérios. Já em fins de 1969, a redação fora literalmente posta na rua pela Distribuidora Imprensa, após uma briga de Tarso de Castro com Murilo Reis. Arranjou-se às pressas uma nova sede, na rua Clarisse Índio do Brasil, em Botafogo. Sem falar nos rachas internos que se sucederam. Saíram do jornal, por diferentes motivos, Claudius Ceccon, Prosperi, Sérgio Cabral, Fortuna, Luiz Carlos Maciel, Martha Alencar e o próprio Tarso de Castro (no número 67).

A falta de vocação empresarial da equipe levou o *Pasquim* a um beco sem saída. Nos primeiros meses de 1972, as dívidas beiravam CR$ 1,8 milhão (equivalentes, na ocasião, a 300 mil dólares), e não apenas em função da vertiginosa queda nas vendas em bancas. Gastos supérfluos, suspeitas de desvios de dinheiro e péssimo gerenciamento financeiro tinham drenado os cofres da empresa.

Tudo indicava, em 1972, que o *Pasquim* rumava para o cadafalso. A venda avulsa tinha despencado para 48 mil exemplares. O jornal vinha sendo tocado, basicamente, por Henfil, Jaguar, Ziraldo e Ivan Lessa, que acabara de voltar de Londres. Os constantes atrasos nos salários afastaram vários colaboradores. Havia problemas graves de distribuição e débitos avantajados com fornecedores.

A reorganização administrativa começou em setembro daquele ano, quando Millôr Fernandes assumiu a difícil tarefa de presidir a empresa, disposto a pôr ordem numa casa a um quarteirão da insolvência. A firma foi regularizada, adotando o nome de Codecri, sugestão de Henfil, inspirada na sigla do Comitê de Defesa do Crioléu, por ele inventado nas páginas de Dicas para denunciar abusos contra a população. O empresário Fernando Gasparian entrou na sociedade, financiando o pagamento das dívidas. A redação mudou-se para a rua General Tasso Fragoso, no Jardim Botânico.

Henfil aceitou editar o *Pasquim*, convencido de que devia colaborar com o esforço de Millôr para moralizar a empresa. Surpreendeu a redação com seu senso de organização das tarefas e pôs o pagamento dos colaboradores em dia. Ele levou para a diretoria administrativa e financeira seu amigo José Eduardo Barbosa, de Belo Horizonte, que conseguiu o milagre de evitar a falência.

As coisas poderiam ter mudado mais se o esquema de distribuição não fosse tão desfavorável aos nanicos, se a censura não fosse tão draconiana e se algumas fórmulas do *Pasquim* não tivessem se desgastado. Em meados de 1973, o semanário já não reinava sozinho na imprensa alternativa — tinham aparecido o *Politika*, o *Opinião* e o *EX* para dividir o mercado. Apesar disso, a Codecri raiou 1974 saneada administrativa e financeiramente, instalada em sede própria, numa casa na rua Saint Roman, 142, em Copacabana, limítrofe com as favelas do Pavão e Pavãozinho, onde ficaria por dez anos.

Em meados de 1975, o céu tornou a nublar na Codecri: faltava dinheiro para pagar em dia os funcionários, a gráfica e os colaboradores. Henfil se desligara da editoria ao viajar para os Estados Unidos, em setembro de 1973. José Eduardo Barbosa tinha saído em março de 1974 e Millôr Fernandes deixara a presidência em março de 1975, após a suspensão da censura prévia.

* * *

Bem antes, Henfil publicara, pela primeira vez, as famosas cartas para a mãe, precisamente no número 60 do *Pasquim* (5 a 11/8/1970). Manuscritas e geralmente curtas, ocupavam pequenos quadros dentro das duas páginas semanais de Henfil. No número 69 (14 a 20/10/1970), o texto fazia-se acompanhar por uma foto 3x4 antiga de Dona Maria, ao lado de Seu Henrique. Quando se viu na página, ela comentou com a filha Tanda:

— Ah, meu Deus, um retrato meu! Olha que bobagem desse menino!

Depois, curtiu ser personagem do próprio filho, que lhe escrevia, essencialmente, sobre notícias pessoais e familiares, entremeada por comentários endiabrados.

Dona Maria atribuía a inspiração à esperteza do filho: "Como Henriquinho não tinha muito tempo, fingia que estava escrevendo só para mim. Eu parava de reclamar da falta de notícias e ele ainda arranjava, com as cartas, matérias para publicar no *Pasquim*. Eu lia e achava engraçado. Algumas cartas eram impublicáveis. Ele escrevia cada loucura, né? Eu ria da molecagem dele, sabendo que, no fundo, Henriquinho era um sujeito sério."

Nas cartas, revelou à mãe a sua vocação para o pecado venial. "Eu, outro dia, pequei 10 (dez) vezes seguidas! E minha fama corre todo o Rio de Janeiro! Como vê, sempre me esforço para ser o orgulho de minha querida mãe." E ainda: "Outro dia, veio no *Pasquim* uma linda menina para tirar fotos com o Rei Momo e eu pequei com ela em pensamentos, mãe. Estava toda vestida de viúva, mas de pernas de fora. [...] É verdade que tentei beliscar-lhe as pernas, mas me contive e orei como penitência."

Simultaneamente às cartas para a mãe, Henfil criou tipos famosos, como o Preto-que-Ri (numa forma de combater o preconceito racial às avessas, o preto conformava-se com as discriminações e os insultos) e o Delegado Flores (um policial que protegia os oprimidos e reprimia os corruptos). Flores refletia o lado Robin Hood do cartunista. Ele delirava com aquele delegado que pedia a carteira de trabalho a um operário e o prendia por "trabalhar por salário atentatório à moral e aos bons costumes"; que dava voz de prisão a quem lhe oferecia propinas; que inventava mil óbices para não reprimir uma passeata estudantil.

* * *

Um dos momentos culminantes de Henfil no *Pasquim* foi o Cemitério dos Mortos-Vivos, por ele idealizado no auge da repressão do governo Médici. Nele, o cartunista enterrava, com sete palmos de desacato e desprezo, personalidades que colaboravam ou simpatizavam com a ditadura, se omitiam politicamente ou eram porta-vozes do conservadorismo. Nessa espécie de "tribunal da causa justa", cada um era punido com a morte simbólica. Henfil foi implacável com o que considerava cumplicidades, falhas de caráter, oportunismos e desvios ideológicos.

O Cemitério descendia do Comando de Caça aos Carecas (CCC), inventado por Henfil no segundo semestre de 1970. Um triunvirato comandava o CCC (evidente escárnio com o famigerado Comando de Caça aos Comunistas): Baixinho, um boneco imitando o animador de auditório Chacrinha (com quem Henfil simpatizava) e um novo personagem, o papagaio Pô de Souza, especialista em rastrear "carecas" — pessoas, segundo o cartunista, geralmente alienadas, consumistas e/ou de caráter duvidoso. Enquadrando-as ou não no arquétipo, as primeiras vítimas do CCC foram o apresentador Flávio Cavalcanti, favorável ao regime; o compositor Carlos Imperial, expoente da "turma da pilantragem" na zona sul carioca; e o cantor Wilson Simonal.

A relação das celebridades enterradas no cemitério foi extensa e eclética: os empresários da mídia Roberto Marinho e Octavio Frias de Oliveira; os cantores Dom e Ravel; o dramaturgo Nelson Rodrigues; o sociólogo Gilberto Freyre; os economistas Roberto Campos e Eugênio Gudin; o ensaísta Gustavo Corção; os escritores

Rachel de Queiroz e Josué Montello; os apresentadores de TV Hebe Camargo e J. Silvestre; os técnicos de futebol Zagallo e Yustrich; os jornalistas David Nasser e Samuel Wainer; o compositor Sérgio Mendes; o maestro Erlon Chaves; o humorista José Vasconcellos; os bispos direitistas dom Vicente Scherer e dom Geraldo Sigaud; o presidente da Confederação Brasileira de Desportos, e depois da Fifa, João Havelange; parlamentares da Arena, o partido da ditadura; os atores Jece Valadão, Bibi Ferreira e Yoná Magalhães; o conjunto Os Incríveis; o fotógrafo Jean Manzon; o líder integralista Plínio Salgado; Plínio Corrêa de Oliveira, fundador da Tradição, Família e Propriedade (TFP); o astro de futebol Pelé; o empresário da comunicação Adolpho Bloch; "The Globe" (alusão a *O Globo*), entre outros.

Salvo exceções, Henfil não esclarecia os motivos específicos que o levavam a despachar as pessoas para o Cemitério dos Mortos-Vivos. "Caráter não dá cupim", era a sua frase favorita ao exigir máxima coerência ético-política. E julgava uma obrigação das pessoas de bem estarem ao lado da democracia e dos direitos da cidadania, negados pela ditadura militar e por seus acólitos e cúmplices. Entre os que tiveram suas condenações justificadas por Henfil estavam Amaral Neto, pelo programa televisivo de exaltação aos feitos do "milagre econômico"; Miguel Gustavo, autor de "Pra frente, Brasil", música-símbolo do triunfalismo brasileiro na Copa de 1970; e Dom e Ravel, por "Eu te amo, meu Brasil", hino propagandístico do "Brasil grande".

Dentro e fora do meio literário, houve protestos quando Clarice Lispector figurou entre os Mortos-Vivos. Henfil teria se excedido ao nivelar a escritora, sem vínculos com a ditadura, a papa-hóstias de reconhecida subserviência ao regime. Em depoimento ao *O Jornal* (20/7/1973), Henfil tentou justificar o severo (e injusto) castigo imposto à autora de *Felicidade clandestina*:

"Eu a coloquei no Cemitério dos Mortos-Vivos porque ela se coloca dentro de uma redoma de pequeno príncipe, para ficar num mundo de flores e de passarinhos, enquanto Cristo está sendo pregado na cruz. Num momento como o de hoje, só tenho uma palavra a dizer de uma pessoa que continua falando de flores: é alienada. Não quero com isso tomar uma atitude fascista de dizer que ela não pode escrever o que quiser, exercer a arte pela arte. Mas apenas me reservo o direito de criticar uma pessoa que, com o recurso que tem, a sensibilidade enorme que tem, se coloca dentro de uma redoma."

Clarice, ofendida, devolveu: "Se eu topasse com o Henfil, a única coisa que eu lhe diria é: ouça, quando você escrever a meu respeito, é Clarice com 'c', não com dois 's', está bem?"

Outra inclusão que gerou controvérsias foi a da cantora Elis Regina, após ter cantado o Hino Nacional na abertura da III Olimpíada do Exército de 1972. No número 147 (25/4 a 1/5/1972), o Cabôco faz uma faxina no cemitério antes de anunciar a surpresa: Elis regendo entusiasticamente o coro dos mortos-vivos, integrado por Roberto Carlos, Tarcísio Meira e Glória Menezes, Pelé, Paulo Gracindo e Marília Pêra. O Cabôco faz a segunda voz, cantando: "Menina vai, com jeito vai, senão um dia, a casa cai!"

A cantora reclamou pelos jornais da intolerância de Henfil, que voltou à carga desenhando Elis dentro do túmulo, zangada: "Vocês, humoristas, são engraçados! Querem ser guarda-moral de todo mundo! Não querem que nós, cantores, façamos concessões. Mas vocês acham que eu não preciso desse dinheiro para viver?" Quarenta e cinco dias depois, Henfil emitiu um sinal de que havia se arrependido do vitupério — inclusive porque admirava a intérprete Elis. No número 154, elogiou o novo disco de Elis, com um resquício de mordacidade: "Fiquem certos de uma coisa: Elis Regina é melhor que a Elis Regente!" O episódio foi esquecido pelos dois, tanto que flertaram na década seguinte.

Henfil edificou jazigos para economistas que se converteram em tecnocratas a soldo do regime; para arquitetos que se aliaram à especulação imobiliária; para advogados que exploravam os clientes com honorários exorbitantes; para cientistas que punham os cérebros a serviço da corrida armamentista. Fustigou sem piedade os "médicos S/A", que cobravam as consultas com "dinheiro, *money*, dólar, letras de câmbio, ações e cartão do Diners".

E o que dizer da repulsa ao Festival Internacional da Canção (FIC), promovido anualmente pela TV Globo? Primeiro, ele achava que o festival era uma "armação" da Globo para desviar a atenção dos desmandos da ditadura. Segundo, que o evento favorecia a divulgação massiva da música estrangeira, relegando a música popular brasileira à subalternidade. Quanto à parte do FIC destinada à MPB, ele se queixava de que só selecionavam canções inofensivas e alienadas.

Henfil tachava de adesão ao sistema qualquer participação no FIC — o que o impedia de considerar, por exemplo, que cantores e compositores estavam exercendo seu ofício em eventos similares em vários países, além do prestígio do festival com o grande público.

As fundações da MPB tremeram quando Henfil construiu um túmulo no Cemitério dos Mortos-Vivos para Nara Leão, presidente do júri nacional do FIC. O Cabôco Mamadô questiona a cantora: "Como você pode, Narinha, musa do *Opinião*, ser presidente do júri do festival? Do festival de gado musical da Globo! (...) Ó céus! Ó mancha solar!" Ouvida pelo *Pasquim*, Nara rebateu: "Entrei para o júri do FIC porque Solano Ribeiro está no Festival e ele é um cara bacana. Acho que é um novo mercado de música, onde se está mostrando coisas novas, e isto é o que interessa."

Alvo de Henfil por também integrar o júri nacional do FIC, o crítico Sérgio Cabral reagiu enviando-lhe um bilhete com as seguintes indagações: "1) É imoral trabalhar no *Jornal do Brasil*? Se não for, qual a diferença entre o *JB* e a TV Globo? 2) É imoral fazer anúncio do Café Pelé, da Good Year ou da Shell? 3) É imoral participar de um festival patrocinado pela Prefeitura de Juiz de Fora?"

As ironias de Cabral tinham endereço certo. Henfil trabalhava no *JB*, ilustrava anúncios do Café Pelé e acabara de ser jurado do Festival da Canção de Juiz de Fora. No número 174 (31/10 a 6/11/72) do *Pasquim*, Henfil escreveu o "ABC pra Sérgio Cabral", dizendo que: 1) não era imoral trabalhar em empresas de comunicação. "Imoral é trabalhar em *O Globo* escrevendo os editoriais ou as colunas de Nelson Rodrigues. Imoral é trabalhar na TV Tupi na equipe do Flávio Cavalcanti. Imoral é trabalhar na TV Globo como locutor do *Amaral Netto, o Repórter*; 2) não era imoral fazer anúncio do Café Pelé, "marca da fábrica nacional de solúveis Cacique"; 3) era "altamente moral" participar de festivais como o de Juiz de Fora, em que os prêmios foram distribuídos entre os cinco finalistas, sem ordem de classificação.

Henfil cobrou uma explicação sobre o fato de o júri nacional de 1972 (com Nara e Cabral à frente) ser destituído, ao que constava, por incluir a música "Cabeça", de Walter Franco, entre os concorrentes à fase internacional, o que teria desagradado a direção do FIC. E ainda tripudiou sobre os jurados afastados: "Bem feito! Humilhados! Cuspidos! Envergonhados diante de todo mundo!". Sérgio Cabral preferiu evitar animosidades e não respondeu.

Para tripudiar sobre o "Galo de Ouro", símbolo do FIC difundido pela Globo, em julho de 1971 Henfil inventou o "Urubu de Prata", conferido a personalidades da MPB como Pixinguinha e Chico Buarque. Coube ao joalheiro e escultor Caio Mourão confeccionar, artesanalmente, os troféus. Henfil entregou pessoalmente o prêmio a Pixinguinha em programa da TV Tupi.

O jornalista Zuenir Ventura relembrou o choque causado na área cultural com o Cemitério dos Mortos-Vivos: "Havia uma quase unanimidade em relação a determinadas pessoas estarem no cemitério, mas em relação a outras, não. Era uma coisa muito forte e agressiva, até irritante."

Para Zuenir, a radicalidade das cobranças não pode ser vista como mero patrulhamento, muito menos como uma expressão de ressentimento ou vingança. "Por trás daquele humorista cáustico e radical, havia em Henfil uma pessoa amorosa, incapaz de ódios." O Cemitério dos Mortos-Vivos, na percepção de Zuenir, traduzia "um desesperado, às vezes injusto e extremado, gesto de conclamação à resistência democrática": "Henfil tinha razão ao achar que vivíamos um período em que não dava para você ficar em cima ou atrás do muro. Era importante, no processo de reconquista da democracia, a mobilização da sociedade civil e da intelectualidade. Henfil sabia que era indispensável ter todo mundo que se opunha à ditadura dentro de um mesmo saudável saco de gatos. O que nos levou à abertura? Foi o fato de que se conseguiu dividir o país, maniqueisticamente (e tinha que ser assim), entre as trevas e as luzes, entre o bem e o mal. Hoje, a minha leitura daquele sectarismo aparente do Henfil leva-me a crer que o Cemitério dos Mortos-Vivos embutia uma metáfora: quem não está lutando e resistindo está morrendo ou já morreu. Ele ressaltava essa morte simbólica e nos dizia: precisamos resistir de alguma maneira."

O próprio Henfil, sem conhecê-la, validou a linha interpretativa de Zuenir Ventura. "Na ditadura, eu acentuava muito a agressividade do humor. Tínhamos que encontrar um jeito de obrigar as pessoas a refletirem sobre o que estava acontecendo."

Aqui e ali, o cartunista pode ter cometido excessos — mas é indiscutível que muitas de suas estocadas aclaravam a consciência crítica, expunham mazelas das elites e classes dominantes e destilavam indignação cívica contra o colaboracionismo e o adesismo à ditadura.

Impiedoso com os vacilantes, nem a si mesmo Henfil poupou. Tanto assim que ele acabou enterrado no Cemitério dos Mortos-Vivos (número 161, 1º a 8/8/1972), acusado pelo Cabôco Mamadô de dar pouca atenção ao filho Ivan. Na última tira, o menino, resignado, pede ao Cabôco que transmita um recado ao pai: "Diz a ele que eu também tenho que sobreviver, entende?"

A TRUPE DO BARULHO

A fama alcançada no *Pasquim* não abalou a índole dominicana de Henfil. Continuava avesso a badalações e preferia ônibus a táxis. A compulsão de trabalhar deslocava o lazer para segundo plano. Costumava dizer que o descanso atraía um complexo de culpa meio religioso. "Fui educado para achar que felicidade é algo que só se encontra no sofrimento, na dor e no trabalho. Toda pessoa à toa estaria a um passo de pecar." E citava o ditado que ouvia quando criança: "Mãos vazias são a oficina do diabo."

O ritmo de produção tornou-se ainda mais frenético. Precisava firmar-se de vez, explorar ao máximo a boa fase. Daí desdobrar-se no *Jornal dos Sports, Pasquim, Correio da Manhã, Intervalo, Jornal da Tarde* e TV Continental (em programa de breve duração dirigido por egressos de *O Sol,* no qual desenhava charges no estúdio). Ilustrava anúncios de várias empresas, mas sem emprestar seus personagens. Em condições normais, poderia reduzir a azáfama à metade, que já teria uma vida razoável. No entanto, ajudava Dona Maria, os irmãos e os cunhados clandestinos ou presos. Ainda investiu na creche Acalanto, na Lagoa, dirigida por Gilda, para crianças de três meses a três anos — uma das pioneiras no gênero, na zona sul do Rio.

Escolhido melhor cartunista de 1970, Henfil recebeu o Troféu Velho Guerreiro na *Discoteca do Chacrinha,* da TV Globo. E depois galgou as páginas amarelas de *Veja* (28/4/1971). Sob o título "O Baixinho sou eu", a revista concedeu-lhe três páginas e uma foto na qual aparecia vestido com o hábito branco dos dominicanos e expressão matreiramente angelical. Já então demonstrava não temer controvérsias e terminou com uma frase rascante:

— Humor, para mim, é pé na cara.

* * *

A luz solar de Henfil irradiou-se na grande imprensa ao entrar no *Jornal do Brasil*. Ele pisou na lendária redação da avenida Rio Branco graças ao toque de Midas de Lanfranco Aldo Ricardo Vaselli Cortellini Rossi Rossino, o Lan, então titular do cartum editorial, que o indicou para substituí-lo nas férias de janeiro de 1970. Ele vinha observando as marcas estilísticas de Henfil no *Jornal dos Sports* e no *Pasquim:* a economia de traços para sintetizar movimentos e o apurado senso crítico. Sem contar o fascínio que aquele mineiro debochado e independente exercia sobre um anarquista até a medula, como o ítalo-carioca-rubro-negro-portelense Lan se autodefiniu. Henfil estranhou quando Lan o convidou, pois sequer se conheciam pessoalmente. A admiração, entretanto, era mútua: de manhã cedo, Henfil pulava as primeiras páginas do *JB* para saborear o humor dele na página 7.

Em 4 de janeiro, a um mês de completar 26 anos, Henfil estreou como interino de Lan. Numa nota com foto, o jornal traçou breve perfil do novo contratado, que, "se não fosse chargista, gostaria de ser disc-jóquei ou passar a vida consertando relógios e rádios". Ele fixou-se em temas do cotidiano (falta d'água, poluição nas praias, trânsito caótico) ou internacionais (guerra do Vietnã, fome em Biafra, corrida espacial), evitando taticamente a combustão política do país. Lan, porém, apreciou-lhe a estratégia de ocupação de espaços pelas beiradas.

Três meses depois, Lan arquitetou um plano para levar Henfil definitivamente para o *JB*. Com uma úlcera duodenal agravada pelos embates com a censura, propôs ao editor-chefe, Alberto Dines, revezar-se com alguém. Dines aprovou sem vírgulas o nome que Lan sacou do colete para compor o dueto.

Nessa segunda fase, Henfil contornou a prudência e espetou o Esquadrão da Morte, a manipulação pelo governo do tricampeonato de futebol no México, o clientelismo eleitoral, a alta do custo de vida e até a proibição de biquínis nas praias de Cabo Frio. No 1º de maio de 1970, denunciou o arrocho salarial imposto pelo regime militar aos trabalhadores. No laboratório, o cientista usa o microscópio para pinçar uma substância invisível a olho nu. E exclama, eufórico: "Consegui! Isolei o novo índice do salário mínimo!!!"

A liberdade de expressão, porém, estreitava-se dramaticamente na imprensa. O cenário como um todo era adverso. A euforia da classe média com o aumento do poder aquisitivo — à custa de uma concentração de renda sem paralelos — encobria o caráter perverso do modelo econômico vigente. As taxas de crescimento superavam 10% ao ano; as Bolsas de Valores batiam recordes; as exportações disparavam; o consumo aquecia-se. E a pobreza persistia.

A censura prévia da Polícia Federal alvejou o *JB,* e os cartunistas estavam entre os mais visados. Sem contar que o comando da redação tinha que cumprir as normas estabelecidas nas cinco páginas das "instruções para o controle de qualidade e problemas políticos", constantes da circular assinada pelo diretor da empresa, José Sette Câmara, em 19/12/1969. Isso significa que o jornal se antecipou em 38 dias ao decreto-lei n. 1.077, que instituiu a censura prévia no Brasil.

Alberto Dines repassou a circular a editores e chefes de sucursais. Sette Câmara determinava como os principais temas deveriam ser tratados: "O *JB* não é jornal de situação, nem de oposição. [...] O *JB* luta pela restauração da plenitude do regime democrático no Brasil, pelo retorno do estado de direito. [...] Enquanto estiver em vigor o regime de exceção, temos que usar todos os nossos recursos de inteligência para defender a linha democrática sem correr os riscos inúteis do desafio quixotesco ao governo. [...] [Assim] a equipe de Controle de Qualidade deverá estar vigilante para evitar a apresentação tendenciosa de certas notícias, de maneira a favorecer causas que não são nossas."

Entre os temas citados na circular que exigiriam "a máxima discrição e o maior cuidado", estavam a subversão, a luta armada, a Igreja e o clero, a economia e o movimento estudantil de contestação. Os responsáveis pelo "controle de qualidade" — jornalistas e funcionários escolhidos pela direção da empresa — deveriam "sempre optar pela suspensão de qualquer notícia que possa representar um risco para o jornal".

Por mais que a palavra "censura" não tenha sido utilizada, e sim "suspensão de qualquer notícia", o fato incontornável é que eram dois os obstáculos à liberdade de imprensa: os censores da Polícia Federal e o "sistema de controle de qualidade" criado a partir da circular de Sette Câmara. Na prática, significava uma instância interna de vigilância e censura para impedir a veiculação de informações e opiniões julgadas "tendenciosas".

Esse cenário do *JB* estava longe de ser exceção. A maioria das empresas jornalísticas — não por coincidência, os mesmos veículos que haviam conspirado e apoiado o golpe militar de 31 de março de 1964 — aceitou sem resistência a censura da Polícia Federal. E foi além, adotando sistemáticas de controle dos materiais noticiosos para filtrar o que poderia ser veiculado. Em qualquer dos casos, a livre circulação de informações e ideias era ceifada ou pelas ordens da censura oficial, ou pelas chefias das redações dos principais jornais, que cumpriam a tarefa de vetar o que não estivesse de acordo com as bitolas ideológicas e políticas fixadas pelas empresas, sob a capa de "diretrizes editoriais".

Segundo Alberto Dines, não houve orientação específica da empresa para vetar desenhos de Henfil incompatíveis com a linha editorial vigente: "A direção do jornal tinha muitas idiossincrasias, mas não me lembro de implicâncias com o Henfil. As ordens de censura emitidas pela Polícia Federal eram gerais e não nominais, raramente referiam-se a autores."

Em julho de 1972, extenuado com o cerco da censura, que o obrigava a fazer, tal como acontecia com Lan, seis ou sete desenhos para conseguir publicar um, Henfil pediu sua transferência para o Caderno B, num remanejamento que incluía a ida de Ziraldo para o cartum editorial e o ingresso de Caulos na *Revista Domingo*. A equipe de cronistas do Caderno B era qualquer coisa: Carlos Drummond de Andrade, Clarice Lispector, José Carlos de Oliveira e Marina Colasanti.

Ninguém poderia supor que, desafiando as leis da temeridade, Henfil maquinasse o parto de três personagens que, em breve e para sempre, se alojariam na memória de diversas gerações. Vieram à luz no Caderno B Zeferino, arquétipo do cangaceiro nordestino; a doce e irônica Graúna; e Bode Francisco Orelana, intelectual provinciano e boquirroto. Uma trinca do barulho, que vivia se engalfinhando na utopia de superar as provações do subdesenvolvimento.

Zeferino fora o primeiro da trupe a transmutar-se da imaginação para as páginas impressas. Por incrível que pareça, surgiu na folha cor-de-rosa do *Jornal dos Sports* em 1º de abril de 1969. Veio ao mundo num autêntico ato de pajelança. Urubu, Bacalhau, Cri-Cri e Pó de Arroz uniram-se às vésperas das eliminatórias da Copa do Mundo de 1970. Numa só voz, gritaram: "Xazam!" No lugar do gênio da lâmpada, surge o cangaceiro Zeferino, assustado com a imensidão do Maracanã. Deslocado no tempo e no espaço, deve ter cortado um dobrado para acertar-se com a ambiência do futebol — ainda mais que Henfil lhe reservou o papel de alter ego da ansiosa e exigente torcida brasileira.

Para criá-lo, mesclou traços do próprio pai (como sabemos, Seu Henrique, na mocidade, penara no tórrido norte de Minas Gerais) e do personagem Corisco, do filme *Deus e o Diabo na Terra do Sol,* de Glauber Rocha. Sua tática para tentar driblar a censura foi recorrer a alegorias que permitissem aos mais atentos decifrar as mazelas sociais amputadas no discurso ufanista do regime.

Apreciador de passarinhos, Henfil observou num viveiro uma graúna, ave negra muito encontrada no Nordeste, que lhe chamou atenção pela forma sóbria mas esperta como se comportava. A maior parte do tempo permanecia séria e tinhosa; se lhe dessem as costas, aprontava.

A inspiração para Orelana veio do cantador baiano Elomar, que criava bodes no sertão. Batizara os animais com os nomes de libertadores de países da América do Sul, como Simon Bolívar, Pinzon e Francisco Orelana. Este último era o bode mais vivaz. Quando Elomar saía de casa, Orelana aproveitava-se da porta aberta para comer-lhe os livros. Segundo Henfil, o bode comportava uma crítica aos intelectuais que se aferravam a posições puramente teóricas, desprezando a ação política direta.

Após rápida passagem pela revista *Placar,* em 1970, Zeferino aportou no Caderno B com a missão sigilosa de denunciar as desventuras do povo da caatinga — microcosmo de um país vitimado por moléstias graves, em pleno "milagre econômico".

Os censores interferiam a torto e a direito, mas isso não impedia a identificação de uma legião de leitores com o aroma de resistência das tirinhas de 17cm x 16cm. "Abríamos o *JB* e íamos direto para os quadrinhos do Henfil. Só depois folheávamos o resto do jornal — até porque, por conta da censura medieval, o resto era o resto mesmo", recordou o jornalista Janio de Freitas. "Os personagens estavam lá nos cafundós do Caderno B e, no entanto, funcionavam como a capa do jornal, pois, através deles, Henfil dizia corajosamente aquilo que desejávamos ouvir e saber no ambiente sufocante da ditadura."

Zeferino crispava-se de ódio contra os corruptos que desviavam incentivos fiscais do Nordeste; os faniquitos da Graúna afugentavam o machismo brasileiro (já na primeira história, Zeferino tenta alvejá--la e erra. Ela tripudia: "Boneca!"); Bode Orelana devorava quilos de papel em protesto à censura prévia a livros.

O crítico Moacy Cirne saudou com entusiasmo a série de Zeferino: "Depois da semente plantada por Henfil, com seus vibrantes personagens da caatinga, o quadrinho brasileiro não é mais o mesmo; com ele aprendemos a inventar voltados para a saga da nossa miséria social."

A repercussão obrigou Henfil a colecionar cachos de cartuns proibidos pela Polícia Federal ou recusados pelo "controle de qualidade" em vigor no jornal. A censura não mediu interferências para sufocá-lo. Em carta a José Eduardo Barbosa quando vivia em Nova York (31/10/1973), queixou-se, amargurado:

"Para fazer o Zeferino pro *JB*, eu tô levando o triplo do tempo que levava. Dez minutos para bolar e 30 para descaracterizá-las. Em vez de dedicar os 30 minutos para bolar mais três, eu enfraqueço umazinha. Seriam quatro.... Fora saber que o personagem vai se reprimindo e não desenvolve a personalidade. Ideias as mais quentes chegam na cabeça e depois fico horas matutando uma saída mais fraca e passável."

Como se não bastasse, Zeferino foi objeto de vigilância por parte do Serviço Nacional de Informações (SNI). O informe confidencial n. 06719/1973, de 18 de junho de 1973, elaborado pela Agência Central do SNI, citava uma *Revista Latino-Americana de Estudo de Estória em Quadrinho* [sic], supostamente editada em Havana, Cuba, na qual se defendia que os quadrinhos fossem utilizados como "meio de penetração ideológica [...] para difundir as ideias do socialismo". Ainda de acordo com o SNI, a publicação cubana faria menção a novos personagens de quadrinhos cuja intenção seria "deter a ação perniciosa de toda uma gama de publicações, que apenas servem para afirmar valores, mitos e comportamentos que apoiam as estruturas que estão no poder". O SNI identificava "indícios positivos de observância desta linha de ação em alguns órgãos de nossa imprensa, notadamente no *Jornal do Brasil*, através da série Zeferino, de autoria do desenhista Henfil". O informe anexava fac-símiles de sete tiras de Zeferino publicadas entre 6 e 15 de junho de 1973.

* * *

Em paralelo ao *JB*, Henfil ingressou, pelas mãos de Ivan Chagas Freitas, no jornal *O Dia*, de grande penetração nas camadas populares. Estreou em 15 de julho de 1973, no caderno esportivo, publicando tiras do Urubu às terças, quintas, sábados e domingos.

Henfil viabilizou ainda dois projetos editoriais — o *Almanaque dos Fradinhos* e a revista *Fradim* — que correspondiam à intenção de expandir o humor político para além das fronteiras do *Pasquim*. Editado pela Codecri em abril de 1971, o *Almanaque* reuniu, em 66 páginas, 135 histórias dos Fradinhos — desde a estreia, em julho de 1964, na *Alterosa*, até o adeus provisório do Baixinho, em fins de 1970. O acabamento ficou o fino: papel duro na capa, papel importado no miolo, impressão em *offset* e paginação ousada. Considerável transtorno veio no lacônico despacho da Polícia Federal vetando nove páginas. A dez dias do lançamento, teve que refazer as tiras impugnadas. Uma delas: o Baixinho ensinando São Pedro a fazer o top, top, top no céu!

A revista *Fradim* sintetiza as linhas centrais do imaginário intelectual e político de Henfil. Nada mais significativo, portanto, do que a decisão de repartir as páginas entre os Fradinhos e a turma de Zeferino, conciliando o humor de costumes e de comportamento e a crítica social feroz.

Fradim mensal surpreendeu inclusive os henfilmaníacos. Os Fradinhos passaram a envolver-se com questões relacionadas ao momento histórico. Os sumários não mentem: devastação das terras indígenas, repressão policial, acidentes de trabalho, depósito compulsório para viagens ao exterior, burocracia no serviço público, ganância dos ricos... O Baixinho atuava como provocador de situações inusitadas, como dançar com um brutamontes da Polícia Militar treinado para dissolver passeatas.

A primeira edição, com 36 páginas, circulou em agosto de 1973. Tiragem: 70 mil exemplares. A aceitação superou as expectativas: em uma semana, foram vendidos 80% da edição, esgotada em 18 dias.

A partir do número 2, Zeferino, Graúna e Orelana reforçaram a artilharia contra as contradições sociais do país. Maldiziam a exploração dos trabalhadores rurais, a influência desmedida das multinacionais em nossa economia e a predominância de enlatados na televisão.

A Polícia Federal vetou desenhos no primeiro número; decidiu depois não fiscalizar previamente os originais da revista. Mas os censores avisaram à Codecri que, ao menor abuso, a publicação poderia ser apreendida. O regime de "liberdade vigiada" redundaria no mais miserável dos purgantes — a autocensura.

* * *

Em 1972, Henfil e Gilda decidiram separar-se. Henfil mudou-se para um apartamento de cobertura num prédio antigo da rua Décio Villares, no Bairro Peixoto. Não quis instalar telefone e avaliou mal o lance de escada entre o último andar e a cobertura. Com o joelho inchado, a locomoção periclitava. Graça Salgado, que já na rua Machado de Assis trabalhava como secretária de Henfil, estranhou o jeito tristonho dele nas primeiras semanas no novo apartamento. Parecia sentir-se só e quase não parava em casa.

Henfil desenhava pela manhã e às vezes se exercitava à tarde na bicicleta ergométrica. O tratamento fisioterápico era feito na clínica do dr. Gilberto Martins Ribeiro, em Botafogo. Um dia, ele passou a ser atendido por Leila Valente, 20 anos, terceiranista de fisioterapia.

Ela conhecia os Fradinhos, mas nunca vira uma foto de Henfil. Ao receber a ficha de Henrique de Souza Filho, Leila assustou-se com a informação de que ele era hemofílico e tratou de estudar a doença para ministrar os exercícios adequados.

Na primeira consulta, Henrique chegou com o joelho inchado. Leila localizou o problema — artrite hemofílica, em que as articulações inflamam e provocam inchamento e dores. Durante a sessão, percebeu que ele sabia mais do que ela sobre hemofilia. Após o segundo atendimento, Leila procurou o dr. Gilberto e abriu o jogo: seria preciso um profissional mais experiente para tratá-lo. O médico incentivou-a a prosseguir. Na terceira sessão, as pernas de Leila tremeram ao saber que o paciente era uma das estrelas do *Pasquim*. E como soube? Henfil pediu-lhe um papel e desenhou várias Graúnas.

Para abreviar: simpatia mútua. Nas crises, Leila desdobrava-se para amenizar-lhe o sofrimento. Verificou que Henfil aprendera conceitos fisioterápicos primitivos. Conhecia tão bem os pontos nevrálgicos de seu corpo e os sintomas, que adotava métodos próprios de automedicação. Concentrava-se como se estivesse orando e bronqueava com o joelho inchado:

— Você vai parar de doer, seu filho da puta!

O mais impressionante é que, geralmente, os esforços surtiam efeito, sobretudo quando somados à fisioterapia regular. Só em último caso tomava crio, o concentrado coagulante que contribui para estancar a hemorragia.

Ao longo de anos, Leila comprovou a interferência emocional nas crises hemorrágicas. Sempre que Henfil se aborrecia muito ou se enervava, no dia seguinte o joelho inchava. A tensão ativava o sistema nervoso, afetando o equilíbrio orgânico.

Mesmo ao preço de eventuais derrames, desafiava certos limites físicos, como a demonstrar que a hemofilia jamais o dominaria. Na fase aguda da censura, as hemorragias se sucediam em proporção similar à de sua férrea disposição de boxear com o policialismo.

O desgaste de madrugadas em claro emendando cartuns proibidos resultava em dias de padecimento, fisioterapia intensiva e repouso.

Além das sessões com Leila, tratava-se na Associação Brasileira Beneficente de Reabilitação (ABBR), no Jardim Botânico. Reconhecido por pessoas da equipe, Henfil provocou o maior rebuliço. Quem não queria dar uma espiadinha naquela sala em que a estrela do *Pasquim* se exercitava? Uma das poucas estagiárias que não liam o semanário era Berenice de Carvalho Batella, 20 para 21 anos, paulista de Birigui. Uma manhã, vendo aquele agito, perguntou a uma colega:

— Quem é que está aí?

— É o Henfil, o pai dos Fradinhos.

Berenice confessa que era "muito alienada e um pouco puritana". Talvez por isso não curtisse a linguagem apimentada do *Pasquim*. Acontece que o pai dos Fradinhos, ao ver de longe aquela morena de olhos verdes e cabelos compridos, se interessou por ela. Houve um flerte entre os dois, "aquela coisa de olhares", mas nada que a seduzisse de imediato. A aproximação deu-se após alguns bate-papos e encontros triviais nos corredores da ABBR. Terminada a sessão fisioterápica, Henfil caminhava pela ala principal do prédio quando avistou, pela janela do grêmio, Berenice pronta para sair. Ele deu marcha a ré, pôs o rosto na janela e disse sorrindo:

— Ai, que fome...

Ela pôs a timidez para correr e perguntou:

— Não quer almoçar lá na pensão de Dona Filhinha?

Ele aceitou numa ínfima fração de segundo. Ao chegar em casa, Berenice apresentou-o à Dona Filhinha, sua mãe:

— Olha aqui, mãe, este é o moço do folheto. Trouxe ele aqui para almoçar com a gente.

— Mas como é que você traz o rapaz sem avisar? — retrucou a simpática Dona Filhinha.

Dias antes, tinham colocado por baixo da porta do apartamento um folheto publicitário em que Henfil recomendava uma clínica pioneira de reflexologia (método de psicologia clínica que reduz todos os fenômenos psíquicos aos reflexos condicionados).

Henfil entendeu-se às mil maravilhas com Dona Filhinha e desconfiou de que se apaixonaria rapidamente por Berenice. Um *frisson* recíproco, porque seu jeito moleque e brincalhão a conquistou. Começaram a namorar sem alarde. Leila Valente, por exemplo, só soube no dia em que encontrou Berenice, ex-colega de estágio, na cobertura do Bairro Peixoto, ouvindo música. Os três tornaram-se amigos inseparáveis, com Henfil se apressando em conscientizá-las politicamente.

A SOMBRA SOLIDÁRIA

Nos anos de repressão ominosa, Henfil demonstrou irrestrita solidariedade a perseguidos pela ditadura. Como outros artistas e intelectuais, entrou nas cotizações para pagar advogados de presos políticos e ajudar na manutenção das famílias.

O episódio mais comovente foi o que envolveu a cunhada Gilse Maria. Para compreendê-lo melhor, é preciso recuar a narrativa a outubro de 1968, quando Gilse Maria e o marido Abel atuavam numa base camponesa da AP em Ipatinga.

Após a decretação do AI-5, a direção da AP em Minas Gerais convocou imediatamente uma reunião em Belo Horizonte para definir novas formas de luta. Antes de partir para a capital, Gilse, grávida de sete meses, enviou uma comunicação a Henfil e a Gilda, no Rio. Aflita, não dispunha de dinheiro suficiente para o parto e temia ser presa em alguma maternidade da capital. O mesmo portador trouxe uma resposta tranquilizadora: assim que ela chegasse ao nono mês, Henfil e Gilda mandariam o dinheiro para a passagem e a acolheriam no Rio. "O recado me emocionou", lembrou Gilse. "Eles disseram que garantiriam o parto lá, que já estavam preparando o enxovalzinho do meu neném e que não me preocupasse, porque a criança teria tudo o que precisasse. Além do mais, no Rio ninguém me conhecia, e eu faria o parto em condições de segurança."

No primeiro dia do encontro secreto em Belo Horizonte, Gilse sentiu dores pelo corpo, ânsia de vômito, vertigens. Resistiu o quanto pôde. Na manhã do segundo dia, um dos militantes, ex-acadêmico de Medicina, desconfiou que a bolsa d'água estourara e ela entrara em trabalho de parto. Pânico generalizado. A reunião foi interrompida, e Gilse levada às pressas, de táxi, para o Hospital das Clínicas, onde, por azar, não havia vaga. A muito custo, conseguiram um hospital particular que aceitou interná-la sem documentos e sem caução financeira. Na hora do parto, o obstetra descobriu que eram gêmeas prematuras — não pesavam mais de 1,4 kg cada uma. Mesmo correndo o risco de ser presa, Gilse acompanhou os bebês na incubadeira. Companheiros da AP e amigos da época de faculdade cotizaram-se para saldar as despesas do parto.

Logo que deixou o hospital, Gilse escondeu-se com as gêmeas em casa de amigos. O plano inicial era regressar ao campo assim que as filhas se fortalecessem. Mas, 15 dias depois, uma das crianças morreu. A outra, Juliana, enfraquecida, teve pneumonia com menos de 3 meses e precisou ser internada no Hospital das Clínicas, onde contraiu gastrenterite e hepatite. O empenho para salvá-la surtiu efeito: um mês depois, Juliana recebeu alta. Gilse não contava com outra adversidade: não poderia voltar para a casa em que se escondia, pois um vizinho a denunciara à polícia. Recorreu a uma amiga fiel, a assistente social Corina Mourão, que se prontificou a abrigá-la com Juliana.

A margem de liberdade estreitava-se e Gilse, com dilacerante angústia, avaliou que, se não agisse rapidamente, acabaria detida com sua filha. O quadro político terrificava-se. A tortura imperava nos interrogatórios, e, no caso de Minas Gerais, a máquina policial-militar (e paramilitar) se voltava, com fúria inaudita, para dizimar a AP. A organização não teria meios de assegurar-lhe plena proteção. Ela pensou então em duas pessoas que poderiam salvar a vida de Juliana: Henfil e Gilda.

O contato telefônico foi rápido. Os nervos à flor da pele, Gilse expôs ao cunhado e à irmã o seu receio de ser presa junto com Juliana. A voz tremeu quando perguntou se eles cuidariam da filha, caso ela sumisse, fosse detida ou morresse.

— Não tem problema. A gente fica com a Juliana — respondeu Henfil, com o apoio de Gilda.

Gilse passou a Corina o endereço e o telefone de Henfil, com a seguinte recomendação:

— Se eu sumir, você pega essa menina, toma um avião e vai para o Rio entregá-la ao Henriquinho e à Gilda. Lá eles te ressarcem de todas as despesas, não se preocupe.

Gilse parecia adivinhar o doloroso desfecho. No dia 17 de junho de 1969, a dez dias de Juliana completar 4 meses, pediu a Corina que ficasse com o bebê para que ela desse um pulo na casa dos pais, onde se comemorava o aniversário da irmã mais nova e sua afilhada, Gilvania.

Usando disfarces, Gilse mal teve tempo de conversar com a família, pois dois agentes da Polícia Federal, sem mandado judicial, bateram à porta. Depois de avisarem que o irmão de Gilse, Gildásio, estudante de Agronomia na Universidade Federal de Viçosa e também da AP, fora preso, quiseram revistar a casa. Num gesto de coragem, a mãe barrou, aos gritos, a entrada dos policiais, exigindo a ordem de busca. Ela sabia que Gilse, refugiada no quintal, seria detida. Diante da resistência, os agentes prometeram retornar com a autorização judicial.

Gilse pôs um lenço na cabeça e, com documentos emprestados por Gilvania, deu voltas e mais voltas, para não ser seguida até a casa de Corina. Contou à amiga o ocorrido e rumou para o "aparelho" no bairro da Gameleira, que coordenava a ação no interior. Ela pretendia alertar a amiga Lorena, seu único contato com a AP, sobre a prisão de Gildásio e a batida na casa dos pais. O "aparelho" teria que ser imediatamente desocupado, para evitar outras quedas.

Ao chegar no local, Lorena já havia caído, e Gilse foi detida por soldados da Polícia Militar.

Como Gilse não voltou, dias depois Corina embarcou de avião para o Rio, levando Juliana, que pesava apenas dois quilos e sofria de problemas respiratórios. Corina cumpriu o prometido e entregou a menina a Henfil e Gilda, que estava grávida. "Eles assumiram a minha filha como só pai e mãe poderiam fazer. Henriquinho se tomou de um amor imenso por ela", destacou Gilse, àquela altura presa num quartel da PM ao lado de dezenas de militantes da AP, sem imaginar o que teria acontecido com Juliana.

Henfil e Gilda não faziam a menor ideia sobre o paradeiro de Gilse. Além de acolher Juliana como filha, Henfil se encarregava de pagar os advogados que defendiam Gilse, Gildásio e Gilseone (outra irmã de Gilda, presa). Durante três meses, Gilse ficou recolhida numa solitária da penitenciária de mulheres de Belo Horizonte. Os órgãos de informação descobriram que ela tivera uma filha, o bastante para aterrorizá-la nas sessões de tortura. Ameaçavam vasculhar as casas de parentes e amigos para localizar a menina e levá-la para ser torturada na sua frente, caso ela se negasse a colaborar nos interrogatórios. Gilse sofria com a incerteza sobre o destino de Juliana. Nos momentos de desespero, preparava-se para receber a notícia de que a filha fora apanhada. A repressão bem que tentou capturá-la: agentes do Dops revistaram a casa de Corina e procuraram o bebê em residências de ex-colegas na Faculdade de Serviço Social.

Até ser transferida, em fins de agosto de 1969, para a penitenciária de Linhares, em Juiz de Fora, Gilse continuou padecendo nas mãos dos torturadores. O terrorismo psicológico chegou ao auge no dia em que armaram uma cena digna de monstros. Encheram uma banheirinha de pedras de gelo, ao lado de uma máquina de choques elétricos, e disseram que iriam matar Juliana ali, sob as vistas da mãe. Gilse pôs a cabeça em ordem, persuadida de que eles blefavam, principalmente depois que soube dentro da cadeia que a casa de Corina fora vasculhada e a menina não estava lá. Concluiu que, muito provavelmente, a filha estava a salvo no Rio. Suspenso o regime de incomunicabilidade dos quase duzentos presos políticos de Linhares — cerca de trinta mulheres e 170 homens —, os pais de Gilse a visitaram e acalmaram o seu coração. Juliana, sob os cuidados de Henfil e Gilda, dava sinais de recuperação. Para prevenir deslizes, pouquíssimas pessoas souberam que eles criavam a menina. Henfil e Gilda evitaram ir a Juiz de Fora — os organismos de segurança poderiam investigá-los e, fatalmente, chegariam a Juliana.

Henfil proporcionou a Gilse um dos instantes de genuína alegria naquela quadra de suplícios. Os presos políticos organizaram-se para reivindicar à direção do presídio o direito de lerem jornais, o que conseguiram meses depois. Passaram a assinar o *Jornal do Brasil,* pago pelas famílias. Informado a respeito, Henfil, de vez em quando, incluía, nas tiras publicadas pelo *JB,* uma personagem que se chamava Juliana e que insinuava estar muito bem de saúde. Lógico, uma mensagem cifrada que só Gilse e o marido Abel, clandestino, poderiam decodificar. Na manhã em que abriu o *JB* e viu a personagem, Gilse entendeu que a filha realmente estava bem. "Henriquinho, só ele mesmo para desenhar uma bonequinha linda dizendo que gostava muito de morango com sorvete."

Gilse vivenciou a maior emoção de sua vida no dia do primeiro julgamento na Auditoria Militar de Juiz de Fora. Algemada, entrou no plenário e quase perdeu os sentidos ao avistar na plateia sua filha, com 9 meses, gordinha e corada, nos braços de Gilda, acompanhada pelo sorriso de Henfil. Na ânsia de tocar a filha, Gilse pediu ao advogado que tentasse uma autorização com o juiz-auditor.

O máximo permitido foi que Gilse aguardasse numa sala anexa, vigiada por um soldado do Exército, enquanto, na porta, Gilda colocava Juliana para engatinhar devagarzinho na direção da mãe, passando entre as pernas do guarda e até passando de leve uma das mãozinhas na bota dele. "O soldado tirou as algemas e pude ficar

15 minutos com Juliana. Maravilhoso pegá-la no colo, beijá-la! De longe, o guarda nos olhando, como se representássemos algum perigo", rememorou Gilse.

Condenada a um ano e três meses de prisão, Gilse foi libertada no segundo semestre de 1971. Logo que saiu, reencontrou-se com Abel e, ajudada pelo advogado, regressou a Belo Horizonte. Já havia notícias na capital de que a polícia estava novamente no encalço dos dois. São Paulo era mais seguro, e o casal se instalou clandestinamente numa casa da Vila Alpina. Pediram a Henfil e Gilda que levassem Juliana, com 2 anos e meio, para junto deles. Nos 15 dias passados em Vila Alpina, a menina pôde se acostumar com os verdadeiros pais, que a partir de então cuidariam dela. "Juliana curou-se dos problemas de saúde, graças à assistência que recebeu de Henriquinho e Gilda. Tão carinhosos, que tiveram, inclusive, a preocupação de prepará-la psicologicamente para a hora em que mudasse de pai e mãe. Juliana os adorava. O zelo era tamanho que trouxeram por escrito o que ela gostava de comer, o que costumava tomar, as receitas médicas, enfim, nos repassaram a história de nossa filha."

Naquelas duas semanas, Henfil praticamente não saiu de casa, era arriscado. Ele provocou horas de discussões com os cunhados sobre política e, no final, morria de rir das controvérsias. Houve pelo menos um consenso: a situação interna tendia a piorar na medida em que os militares asfixiavam a oposição e se desdobravam para liquidar os grupos de esquerda que aderiram à luta armada.

Ao se despedir de Juliana, o coração bambo, Henfil brincou com Gilse e Abel:

— Isso é uma sacanagem. A gente pega essa menininha toda doentinha e agora, que ela está linda e curada, temos que entregá-la a vocês de mão beijada! Ô vida dura!

Meses depois, Gilse engravidou e, apesar dos enormes obstáculos da vida clandestina, resolveu ter o filho. O maior deles foi superado com o auxílio de Henfil e Gilda, que custearam o parto, compraram o enxoval e ainda a presentearam com um liquidificador, segundo Henfil indispensável para bater as papinhas das meninas. Gilse deu à filha o nome de Gilda, como forma de expressar sua gratidão pela irmã.

A amizade persistiu rompendo os limites da clandestinidade. Quando acontecia de terem de mudar às pressas de casa, Gilse e Abel recorriam a Henfil e Gilda, que mandavam pelo banco uma ordem de pagamento. Com identidade falsa, Gilse retirava o dinheiro em São Paulo, comprava as passagens e enviava Juliana e Gildinha para o Rio, onde os tios as esperavam. Henfil e Gilda só devolviam as crianças com o sinal verde de Gilse, alojada em lugar seguro. Assim que as meninas cresceram um pouco — Juliana com quase 4 anos e Gilda com quase 2 —, Gilse e Abel ensinaram-lhes um autêntico manual de sobrevivência na selva da ditadura. Ao saírem à noite para algum "ponto" inadiável, mostravam o relógio para Juliana e diziam: "Se o ponteirão estiver aqui e o ponteirinho ali, e papai e mamãe não tiverem chegado, você pega a meia vermelha que está na gaveta da cômoda e desenrola. Dentro dela, tem um papelzinho com o telefone da tia Gilda e do tio Henriquinho. Você leva o papelzinho para a nossa vizinha, pede para ela ligar e dizer que papai e mamãe sumiram, porque aí eles vêm buscar vocês duas." Por sorte, as meninas jamais precisaram da meia vermelha.

Gilse e o marido permaneceram escondidos em São Paulo até 1976, quando, deslocados para o Ceará, tiveram que suspender os contatos com a família. Lá, ela assumiu a direção estadual do PCdoB, ao qual se incorporara, em 1972, o sucedâneo da AP, a Ação Popular Marxista-Leninista (APML).

* * *

Durante pelo menos quatro anos, Henfil ajudou Betinho a manter--se na clandestinidade, enviando-lhe religiosamente o equivalente a dois salários mínimos por mês. O sociólogo não desvendou o expediente usado pelo irmão para fazer chegar-lhe o dinheiro. O embrulho com o maço de notas aparecia no "aparelho" de São Paulo, trazido por um "pombo-correio" da AP. "Era o suficiente para eu não morrer de fome", relembrou Betinho, com os olhos cheios d'água. "Eu pegava o dinheiro e ainda o repartia com os companheiros, para que pudéssemos comprar comida. A campanha contra a fome, para mim, começou naquela fase dura da clandestinidade. Ninguém pode imaginar como o dinheiro mandado pelo Henfil era ansiosamente aguardado por nós. Até eu ir para o exílio, ele nunca falhou comigo."

Henfil tomava o cuidado de saber o menos possível sobre o esquema da clandestinidade de Betinho. Existia uma razão para redobrar a prudência. Pouquíssimas pessoas têm conhecimento de que, em 1970, a cada dois meses o CENIMAR — órgão da comunidade de informações encarregado de farejar tudo o que se relacionasse à AP — intimava-o a prestar esclarecimentos. Ao fazer a revelação, Betinho explicou que o alvo era ele próprio: "O CENIMAR chamava o Henfil para tentar descobrir onde eu estava e mandar recados para mim. Nunca tocaram nele (certamente porque era hemofílico) e nem o processaram. Imaginavam que pudéssemos ter contatos." Por meio de "pombos-correio", Betinho tomou ciência de que estavam apertando o irmão, atrás de pistas. Acontece que Henfil nem por adivinhação fazia a menor ideia de onde "o mano velho" se escondia. Um "aparelho" perdido na imensidão de São Paulo era como agulha no palheiro. E, se soubesse de alguma coisa, Henfil não revelaria. Após o terceiro interrogatório, o CENIMAR trocou o disco na vitrola e não voltou a azucriná-lo.

De 1968 a 1971, Henfil e Betinho viram-se pessoalmente uma única vez, em fins de 1970. Alguém da AP marcou o encontro, e Henfil viajou de ônibus para São Paulo. Até então, a comunicação entre os dois se processava indiretamente pelo *Pasquim*. Betinho lia o semanário em busca dos recados cifrados que o irmão incluía ora nos quadrinhos, ora nas cartas para a mãe. "Eu acompanhava a vida da família por intermédio daquelas cartas. Henfil falava até da Leal, nossa antiga empregada. Assim que saía o *Pasquim*, eu corria à banca para comprar."

O "ponto" foi na Praça da Sé, em frente à catedral. Eles nem puderam se abraçar, para não despertar suspeitas. Leves sorrisos substituíram a quentura dos corpos. Andaram lado a lado, conversando em tom quase imperceptível. Betinho informou a Henfil que, em breve, iria embora do país. A situação estava insustentável dentro da organização, fracionada e arrastada a um dogmatismo sem proporções. Por outro lado, a repressão batia à porta: ele escapara de pelo menos duas batidas policiais, uma das quais horas depois de receber o aviso de que um militante da AP, durante sessão de torturas no DOI-Codi, ouvira o delegado Sérgio Paranhos Fleury dizer que já sabia a localização do "aparelho" em que se escondia. Coincidência ou não, Betinho tratou de apressar a fuga.

Antes de partir, ele teve um rápido encontro clandestino com a irmã Tanda, que o achou macérrimo e deprimido. Em fevereiro de 1971, deixou o Brasil com o auxílio de um companheiro da AP, que o levou de carro até o Paraguai. De lá, rumou para a Argentina e, com identidade falsa, atravessou a fronteira com o Chile democrático de Salvador Allende. Iniciava-se o longo exílio de oito anos.

* * *

Os sequestros de diplomatas estrangeiros, os assaltos a banco e outras ações praticadas por organizações de esquerda tiravam o sono de Henfil. Ele temia que, desgarrada do conjunto das forças oposicionistas, a guerrilha urbana fracassasse em seu propósito de vulnerabilizar o regime militar. Não aderiu à luta armada, pois entendia que a oposição estava sendo atraída para um confronto desigual com as Forças Armadas.

Preferiu a "oposição possível", que no seu caso atendia pelo sugestivo nome de "humor armado", como explicou ao *Coojornal* (janeiro de 1980): "Eu fazia quadrinhos de forma clara, apontando inclusive para uma perspectiva socialista. Na nossa sociedade subdesenvolvida, a pessoa que desenha é mágica. E a repressão tem um certo medo de mexer com isso. A minha arma era o desenho."

A AP decidiu publicar o *Livro negro da ditadura militar,* um dos primeiros documentos sobre as torturas e os assassinatos praticados à sombra do regime. A capa trazia uma caveira com um quepe. A façanha foi possível graças à arrecadação de fundos no Rio e em São Paulo, com adesão de Henfil. O dinheiro permitiu a compra de uma pequena gráfica *offset* para imprimir 3 mil exemplares. Henfil, segundo seu cunhado Gildásio, foi um dos jornalistas que secretamente intercederam para que o volume chegasse às redações e, principalmente, aos correspondentes estrangeiros. Intermediou ainda contatos para que fossem passadas a jornalistas notas sobre a prisão ou desaparecimento de militantes.

Além de guardar em sua casa documentos, panfletos e livros comprometedores, Henfil deu cobertura ao cunhado. A principal missão confiada a Gildásio era a de tentar reestruturar as bases do partido em áreas atingidas por sucessivas quedas ou cisões internas. No Rio Grande do Sul, onde o PCdoB sofrera uma sangria de quadros, esforçou-se no trabalho de rearticulação, até que o cerco policial se intensificou, com barreiras nas estradas e estouros de "aparelhos". Temendo pela prisão de Gildásio, a organização traçou um esquema para retirá-lo do estado. Ele saiu de Pelotas escondido num caminhão que transportava fardos de lã.

Na capital, o contato que o aguardava preveniu-o de que na rodoviária havia cartazes de terroristas procurados, e uma das fotografias era a sua. A informação, dada por um policial civil simpatizante do PCdoB, provava que a repressão o caçava. Gildásio desistiu da viagem de ônibus para o Rio. Seguiu de carro para o interior de Santa Catarina, de onde se desdobrou para chegar a São Paulo. Na fuga apressada, não acionou o esquema do partido e viu-se na contingência de estar em São Paulo sem ter para onde ir.

Sobrava uma bala no tambor: Henfil. De um orelhão, Gildásio telefonou para o elemento de contato entre os dois, pedindo que avisasse o cunhado sobre a sinuca de bico em que se encontrava. Henfil mandou-lhe um recado:

— Arruma dinheiro para chegar ao Rio. Toma o primeiro ônibus da Cometa e salta no último ponto da via Dutra, antes de entrar na avenida Brasil. Vou te esperar.

Aposta arriscada, porque, se houvesse rastreamento policial, os dois fatalmente seriam presos. Mas, diante da aflição de Gildásio, tentaria salvá-lo. Controlando os nervos, Henfil pegou o carro e foi com antecedência para a Dutra. Quando o ônibus se aproximou da última parada antes da avenida Brasil, Gildásio respirou aliviado. Henfil arrancou com o carro e o resgatou, levando-o para seu apartamento no Bairro Peixoto. Entrou com o carro direto na garagem, o cunhado agachado no banco de trás. Gildásio ficou quase um mês escondido lá, refazendo, cautelosamente, os contatos com a organização e se reintegrando à militância.

Henfil levou e buscou de carro o cunhado em diversas panfletagens e pichações pelos subúrbios. A hemofilia impelia-o à retaguarda, protegido dos choques frontais. Deixava no local o grupo de pichadores liderado por Gildásio e os apanhava na hora combinada. Nem o risco calculado o impedia de gozar da polícia, ao ver os muros borrados por palavras de ordem. O zelo com a segurança, porém, era constante, não apenas em função do recrudescimento da repressão, mas porque se tornara uma figura pública e visada. Ele e Gildásio evitavam sair juntos do edifício do Bairro Peixoto e se encontravam em locais previamente checados.

* * *

Os prontuários sobre Henfil nos arquivos da polícia política do Rio de Janeiro e de São Paulo indicam que a repressão ignorava suas ações clandestinas. Não há o mais singelo registro, por exemplo, de suas gestões para localizar, no Chile, o ex-estudante de Medicina João Lopes Salgado, irmão de sua amiga Graça Salgado. João, que como militante do MR-8 participara do sequestro do embaixador dos Estados Unidos, Charles Burke Elbrick, em 1969, e integrara o estado-maior de Carlos Lamarca na frustrada tentativa de montar uma base guerrilheira no interior da Bahia, fugira do país em 1972. A família, agoniada, não fazia ideia de seu paradeiro. Por meio de seus contatos clandestinos com a AP, Henfil enviou a Betinho, em Santiago, um recado para tentar encontrá-lo. Algum tempo depois, confirmou para Graça que João Salgado estava a salvo no Chile. Não tardou para o próprio João remeter aos familiares uma carta clandestina e até presentes.

Henfil acautelava-se: nunca esmiuçava assuntos políticos ao telefone. Se algum amigo insistisse, arranjava um meio de se desviar — podia, inclusive, entortar a cabeça do interlocutor cantarolando, sem mais nem menos, "Chiquita bacana lá da Martinica..."

Conforme o acervo do DOPS do Rio de Janeiro, Henfil foi fichado pela primeira vez em 20 de outubro de 1967, pelo Centro de Informações da Aeronáutica (CISA), responsável por detalhado relatório sobre as atividades de *O Sol*, definido como "um suplemento de alto nível intelectual, no qual são colocados em destaque temas de autores esquerdistas, especialmente marxistas". O dossiê incluía "resumos sumários" sobre 18 colaboradores de *O Sol*. Henfil era enquadrado como "chargista radical de esquerda".

O SNI também o fichou. O informe confidencial n. 749/16/AC/72, de 17 de maio de 1972, assinalava: "[Henfil] Participou, com seus desenhos, nas principais campanhas eleitorais estudantis de Belo Horizonte, sempre apoiando os esquerdistas mais extremados"; "suas charges eram uma constante de ataques ao governo e à revolução e a defesa das posições comunistas e esquerdistas no plano nacional e internacional"; "publicou charges de sua autoria com legendas ofensivas ao presidente da República, explorando o argumento de que aquela autoridade teria seu 'ordenado' aumentado em 120%"; na extinta Guanabara, era considerado "pertencente à esquerda festiva".

Delírios na corte

Em uma madrugada, entre maio e junho de 1973, não aguentando mais, Henfil acordou José Eduardo Barbosa, com quem dividia havia meses a cobertura do Bairro Peixoto. Numa fossa braba, queixou-se das dores da hemofilia. José Eduardo afastou o sono das pálpebras e tocou no nervo, dizendo que procuraria o dr. Fringer, médico de renome internacional, para pedir-lhe a indicação de um local confiável para o tratamento. Os melhores centros médicos especializados estavam nos Estados Unidos, segundo Fringer.

O sonho americano de Henfil começou ali. Ele incumbiu José Eduardo, seu procurador, de providenciar visto de entrada (a credencial de correspondente seria dada por *O Dia,* através de Ivan Chagas Freitas), passaporte, papéis etc.

A busca de assistência médica avançada detonou o processo, mas não foi a única razão para os Estados Unidos entrarem nas cogitações de Henfil. O ambiente interno do *Pasquim,* com divisões de grupos, e a marcação cerrada da censura em Brasília vinham lhe atordoando. Ele não escondia, igualmente, certo cansaço com o beco sem saída da política nacional: derrota da luta armada, vitórias eleitorais da Arena em 1970 e 1972 e repressão descomunal.

Henfil também alimentava o sonho de conquistar a América com seus cartuns. Para isso, teria que se filiar a um dos *syndicates* americanos — agências que distribuem serviços noticiosos e, principalmente, quadrinhos para jornais e revistas do mundo inteiro.

Desenhista brasileiro algum tinha sido admitido regularmente por um sindicato. Ele acreditava, porém, que os Fradinhos ou Zeferino, Graúna e Bode Orelana, pelo poder de comunicação demonstrado, poderiam se estabelecer no mercado americano. Avaliou que, estando em Nova York, e com a colaboração de amigos que lá trabalhavam como correspondentes, faria contatos e se aproximaria das agências distribuidoras. Quando expôs o plano dentro e fora do *Pasquim*, as opiniões se dividiram. Uma ala o incentivou a dar o bote, apostando em sua criatividade; outra desaconselhou, lembrando-lhe que a imprensa americana era conservadora e refratária a colaboradores estrangeiros, e que a área de quadrinhos estava congestionada por Snoopy, Charlie Brown e Dick Tracy.

Henfil fez as contas, pois teria que se manter em Nova York com os salários que recebia no Brasil, e decidiu ir em frente. Berenice aceitou acompanhá-lo, o que significava a consolidação da vida a dois. Ele escreveu cartas a amigos como Paulo Francis e acelerou a tradução de algumas tiras dos Fradinhos e de Zeferino.

Antes de viajar, Henfil concedeu uma longa entrevista à turma do *Pasquim*; presentes Jaguar, Millôr Fernandes, Ziraldo, Sérgio Cabral, Ivan Lessa, Tárik de Souza, Redi, Paulo Garcez e José Eduardo Barbosa. Ninguém aceitou pacificamente que a razão central da escolha de Nova York fosse o tratamento da hemofilia. Em quase dois terços da gravação — tal como transcrita, anos depois, no livro *Diario de um cucaracha*[8] —, desenrolou-se um ríspido jogo de gato e rato entre Henfil, de um lado, e principalmente Millôr e Ziraldo de outro. Sem acusá-lo diretamente, Millôr enfatizou: "Considero um ato de traição o sujeito abandonar o seu país, sobretudo com intuitos menores, ficar famoso, ganhar dinheiro, e vai ganhar dólar. E sobretudo se, já no país dele, tem um tipo de fama, e um tipo de arrecadaçao, que é bastante compensadora."

---

[8] Henfil, Diário de um cucaracha. 4ª ed. Rio de Janeiro: Record, 1983, p. 43-82.

Henfil negou que estivesse guiado pela febre da fama, do sucesso e da fortuna. Desejava crescer profissionalmente e incluía nos planos o mercado internacional. Mas tais metas se subordinavam ao interesse de passar a milhões de pessoas as ideias contidas em seus desenhos.

A Tárik de Souza manifestou sua estranheza com o tom áspero das cobranças. Jaguar discutiu com ele a publicação da entrevista. Henfil decidiu sustá-la, avaliando que a hora era imprópria para uma cisão no *Pasquim*, já que a censura apertava o último parafuso e a distribuição do jornal estava péssima. Ele voltaria a abordar o assunto em carta a Tárik (24/11/1973). A seu ver, havia "gente mordida" achando que ele estava supostamente tirando o time de campo num período difícil do *Pasquim*, ou com inveja da possibilidade de alcançar uma carreira no exterior.

* * *

Em Nova York, Henfil e Berenice hospedaram-se inicialmente com o casal Paulo Francis e Sônia Nolasco-Ferreira. Logo se mudaram para um apartamento na esquina da rua 74, que dividiram com o diplomata Orlando Araújo Henriques, mineiro, lotado no Brazilian Trade Bureau, o departamento de promoção comercial do Consulado do Brasil. O imóvel era confortável: sala e cozinha amplas, dois quartos espaçosos e dois banheiros.

Com o joelho inchado, Henfil consultou-se com um hematologista paulista indicado por Paulo Francis. Sabia que, superado o derrame, teria que procurar uma clínica para o atendimento regular. Ainda não imaginava que, no centro do universo, isto seria proibitivo a um estrangeiro modestamente assalariado.

De manhã, Henfil trancava-se para desenhar. Berenice dava um jeito na casa e, mais tarde, buscava o malote com jornais e revistas no escritório da Varig, que o marido aguardava nervosamente.

Também estagiou em três hospitais, sem saber falar inglês direito e indo sozinha trabalhar.

No impacto da chegada, ele deslumbrou-se com a civilização do Norte, como atestam as cartas enviadas a José Eduardo Barbosa, no decorrer de outubro de 1973. Impressionou-se com a qualidade dos serviços públicos, com a rapidez para abrir uma conta bancária sem carteira de identidade, com o desuso de notas de dólares nos supermercados (só cheques ou cartões), com a água quente nas torneiras, com a ótima conservação das estradas.

Henfil e Berenice integraram-se a um grupo de brasileiros que se reunia a qualquer pretexto — para comemorar o aniversário de um deles ou ouvir uma batelada de discos de música popular brasileira. Faziam parte da colônia Paulo Francis e Sônia, o locutor Luiz Jatobá e a mulher, Margarida, e o psiquiatra João Alves de Lima. Os encontros variavam de lugar; os amigos iam ao apartamento de Henfil quando sabiam que ele estava impossibilitado de se locomover por dores nos joelhos.

O primeiro Natal nova-iorquino foi passado na casa de João Alves de Lima, com direito a troca de presentes. Henfil contou a José Eduardo que Francis, desajeitado, derrubou uma bandeja cheia de copos e um quadro na parede, chutou um cinzeiro e, ao tocar na árvore de Natal, quebrou quatro bolas. Exagero ou não, o fato é que Henfil se surpreendeu agradavelmente com Francis na intimidade. "Muita gente, aqui e no Brasil, diz que é muito difícil dialogar com Francis, que ele é intelectual demais, difícil mesmo. Pois já observei que o danado do Francis, quando chega num lugar, as pessoas se animam. Tem uma vida danada o austríaco e é um dos caras mais solidários aqui. Solidário de fazer visitas a doentes em hospitais. E leva presentes."

Antes do convívio em Manhattan, Henfil achava-o "um esnobe". Apresentados em 1967 pelo cartunista Fortuna na redação do *Correio da Manhã*, onde Francis era editor, ele e Henfil trocaram o aperto de mãos protocolar. Anos se passaram e, já na fase do *Pasquim,* Henfil e Francis pessoalmente se davam bem. Qual o segredo? "Simples: discutíamos, tínhamos divergências e depois ficava por isso mesmo", disse Francis. Henfil respeitava-o pelo repúdio à ditadura militar — conduta que o levara à cadeia e ao exílio voluntário nos Estados Unidos, em 10 de junho de 1971, com bolsa de 18 meses de duração, providencialmente concedida pela Ford Foundation.

Francis e Sônia iam com frequência ao apartamento de Henfil, poupando-o de locomoções. As conversas giravam em torno da situação política no Brasil, da derrocada americana no Vietnã e do escândalo de Watergate. "Henfil era uma pessoa extremamente perceptiva, mas vi que enfrentaria dificuldades, pois se sentia um pouco desamparado em Nova York. Nem lia em inglês", lembrou Francis. Contrariando a lógica maniqueísta, entre eles o pessoal e o político não se confundiam, pois ambos não hesitavam em dissentir. Henfil criticava a guinada conservadora de Francis, a partir de 1975. Francis, por seu turno, apontava "equívocos esquerdistas" em determinadas avaliações políticas de Henfil. Mas, de lado a lado, prevalecia a afeição

* * *

Para contrabalançar o encanto inicial em Nova York, Henfil apanhou por boiar em inglês. Chegou a ter aulas particulares, mas as páginas do *The New York Times* pareciam escritas em grego. "Só entendo as fotografias", brincava. Paciente, Paulo Francis lhe traduzia por telefone as principais notícias. Henfil estava particularmente interessado nas consequências do golpe militar no Chile. No dia da brutal deposição do presidente Salvador Allende pelas Forças Armadas, Betinho testemunhara o Palácio de La Moneda arder em chamas e conseguira refugiar-se na Embaixada do Panamá, espremido entre mais de duzentos adultos e 45 crianças. Depois da tensa espera pelo salvo-conduto, partira para o Panamá, onde concluiria as gestões para se asilar, com outros brasileiros, no Canadá.

Por intermédio de Orlando Henriques, Henfil conheceu a sua melhor amiga em Nova York, a pernambucana Marlete Coelho, funcionária do Brazilian Trade Bureau. Entre 1969 e 1970, antes de fixar-se na América, Marlete morava no Rio de Janeiro e dava aulas de piano em Volta Redonda, tentando introduzir o método para crianças desenvolvido por Heitor Alimonda, professor de piano de quem era assistente. Toda quinta-feira, ia de ônibus para Volta Redonda. Ao chegar à rodoviária, comprava o *Pasquim* e, em uma hora e meia de viagem, devorava-o. Infalivelmente, começava pela página que mais amava: a dos Fradinhos.

Os casais Henfil e Berenice e Marlete e Miguel viam-se três, quatro vezes por semana. Se fosse em seu apartamento, Henfil monopolizava a vitrola com discos de música brasileira. Mesmo com um oceano no meio, as conversas invariavelmente terminavam em política e com o dilema: fortalecer o MDB ou pegar em armas contra a ditadura? No verão de 1974, passaram cinco dias de férias juntos no apartamento que Marlete e Miguel alugaram à beira-mar, numa ilha de pescadores na Carolina do Norte. Quinze dias longe da prancheta? Ao contrário das previsões sinistras, Henfil curtiu o sol e ensaiou desajeitadas pescarias.

Nos primórdios em Nova York, Henfil reencontrou-se com um velho cúmplice de matanças de aulas no Colégio Arnaldo, em Belo Horizonte: o jornalista Lucas Mendes, então correspondente da revista *Manchete*. Lucas atendeu o telefone no escritório da Bloch Editores, na Quinta Avenida. Do outro lado da linha, uma voz grave:

— Você está lembrado de quando sentava no colo do padre? Eu vou contar tudo!

Ele custou a descobrir quem fazia a brincadeira. Aliás, só descobriu quando Henfil, que estava na agência do Banco Real, no 21º andar do mesmo prédio, desceu ao 13º para abraçá-lo. "Ele estava mais debochado do que no Colégio Arnaldo. Disparado a pessoa mais criativa em matéria de molecagem que conheci", recordou Lucas.

* * *

O primeiro balde de água fria: a Associação dos Hemofílicos de Nova York informou a Henfil que um mísero ano de tratamento em clínica particular custaria 24 mil dólares, isto é, 2 mil dólares por mês! Ele calculou que poderia procurar um hospital público. A experiência no New York Hospital o abalou. Além de aguardar horas para ser atendido, desesperou-se porque só conseguiu se comunicar com os funcionários com o auxílio de um porto-riquenho. Pior: conscientizou-se de que, sem seguro-saúde (exclusivo para cidadãos americanos ou para estrangeiros legalizados com vínculo empregatício em empresas americanas), teria que se desdobrar para receber atendimento especializado. O máximo que conseguiu no NY Hospital foram os exames iniciais, apanhando para se fazer entender pelos médicos. A partir daí, as despesas correriam por sua conta, com a exigência adicional de ter que provar condições financeiras para custeá-las.

Henfil sentia dores contínuas no joelho inchado. O derrame prostrou-o em casa vários dias, sob os cuidados de Berenice. Precisou tomar concentrado para repor o fator de coagulação. Nem completara um mês de Nova York e a doença o atazanava. Para ir às sessões de fisioterapia, usava bengala.

Outro incidente foi na emergência do NY Hospital, onde chegou com a perna inchada como um balão de gás prestes a explodir. O atendimento não poderia ter sido pior. Depois de uma noite de padecimentos, Henfil atirou o pijama na cama, vestiu-se e, esgueirando-se pelos corredores, alcançou a rua. Pálido e mancando da perna, pegou um táxi para casa. Escapara do que batizou de "massacre de My Lai", numa alusão ao genocídio cometido por tropas norte-americanas no Vietnã.

A emboscada seguinte teve por cenário o City Hospital. A enorme enfermaria parecia acampamento da Cruz Vermelha: doentes de todo tipo espalhados por camas com lençóis manchados. Até localizarem suas veias, as enfermeiras o espetaram seis vezes. Assim que o plasma correu por seu organismo, teve um princípio de convulsão. Os médicos contiveram o choque pirogênico, e ele dormiu. Que dormiu! O grito de um paciente ao lado o arrancou do sono.

A equipe médica do City só concordou em dar-lhe alta, no quinto dia, se ele assinasse um documento declarando que deixava o hospital por livre e espontânea vontade e pagasse a conta de setecentos dólares. Condições aceitas, que jeito?

O terror vivido nas emergências pôs uma pá de cal na crença idealizada de que se recuperaria fisicamente nos EUA. "Nova York é realmente o maior centro médico daqui, PRA QUEM TEM DINHEIRO... Igual no Brasil. Se eu tivesse muito dinheiro, mas muito mesmo, ia poder ir para um quarto particular, e aí ia ser outra coisa. A merda é a enfermaria de emergência. Pior que INPS da Baixada Fluminense. Mas com dinheiro eu ia ser tratado a leite de pato."

* * *

Nem os bons índices de vendagem da *Revista do Fradim*, nem a mudança para Nova York alteraram o pesadelo da autocensura. O medo de escorregar e ser punido pelos censores da Polícia Federal alastrava-se entre jornalistas, artistas e intelectuais. Tentava-se resistir por meio de metáforas, jogos de imagens e disfarces excessivos. O que impunha problemas de monta aos autores: de um lado, conseguir fazer-se compreender pelos leitores; de outro, encontrar atalhos discursivos para driblar os censores.

A sequência das cartas enviadas de Nova York a José Eduardo Barbosa, no segundo semestre de 1973 e no começo de 1974, revela a angústia, o abatimento, o desalento e a revolta de Henfil com a intervenção destrutiva da censura policial.

Em 15/1/1974, ele se perguntava como lidar com vetos absurdos e com a insegurança que se projetava no ato da criação: "O que mais desgasta na luta com a censura é a tentativa de dar razão, de racionalizar a censura. É como procurar cabelo na careca do Jaguar. E a gente tem que encontrar uma razão, uma só, pra não enlouquecer."

Se o *Jornal do Brasil*, na primeira metade dos anos 1970, o projetava perante uma audiência mais abrangente e, por tal razão, levava os vampiros da Polícia Federal a várias interdições de seus desenhos, não resta dúvida de que a trincheira no *Pasquim* (mesmo com o jornal perdendo leitores e acossado por problemas financeiros) continuava sendo essencial como formadora de opinião nas áreas oposicionistas. Nada tem de casual, portanto, o fato de o *Pasquim* prosseguir no centro das atenções dos censores. Queriam sufocá-lo a qualquer preço. Henfil seguia sendo uma das vítimas constantes da censura, como evidenciam as cartas a José Eduardo Barbosa.

23/11/1973: "Bão, tô te mandando de volta aqueles fradinhos que já foram vetados, para serem reapresentados. Explico: o que quero é testar a nova censura. Quem sabe os critérios são diferentes? Aí, talvez para se salvar, pelo menos um."

Em 29/11/1973, enviou nove desenhos dos Fradinhos, sendo dois para "tapar buracos aí, se a censura cortar muito." Sempre arriscando: "Como os caras têm que apresentar trabalho, podem cortar à vontade e acabar deixando esta [a mais crítica] no bolo das liberadas."

Nas cartas de 15 e 25/1/1974, ficamos sabendo que até charges sobre futebol e uma carta para Dona Maria foram censuradas. "Estão cortando é pelo meu nome mesmo. [...] Amanhã devo mandar mais cartuns para o *Pasquim*. Um monte para oferecer em holocausto para a censura. Vão poder cortar até enfarar, e aí se deixarem alguma coisa no prato, publique-se."

O esgotamento diante do cerco imposto pelos censores da Polícia Federal e pelos vetos internos a suas charges levou Henfil a desligar-se do *Jornal do Brasil* em janeiro de 1974, no começo da gestão de Walter Fontoura como editor-chefe. Não foi uma decisão fácil. O *JB* tinha boa penetração entre formadores de opinião. E, como Henfil revelou a Betinho em carta de 26/12/1973, o orçamento em Nova York estava muito apertado:

"O problema maior é que eu tenho que começar a pensar a partir de 6 milhões de cruzeiros, que é a minha despesa fixa no Brasil (2 para Gilda-Ivan, 2 para meu procurador e diretor da *Revista do Fradim*, 1 para apartamento e despesas de Dona Maria e 1 para pagar imposto de renda, INPS etc. e tal). Isso tudo aí explicadinho quer dizer que só a partir de 6 milhões é que começo a receber dinheirinho aqui nos EUA. [...] Eu consigo receber em média 800 dólares por mês do Brasil e dá para pagar o apartamento, comer em casa (restaurante nunca), andar de ônibus e pagar o curso da Berenice (170 dólares por mês) e cinema uma vez por semana... A *Revista do Fradim* é que vai ajudar a dar uma aliviada muito grande, mas, ainda devido à dificuldade de remessa de dólar e a crise por que passa o *Pasquim* (mês de dezembro e 13º salário do pessoal lá foi pago com minha revista... e minha parte), eu ainda nem vi cheiro do dinheirinho. Quer dizer, estou amarrado no Brasil, numa situação superinstável e sem poder aprender inglês para iniciar uma vidinha aqui."

A despeito das restrições financeiras, Henfil foi fiel a suas convicções e bancou a saída do *JB*. Em duas cartas esclareceu a razão: inconformismo com as censuras policial e empresarial.

A primeira, de 10/1/1974, foi endereçada a José Eduardo Barbosa: "Hoje fui bolar a historinha do Zeferino. Aí resolvi olhar o número da sequência já publicada no jornal e estranhei: havia uma diferença! A censura tinha cortado três historinhas!

Báo, assimilei em princípio o golpe e fui bolar as novas historinhas. Não conseguia. Uma coisa foi crescendo na minha cabeça e cada vez mais eu não conseguia segurar: vou parar! Vou parar tem mais que ser agora!"

Na segunda carta, de 22/7/1974, ao cartunista Nilson, Henfil explicitou que foi o próprio *Jornal do Brasil* que vetou três histórias de Zeferino: "Ruim é que, na mesma época, estourou minha briga (eterna) com o *JB*, porque me cortaram quatro historinhas do Zeferino. Parei. E sabe o que me disseram na época? Burrice, perdeu um lugar-chave. Quer dizer: censura é um negócio para ser engolido feito remédio. E nada de vir que é uma luta igual contra a ditadura. Quem me censurou foi o jornal e não a polícia."

O orçamento de Henfil em Nova York ficou mais problemático a partir de março de 1974, quando ele decidiu interromper a revista *Fradim* no número 6, prometendo só retornar quando pudesse desenhar com liberdade. Na mesma carta a Nilson, desabafou: "Parei *Fradim*, sim. Aleijado pela censura direta e emasculado pela autocensura, fazer a revista não representava mais nada. Só dinheiro. Dinheiro que era da maior importância para a minha permanência aqui. Mas, trabalhando por dinheiro, preferível fazer publicidade que deixar um personagem criado e cultivado vire apenas um espetáculo de marionetes pro rei."

Uma liberdade *sick*

Na primavera de 1974, Henfil foi a Toronto acompanhado por Dona Maria, que se comoveu ao rever Betinho, após os difíceis anos de separação. Os três fizeram longas caminhadas, apreciando a limpeza das ruas, os jardins impecáveis, e colocando assuntos de uma década em dia. Betinho já morava com a mulher, Maria Nakano, em alojamento cedido pela Universidade de York, que o admitira no doutorado em ciência política, com bolsa de estudos e visto de permanência garantido.

De Nova York, Henfil enviava para Betinho três ou quatro pacotes por semana com recortes dos jornais e revistas brasileiros que recebia. Diariamente, ele lia, marcava e recortava o que julgava do interesse da colônia em Toronto: matérias sobre o Brasil, a América Latina e a política internacional. Com isso, ajudava a romper o isolamento do exílio. Às vezes, Henfil remetia para Betinho fitas cassete; de um lado, cartas faladas sobre a vida nos Estados Unidos, piadas e informes sobre a família, de outro, gravações de músicas brasileiras dos mais diferentes estilos.

Com saudades do Brasil, Henfil escrevia compulsivamente aos amigos — postou cerca de seiscentas cartas, a maioria para José Eduardo Barbosa e Tárik de Souza. Nostálgico, pedia a Tárik que lhe mandasse fitas com música popular brasileira. No armário da cozinha, havia sempre feijão do Brasil; na geladeira, estocava queijo de Minas, linguiça e carne-seca que os amigos lhe traziam de avião.

* * *

Após retomar a fisioterapia no NY Hospital (longe da emergência), Henfil reacendeu o projeto de lançar seus quadrinhos nos Estados Unidos. Esmerou-se na preparação do portfólio com tiras de Zeferino e dos Fradinhos, cabendo a Miguel Coelho supervisionar a tradução, feita por uma professora.

Iniciou a ofensiva mandando cartuns eróticos para a *Playboy* e a *Penthouse*. Em menos de uma semana, a *Playboy* devolveu o seu envelope sem sinal de ter sido aberto. Depois, Henfil dispôs-se a um verdadeiro *rush* pelas redações americanas: *The New York Times, The Nation, National Lampoon, Mad, The Washington Post*. Nada de concreto apareceu. Ele viria a entender, mais tarde, o desperdício daquela peregrinação; a maioria dos jornais e revistas americanos só publicava quadrinhos comercializados pelos sindicatos.

Mas nem tudo eram cinzas. O jornalista Dan Griffin, ex-correspondente de publicações brasileiras de quem Henfil se aproximara em Nova York, comprometera-se a batalhar um contato de Henfil com um dos diretores do Universal Press Syndicate (UPS). Modesto concorrente dos dinossáuricos King Features Syndicate e United Features Syndicate, o UPS foi "vendido" a Henfil como de tendência liberal, capaz de distribuir a centenas de jornais os cartuns de Garry Trudeau sobre Watergate e Vietnã.

Griffin cumpriu a promessa. Em meados de junho de 1974, de passagem por Nova York, "o gordo Andrews" — como Henfil se referia ao editor do UPS — excitou-se com o seu portfólio, dizendo que, em muitos anos, era o melhor que tinha visto. Riu bastante das artimanhas do Baixinho e resumiu com uma palavra o espírito daquelas tiras: *sick* (doente). Henfil não prestou muita atenção na hora, decifrando depois que Andrews empregara a palavra num sentido mais abrangente: neurótico, desajustado, imoral.

O editor manifestou interesse em distribuir as histórias dos Fradinhos. Sugeriu que desenhasse em tiras horizontais, no formato clássico das páginas de quadrinhos, e que evitasse "situações chocantes", como, por exemplo, o Baixinho tirando melecas ou cuspindo no Cumprido. Andrews prometeu uma resposta final em três meses. Henfil engoliu o prazo e se despediu com a sensação de que poderia vencer a parada. Pôs-se a desenhar freneticamente. Além das obrigações com o *Pasquim* e *O Dia*, tinha que produzir tiras para o UPS, no formato exigido, e providenciar a tradução dos diálogos.

Em fins de agosto, Henfil recebeu telefonema de Andrews convocando-o a uma reunião na sede do UPS, em Kansas City. No primeiro dia de negociação, Andrews recomendou que engrossasse o traço dos Fradinhos e colocasse retícula cinza nas batinas. Henfil gostaria de cortar a intromissão, mas se segurou.

Os dois dias seguintes foram mais duros, porque entrou em pauta o contrato de publicação. O UPS podia até ser liberal politicamente, mas rezava pela mesma cartilha do King Features em matéria de negócios. O contrato-padrão previa cessão de direitos por 22 anos, além de comercialização total dos personagens (camisas, bótons etc.). Aí pegou. Henfil recusava-se a ceder à publicidade suas marcas registradas. O chefão da UPS ficou pasmo. Com os demais desenhistas, a única discussão era quanto à porcentagem de cada um. O intérprete por pouco não endoidou. Henfil e Andrews berravam em seus ouvidos. Nos intervalos, Henfil lia por telefone, para Miguel e Marlete Coelho, cláusulas contratuais em busca da tradução exata.

Até que surgiu um meio-termo: o direito à comercialização dos personagens constaria do contrato, com uma cláusula assegurando a Henfil o direito de vetar o que não lhe conviesse. Quanto ao prazo de vigência do contrato, Andrews concordou em reduzi-lo para 15 anos — Henfil sentara-se à mesa falando em no máximo cinco. Henfil teria direito a 50% da renda líquida das vendas, deduzidos os impostos e encargos. Se a remuneração caísse a menos de 200 dólares por semana, o contrato poderia ser cancelado por qualquer das partes. O autor assumia o compromisso de entregar seis tiras semanais em preto e branco e uma colorida para as edições dominicais.

Henfil achou frio o nome em inglês para os Fradinhos: The Mad Monks (os monges loucos). Mas nada disso superava o sabor de vitória. "Ele chegou deslumbrado em Nova York. Era o primeiro desenhista brasileiro a entrar de cara num sindicato americano", ressaltou Marlete Coelho.

Quando a poeira do triunfo começou a baixar, ele, premonitoriamente, preferiu a cautela mineira. Ao ser ouvido pela revista *Veja* (25/9/1974) sobre o contrato que acabara de assinar: "Entrei em campo, mas ainda não venci o jogo. Falta ver se os jornais americanos vão querer comprar um mau-caráter como o Baixinho."

De fato, o cenário apresentou-se mais complicado do que Henfil supunha. Da primeira remessa que enviou ao UPS, com 72 tiras, apenas 17 foram aprovadas, e 55 consideradas "invendáveis". Levou um choque com a justificativa para a recusa: "são muito sofisticadas ou... *sicks*". A palavra *sick* reaparecia — quer dizer, o Baixinho imoral, pornográfico e desajustado, agora, incomodava. Henfil se surpreendeu porque a maioria dos 55 cartuns continha historinhas que, de tão tímidas, não tivera coragem de publicar no *Pasquim*. Irritado, indagou ao editor se havia censura no UPS. A resposta o intrigou: "Não estamos censurando, estamos editando... Faça coisas engraçadas, sem agressividade. Deixe a política para depois, quando você for famoso."

À procura de um tom coloquial, ele passou a acompanhar os quadrinhos dos grandes jornais americanos. Quanto mais lia, menos acreditava que os Fradinhos pudessem se estabelecer "no meio daquelas obras-primas do bom comportamento e da alienação, como se feitas por e para escoteiros". Uma injeção de alento salvou-o uma semana depois: dez jornais tinham comprado as tiras, entre os quais os prestigiosos *Chicago Tribune, Philadelphia Inquirer, Detroit News* e *Toronto Sun* (canadense), além de diários de Salt Lake, San Antonio, Fort Wayne e Tulsa. De todos, o mais influente era o *Chicago Tribune*, com tiragem superior a um milhão de exemplares. O gordo

Andrews, animado, dissera a Henfil que a velocidade de venda dos Fradinhos superara as previsões.

A estreia foi marcada para 10 de novembro de 1974, um domingo. Henfil e Berenice madrugaram numa banca da Times Square para esperar os jornais. Abraçou a mulher quando viu as tiras coloridas dos Fradinhos no *Philadelphia Inquirer*. Deu um soco no ar e repetiu o bordão do locutor esportivo:

— Tá no filó!

Henfil despachou para o Brasil cartas com xerox da página inaugural. A folia durou pouco, porque percebeu a tempo que os nove outros jornais não publicaram nada. Bateu a paranoia: deu zebra? Os Fradinhos teriam ido para o lixo? O *Chicago Tribune* adiara sem motivo aparente.

E veio a tempestade de canivetes. O *Philadelphia Inquirer* publicou mais dois domingos e parou. Os jornais de San Antonio e Fort Wayne suspenderam os cartuns duas semanas depois. Cartas e telefonemas protestavam contra "o sadismo" e "as imoralidades" do Baixinho. *"Sick! Sick!"*, era a palavra repetida à exaustão pelos porta-vozes da tradicional família americana. Em Fort Wayne, chamavam Baixinho de "anticristo, antiamericano e demônio", e o diário local se apressou a retirá-lo de cartaz. O jornal de Salt Lake pesquisou o que os leitores achavam dos Mad Monks. Resultado desolador: quatrocentos contra e quatro a favor.

Os contratos começaram a ser cancelados e nenhum novo jornal se interessou. Henfil resumiu a desilusão com a frase:

— As coisas andam mais para marrom que azul.

O *Chicago Tribune* foi o último a editar as tiras. A série durou seis semanas. Ao suspender a publicação, o jornal recebeu 48 cartas de congratulações. Henfil explodiu de raiva:

— Toquei no câncer americano, e o câncer dói.

Dos dez jornais, oito rejeitaram os Mad Monks. O *Detroit News* e um tabloide de Tulsa cumpriram o contrato sem jamais publicar uma tira sequer.

— Sou pago para ser inédito — Henfil desabafou com amargura.

A situação configurou-se insustentável, e Henfil pediu uma reunião final. O compromisso era de 15 anos e, em dois meses, o moralismo oco trincava a liberdade de expressão. Assinaram o distrato.

Paulo Francis tentou convencê-lo a prosseguir. Ponderou que ele conquistara algo dificílimo para um desenhista estrangeiro nos Estados Unidos: ser contratado por um agente distribuidor.

— Seja mais sutil. Com um pouquinho de jogo de cintura, você tem tudo para fazer carreira aqui.

— Francis, eu não abro mão de ser crítico.

Henfil avaliou que, se cedesse ao UPS, subordinaria seu humor à mentalidade conservadora que prevalecia no mercado.

* * *

A professora brasileira Iza Guerra — que no exílio se casara com o canadense Ivan Labelle e vivia em Montreal — foi uma das primeiras pessoas a estar com Henfil após o insucesso no sindicato. Engajada nos movimentos de defesa dos direitos humanos, Iza destacara-se à frente do comitê em prol dos exilados latino-americanos que viabilizou a ida de Betinho e dos outros brasileiros para Toronto. Antes da chegada de Betinho ao Canadá, Henfil falava constantemente por telefone com ela, e assim se tornaram amigos.

Alertada por Berenice de que Henfil estava muito deprimido, Iza partiu para Nova York. Conversaram o fim de semana inteiro, ele mal, tanto física quanto emocionalmente. Iza propôs que se mudasse para o Canadá, um lugar diferente dos Estados Unidos, onde ficaria perto de Betinho e contaria com apoio afetivo dos exilados brasileiros. Ivan Labelle era amigo de um influente jornalista do *Le Devoir,* um dos principais diários canadenses, que possivelmente lhe abriria as portas do mercado de trabalho. Estabelecido em Montreal,

Henfil se beneficiaria do seguro-saúde que já favorecia o tratamento de Betinho em centros médicos avançados.

Iza obteve uma vitória parcial: Henfil concordou em sondar o terreno em Montreal. Na companhia de Labelle, foi bem recebido no *Le Devoir,* cujo editor lhe acenou com a publicação de suas tiras. A revista *Macleans* chegou a oferecer-lhe mil dólares por mês. O jornal *The Globe & Mail* comprou três cartuns, a 600 dólares. Se acertasse trabalhar nos três veículos, poderia faturar mais de 2 mil dólares por mês. Mas ele não se entusiasmou.

A balança pendia para o Canadá: empregos, convivência com o irmão e amigos, qualidade de vida, custo de vida mais baixo do que o de Nova York. Até que Iza e Ivan o convidaram a um passeio numa fazenda perto de Montreal. Uma nevasca cobrira os campos, e o inverno glacial o assustou.

A verdade é que, emocionalmente, Henfil não aguentava mais viver fora do Brasil, conforme assinalou em carta a José Eduardo: "Estou maluco para voltar e relaxar no meio do nosso povo (fedido mas nosso) e dos amigos (fedidos como eu) na nossa terra fedida. Cansado de ser estrangeiro. Basta!"

No retorno do Canadá, enfurnava-se em casa, apático, sem a mínima vontade de fugir ao trivial. Embora procurasse esconder, o revés no UPS, o tratamento médico inacessível e a inadaptação aos valores americanos o empurravam ladeira abaixo. Em carta de 9/11/1974 a José Eduardo, emitiu sinal de que o autoexílio duraria pouco: "Desisti de conviver com os americanos. Estou enojado. Do povo, instituições, governo, *way of life.*"

As virtudes de Nova York, enaltecidas nas primeiras cartas, tombaram uma a uma diante do crepúsculo negro de seus olhos. Os Estados Unidos transformaram-se no "país mais corrupto e vazio do mundo"; o consumismo prevalecia acima de tudo; os supermercados não paravam de remarcar preços; a polícia baixava o porrete nas minorias; e a imprensa entupia os leitores de informações para desviá-los da reflexão crítica. E o verde do Central Park, a poucas quadras de seu apartamento? Com um cisco de ortodoxia na retina, respondia: "Não sou veado para pastar em grama cercada."

Passada a cintilação, jamais se entrosou com a cultura americana. Não foi à Broadway, por exemplo. É claro que o idioma dificultava — mas as razões eram outras. Em dois anos de Nova York, ele continuava com a cabeça sincronizada com os dilemas e as ansiedades do Brasil, indiferente aos apelos da capital do cosmopolitismo.

Berenice foi uma forte aliada na decisão de voltar. Sentia falta da família, não aguentava mais a distância. Sonhava que estava indo à praia na Segunda Avenida. As saudades do Brasil agigantaram-se com a vitória do MDB nas eleições de novembro de 1974.

O quadro político e econômico vinha se modificando lentamente. A ditadura acabara de "eleger" seu quarto general-presidente, Ernesto Geisel, mas já em fins de 1973 o modelo econômico dava indícios de fadiga. A crise mundial do petróleo repercutia desfavoravelmente no país, que enfrentava problemas como o pagamento da dívida externa e o surto inflacionário. Os custos sociais haviam chegado a um nível insuportável: 43,3% da população ganhava até um salário mínimo. Crescia a insatisfação da classe média, cujo poder aquisitivo diminuía a olhos vistos. Um fato promissor fora a anticandidatura de Ulysses Guimarães à Presidência da República. Através dela, a oposição legal rompera o medo, denunciando as leis de exceção e clamando pela redemocratização.

Como consequência da vitória oposicionista, Geisel moveu uma peça no xadrez da "distensão lenta, gradual e segura", reduzindo o número de publicações submetidas à censura prévia. *Veja*, até junho de 1976, e *Movimento, O São Paulo* e *Tribuna da Imprensa*, até junho de 1978, continuaram obrigadas a encaminhar os originais à Polícia Federal. No dia 24 de março de 1975, às vésperas da edição número 300, um telefonema do dr. Romão, censor de plantão, à secretária Nelma Quadros pôs fim a 1.500 dias de censura ao *Pasquim*.

O plano internacional indicava realinhamentos democráticos. A Revolução dos Cravos derrubara o salazarismo em Portugal; antigas colônias se libertavam do jugo colonial português na África; desenhava--se o fim do reinado franquista na Espanha; o eleitorado dos Estados Unidos tendia para os democratas no próximo pleito. Henfil comemorou a Revolução dos Cravos em Nova York, ao lado de Iza Guerra.

— Vou botar um cravo na lapela pra todo mundo pensar que sou português — disse ele.

Henfil não acreditava na promessa do general Geisel de superar o regime de exceção com a "distensão". Considerava que a pressão pela democracia aumentaria com a vitória eleitoral obtida pelo MDB no pleito de 1974, e isso o motivava a retomar o vínculo direto com a realidade brasileira.

De janeiro a julho de 1975, Henfil armou o esquema do regresso. O editor-chefe do *Jornal do Brasil*, Walter Fontoura, propôs-lhe retornar ao Caderno B com Zeferino, Graúna e Bode Orelana. A negociação foi rápida, e, por 1.200 dólares mensais, estrearia em agosto. A pedido de Fortuna, então editor de *O Bicho,* fez um relato de vinte laudas sobre os bastidores de sua experiência no UPS. Publicado no número 3 da revista, causou intensa repercussão nos meios jornalísticos e culturais.

As pernas bambeavam na antevisão de julho, quando terminaria o contrato do aluguel do apartamento e poderia marcar os bilhetes aéreos. "O sonho americano acabou de alto a baixo", escreveu a Tárik em 7/3/1975. "Meus planos são só de fazer comida e convidar os amigos. Me desencastelar, gozar o quentim que é viver no Brasil. [...] Evidente que sei bem o clima, as pessoas, a repressão, a sacanagem. Mas a sacanagem que aqui campeia não campeia como aí. Já viu alguma vez um computador cínico? Estou vivendo entre 220 milhões deles."

Lucas Mendes e Paulo Francis apontaram outra razão para a desilusão de Henfil com os Estados Unidos: jamais teria entendido o modo de vida americano. Lucas mencionou o fato de Henfil utilizar parâmetros brasileiros para avaliar as contradições da sociedade americana: "Ele queria aplicar nos Estados Unidos a equação política brasileira que estava na cabeça dele. O raciocínio sobre o processo americano funcionava um pouco à base de clichês, opondo ricos e pobres, exploradores e explorados, discriminadores e discriminados. Embora isso exista na América, nem sempre os papéis se ajustam à equação. Ele não conseguia enxergar diferente."

Seja como for, Henfil reconheceu que se deixou iludir pela miragem dos Estados Unidos como uma terra de liberdade total. Na última correspondência a José Eduardo Barbosa, fechou o ciclo com uma autocrítica severa:

"Não tente me reanimar, Zé. Vim para os EUA determinadamente enganado e burro. Numa ingenuidade safada. E as decepções que acumulo são as das minhas expectativas infantis".

De volta ao cheiro da terra

No início de julho de 1975, Henfil e Berenice regressaram ao Brasil. Sentir o cheiro de terra molhada da chuva: eis o desejo que ele expressou na chegada, como se precisasse retornar ao útero da Minas Gerais do interior. O lugar que escolheu para morar, num enclave da zona sul carioca, evidencia isso cristalinamente. Alugou o apartamento 102 na rua Nascimento Silva, 390, em Ipanema, um local tranquilo, arborizado, com trânsito reduzido e aparência de província.

Na turbulência do *Pasquim,* não se lixara para a República de Ipanema? Sim, mas perceba a sutileza: não era para a Ipanema das badalações e dos modismos que ele se transferia — e sim para um oásis, com gabarito ainda baixo, a quarteirões dos *points* do bairro e da especulação imobiliária.

De barba e cabelo mais compridos, promoveu sessões de gargalhadas com histórias, reais ou fictícias, sobre suas trombadas com o *american way of life.* Nem parecia o cidadão recluso do derradeiro ano em Nova York. Ele e Berenice saíam toda noite com os amigos Leila e Luiz Valente, para jantar ou ir ao cinema, a shows e até às revistas eróticas de Brigitte Blair, no Teatro Miguel Lemos, em Copacabana. Aos domingos, a porção família falava mais alto, e era de lei Henfil almoçar fora com Dona Maria, ainda residindo no Rio.

Henfil voltou a conviver com o filho Ivan, que, aos 6, 7 anos, não cessava de reclamar a sua presença. Quando o pai vivia em Nova York, apenas se correspondiam ou esporadicamente se falavam ao telefone. No regresso da América, as visitas de Henfil punham Ivan de plantão no corredor do prédio, à espreita do elevador. A adrenalina disparava quando o ponteiro subia e o pai barbudo despontava, terno e brincalhão. Naturalmente, Ivan acreditava que, morando na mesma cidade, pudesse estar mais com o pai. Não foi bem assim. Com Henfil ocupado, os encontros passaram a ser inconstantes e esparsos, para frustração de Ivan: "Depois que voltou, meu pai me via pouco e acabei ficando chateado. Mas, quando estávamos juntos, eu me derretia todo, porque queria curtir os momentos com ele. Minha mãe recomendava: 'Por que você não fala para ele que sente falta, que gostaria de vê-lo sempre?' Eu era inseguro e pensava: ele já me vê pouco. Se eu der bronca, ele vai aparecer menos ainda."

* * *

De volta ao Caderno B do *Jornal do Brasil,* Henfil mereceu meia página de entrevista com foto na edição de 14 de setembro de 1975. Ele reintroduziu Zeferino, Graúna e Bode Orelana. Esticava a fita métrica para avaliar se a "distensão" dos generais Geisel e Golbery do Couto e Silva (ministro-chefe da Casa Civil e estrategista do governo) era para valer.

Henfil prosseguia em *O Dia* e colaborava esporadicamente com o *Jornal da Música* e com o semanário *Opinião.* Ivan Chagas Freitas propôs que se revezasse entre o cartum esportivo de *O Dia* e uma série voltada para atualidades em *A Notícia,* outro jornal popular de propriedade de sua família. Ele idealizou o Orelhão, sobre o dia a dia dos trabalhadores, representados por um operário de capacete e macacão. As tiras emplacaram, e por um bom período ele desenhou apenas para *A Notícia.* Reclamava do aumento do custo de vida, das filas nos hospitais públicos, da exploração da mão de obra e dos impostos extorsivos.

O projeto mais ambicioso foi o relançamento da revista *Fradim*, em março de 1976, pela Codecri. Com tiragem de 40 mil exemplares, 52 páginas e anúncios de meia página em alguns jornais, o número 7 apresentava formato horizontalizado (18cm x 27cm). A sugestão partira do crítico Moacy Cirne, que indicara como ideal para a fluência narrativa o padrão das tiras de Zeferino no *Jornal do Brasil*. Tal como na primeira fase, o público respondeu instantaneamente. A média de vendas em bancas oscilou entre 27 mil e 30 mil exemplares por mês.

Henfil viera disposto a dividir as 52 páginas em dois blocos: um com os Fradinhos e outro com Zeferino. Mas acabaria prevalecendo o mundo da caatinga — muito mais propício à interpelação social. Zeferino, Graúna e Orelana abocanharam dois terços da revista. A seleção temática incluía a corrupção eleitoral, o turismo predatório no Nordeste, a prostituição, a energia nuclear, a crueldade dos tratamentos psiquiátricos e a disseminação dos costumes do Sul-maravilha pela televisão.

* * *

Com um mês de Brasil, Henfil desapontou-se com a "distensão" de Geisel. No início de setembro de 1975, seu cunhado Gildásio Cosenza foi sequestrado e preso por agentes do DOI-Codi do I Exército. Dias depois, transferido para o DOI-Codi de São Paulo, sofreu os piores castigos físicos e psicológicos. A família ficou alarmada com seu sumiço e recorreu ao general Rodrigo Octávio Jordão Ramos, ministro do Superior Tribunal Militar, e a Henfil. O cartunista só conseguiu localizar o cunhado graças à solidariedade do economista Ronaldo Costa Couto, seu amigo dos tempos da Faculdade de Ciências Econômicas em Belo Horizonte, que exercia o cargo de secretário de Planejamento do estado do Rio de Janeiro, no governo do almirante Faria Lima, e apoiava a abertura política.

Diante do apelo de Henfil, Ronaldo intercedeu junto a Faria Lima e, horas depois, o secretário de Segurança, general Oswaldo Ignácio Domingues, informou que Gildásio estava no DOI-Codi do II Exército, em São Paulo. Ronaldo imediatamente ligou para avisar Henfil de que ele continuava vivo.

Os presos que sobreviviam às câmaras de tortura nos porões do DOI-Codi chegavam ao DOPS em frangalhos. Dos 74 quilos que Gildásio pesava ao ser detido, restavam menos de 50.

Henfil providenciou advogado para Gildásio e o visitou na carceragem improvisada na delegacia do Cambuci e, depois, no presídio do Hipódromo. Libertado em março de 1978, Gildásio aceitou testemunhar no processo movido pela família do jornalista Vladimir Herzog contra a União. Herzog, membro do PCB, fora torturado e morto em 25 de outubro de 1975, no DOI-Codi do II Exército, em São Paulo, embora a versão oficial — desmascarada depois por perícia — tenha sido a de "suicídio por enforcamento". Gildásio viu Herzog no dia em que o espancaram até a morte. A União foi responsabilizada judicialmente também pelo assassinato do operário Manoel Fiel Filho, ocorrido em janeiro de 1976 no DOI-Codi — estopim na queda de braço entre Geisel e a linha-dura. Com a exoneração do comandante do II Exército, general Ednardo D'Ávila Mello, Geisel golpeou a extrema-direita e sinalizou o provável prosseguimento da "distensão".

Estranha distensão, diga-se de passagem. Abrandou a censura à imprensa e censurou livros; cassou mandatos de seis parlamentares do MDB e perseguiu, quando não torturou até a morte, militantes de organizações de esquerda. Mil intelectuais e artistas, entre eles Henfil, assinaram manifesto contra a censura e em defesa da liberdade de expressão. O ministro da Justiça, Armando Falcão, negou-se a recebê-lo. Ao todo, 292 letras de músicas (44 só do compositor Taiguara) e mais de quatrocentas peças teatrais estavam vetadas pela Polícia Federal.

Episódios como o do cunhado Gildásio reforçavam o pé-atrás de Henfil quanto à alardeada liberalização do regime. A incerteza se agravava com a crise econômica (inflação em alta e dívida externa beirando os 50 bilhões de dólares) e o crescimento da oposição no pleito municipal de 1976 (apesar das limitações à propaganda eleitoral impostas pelo então ministro da Justiça Armando Falcão a partir da lei batizada com o seu sobrenome).

No entorno das desconfianças sobre os propósitos do Palácio do Planalto, Henfil criou, em parceria com Tárik de Souza, um de seus tipos inesquecíveis: Ubaldo, o Paranoico. Em fins de outubro de 1975, o clima era de apreensão com as sucessivas quedas de "aparelhos" e prisões de militantes de esquerda, quase sempre nos fins de semana. Henfil e Tárik constantemente passavam fins de semana em Arraial do Cabo — e não só para descansar. "Geralmente algum presságio nos avisava que alguma coisa de tenebrosa podia acontecer, e caíamos fora antes", relembrou Tárik.

Numa sexta-feira à noite, Tárik soube que um amigo poderia ser detido a qualquer momento, pois se mencionara seu nome num interrogatório sob tortura. Antes de seguir para Arraial com Henfil, passou em Laranjeiras para aconselhá-lo a sumir do mapa antes que fosse sumido. Já na estrada, Tárik — que adorava histórias em quadrinhos — propôs que criassem um personagem juntos, inspirado na paranoia gerada pela repressão.

Da conversa surgiu, de corpo inteiro, Ubaldo, o Paranoico, nome dado por Tárik (ele até hoje não sabe por quê). Ubaldo refletia os medos de tudo e de todos que habitavam o inconsciente coletivo, sobretudo das cabeças progressistas. Henfil rascunhou a fisionomia apavorada de Ubaldo, misturando características de Tárik — a barba e o cabelo comprido — e dele próprio — o hábito de andar de sandálias de couro, para não apertar os dedos dos pés. Fizeram juntos as cinco primeiras tiras, Tárik redigindo o texto e Henfil desenhando.

Na segunda-feira de manhã, ao retornarem ao Rio, pararam numa banca para comprar jornal e, aterrorizados, leram a notícia sobre "o suicídio" de Vladimir Herzog nos porões do II Exército, dois dias antes. A paranoia de Ubaldo encontrara seu fundamento real.

Ubaldo, o Paranoico, foi lançado no *Pasquim* em abril de 1976. Com ele, pretendia chamar a atenção dos leitores para não capitularem frente aos medos excessivos incutidos pelo terror. Dois exemplos: 1) Ubaldo cochicha o nome de um livro, mas o vendedor não o escuta. Escreve então o título no papel. O vendedor lê em voz alta: "Ah! Quer *O capital* (livro de Karl Marx). Ubaldo disfarça imediatamente: "Da Bahia? Salvador. Do Maranhão? São Luís. Pará? Belém..." 2) Ubaldo enfia o dedo na tomada várias vezes. E se rejubila: "Rapaz! Já estou conseguindo suportar três minutos de choque!!!"

* * *

Os problemas de saúde de Henfil ressurgiram, em proporção menor do que nos Estados Unidos, mas o bastante para períodos de quarentena e tratamento das complicações da hemofilia. Profissionalmente, estava bem, com uma renda mensal em torno de 4.500 mil dólares (1.300 do *JB*, 1.100 em *O Dia*, pelo menos 2 mil na revista *Fradim* e 300 no *Pasquim*). Nenhuma novidade no fato de ganhar bem e gastar muito ajudando famílias e causas políticas.

A estabilidade financeira e a calmaria da rua Nascimento Silva não impediram que, 11 meses depois de desembarcar no Aeroporto do Galeão, ele falasse cobras e lagartos do Rio de Janeiro: "Ô cidadezinha suja, ô povo feinho, os ônibus todos caindo, os táxis caindo, nada funcionando, os congestionamentos, ninguém sabendo dirigir automóvel direito, esgotos estourados, falta d'água..."

Na busca do refúgio idílico, quis inovar com uma pesquisa sobre o melhor lugar para se viver no Brasil. Parece lenda, mas não é. No dia seguinte, Henfil viu numa banca a chamada de capa da revista

Manchete sobre a capital do Rio Grande do Norte. Seus olhos estacionaram na página dupla com uma foto panorâmica de Natal. Paixão à primeira vista por aquela ponta de terra exatamente onde o Brasil faz uma curva à esquerda, distanciando-se da África e da Europa.

A cidade perfeita: 300 mil habitantes, casas baixas, sem arranha-céus, estrutura industrial pequena, sol o ano inteiro, sossego para trabalhar, linhas aéreas regulares para o Sul, junto ao mar verde. E a menos de 200 quilômetros da caatinga, o Nordeste de onde provinha a seiva de Zeferino, Graúna e Bode Orelana, e no qual suas sandálias franciscanas jamais haviam pisado.

Henfil chegou entusiasmado em casa, chamou Berenice e esparramou a revista na mesa. Apontou, na foto de Natal, o local onde gostaria de morar: a Ponta do Morcego, entre as praias dos Artistas e de Areia Preta. O cigano que existia dentro dele atacava de novo, como se tentasse encurtar a incompletude humana com deslocamentos sucessivos.

Tropelias no paraíso

Henfil e Berenice foram morar exatamente na Ponta do Morcego, na avenida Presidente Café Filho, 33, ao pé da Ladeira do Sol. A casa ficava, na esquina com a rua Dr. José Augusto: avarandada, muros baixos, cômodos grandes. Quando acabaram de arrumar os armários, depararam-se com uma cidade sem pressa de consumir o relógio. "Descobri um lugar em que o dia tem 24 horas, e não seis como no Rio ou São Paulo", ele comentou em depoimento à *Tribuna do Norte*. "Aqui não aconteceu o que se vê por aí: o *boom*, a explosão do progresso." O comércio fechava às 11h para o almoço. As pessoas tiravam a sesta de pijamas e camisolas. Às cinco da tarde, as ruas do centro minguavam de gente, fim do expediente. Como o sinal da Rede Globo ainda não havia chegado, o jantar era seguido do ritual típico do interior: as famílias colocavam cadeiras na calçada para uma prosa em espiral.

A mudança de ares fez bem a Henfil. Acordava depois das 9h, lia jornais do Rio e São Paulo e confinava-se na prancheta. Nos cartuns para o *Pasquim,* despachava ironias venenosas. Como esta: "O general Geisel defende a soberania nacional. 'A única interferência que admitimos nos nossos assuntos internos é a da Esso, Texaco, ITT, IBM, Chevrolet, Ford, Coca-Cola, Pepsi, City Bank, CBS, RCA, Phillips, Marlboro, Gessy-Lever, Roche, Globo, Seleções, Rhodia...'"

Trabalhava de manhã e à tarde, ia pouco à praia, passava as noites em companhia dos amigos ou na rede, lendo e ouvindo música.

Se o convidassem, dizia presente em almoços, fins de semana em fazendas ou casas de praia. "Me deu vontade de viver", escreveu ao cartunista Claudius Ceccon, exilado na Suíça. "O sol não é amarelo como no Sul-maravilha. É branco como antigamente. Aqui é um lugar que ainda não está controlado pela tevê. Poucos edifícios, e muito nordestino, que foi o povo brasileiro que sobrou no Brasil."

Meses depois, cansado da música estrondosa da boate de um clube vizinho e do assédio turístico (a pergunta o irritava: "É ali que mora o Henfil?"), trocou a Ponta do Morcego por uma casa menor na avenida Amintas Barros, 2.031, em Lagoa Nova. A rua, de terra batida, devolvia a privacidade perdida, com um senão: Henfil não calculou com precisão a distância para o cemitério, a menos de dois quarteirões.

Uma década antes de acontecer o *boom* turístico que alteraria a fisionomia urbana de Natal, Henfil já se inquietava com a perspectiva de a especulação imobiliária e a ocupação desordenada afetarem as belezas naturais. Por mais imprevisto que pareça, Henfil tornou-se amigo do peito do engenheiro Fernando Bezerra, que presidia o Sindicato da Indústria da Construção Civil. Ex-dirigente estudantil, Fernando foi o primeiro empresário de Natal a defender publicamente a extinção do AI-5 e a redemocratização do país, filiando-se ao MDB nos anos 1970.

O primeiro domingo de Henfil em Natal jamais foi esquecido por Fernando Bezerra e sua esposa Cândida, a Candinha. O jornalista Woden Madruga, colunista da *Tribuna do Norte*, de quem logo se tornara amigo, prometeu levá-lo à ampla casa dos Bezerra em Morro Branco. Leitora assídua das tiras de Henfil no *Jornal do Brasil*, Candinha contou os minutos para o momento de glória: ver o ídolo em carne e osso. "Henfil era extremamente despojado e simples. Ou gostava ou não gostava de alguém, sem meio-termo. Se você caísse nas graças dele, se desmanchava, se abria. Caso contrário, isolava--se", resumiu Candinha.

Numa manhã, ela caiu na asneira de contar que fora com Fernando, na noite anterior, a uma festa *black-tie*. Henfil mirou, na cama do casal, um vestido comprido, tipo túnica.

— Você foi com este vestido? — indagou, mal-intencionado.

Ao ouvir o sim, pediu licença para experimentá-lo. Candinha teve um ataque de riso ao vê-lo, um minuto depois, trajado a caráter.

— Ah, é? Então vou buscar os brincos — ela provocou.

Com trejeitos e suspiros de uma *drag queen*, Henfil posou para a máquina fotográfica de Candinha. Encerrada a sessão de fotos, exclamou:

— Ai, estou morta!

Para relaxar, nada como a praia de Muriú, onde os Bezerra tinham uma casa e reuniam o grupo composto por Henfil, Berenice, os irmãos Nélio e Nei Dias, o médico José Carlos (Zeca) Passos, o casal Robério e Margarida Seabra de Moura (ele médico, ela irmã de Candinha) e Woden Madruga. Muriú era um lugar lindíssimo, sem estrada asfaltada ou água encanada. Raros vizinhos. Praia virgem, com dunas que o turismo ainda não invadira. Henfil amou andar de bugre na areia. E se aventurou a pescar. E a roda de samba? O ritmista Henfil, invariavelmente de boné, *short* e sem camisa, acariciava o tambor travestido de bongô. Entre um e outro peixe frito, arriscava um comedido trago de cachaça. A boca disparava a cantar, os dedos doíam no couro e as histórias mais inverossímeis da face da terra eram disputadas por uma plateia calibrada pelo álcool e arfante de tanto rir.

Henfil fez o que pôde para influenciar politicamente os amigos empresários, ora com sutilezas, ora de peito aberto. Investiu uma tarde de domingo para demonstrar-lhes a conveniência de uma transição para o socialismo no Brasil. "Não pense que citava teorias marxistas ou coisa que o valha. Sempre arranjava um jeito de pôr humor na conversa", disse Fernando.

Ao grupo de Muriú, Henfil proporcionou momentos de inesquecível solidariedade. Convalescendo de uma delicada cirurgia na coluna cervical, Nélio Dias passou dois meses acamado, com paralisia na perna direita. Quatro ou cinco vezes por semana, Henfil o visitava. À beira da cama, acariciava a perna de Nélio e o encorajava a aguardar a recuperação dos movimentos, o que afinal aconteceu.

Margarida de Moura dedicava-se a um tratamento para engravidar. Ao notar a ansiedade, Henfil convenceu-a a lidar com o problema de forma amena. Foi um antes e depois para Margarida: "Realmente, eu estava quase enlouquecendo de tanta angústia porque não engravidava. Henfil veio e me deu um clique afetuoso. Compreendi então que a dificuldade estava na minha cabeça. Engravidei pouco tempo depois." No dia em que Frederico nasceu, Henfil presenteou-a com um desenho colado na parede junto ao berço. Graúna estourava um ovo e, de dentro, saía uma Grauninha. Mais: pegou o bebê no colo, sentou-se no sofá, abriu a camisa e, como se fosse uma mãe dando o seio ao filho, aproximou o menino para "mamar" no seu peito. Alisava a pelugem e dizia para Frederico:

— Vagabundo!

Faltava ser cumprido o roteiro da caatinga nordestina. O percurso começou pela fazenda Redenção, que Zeca Passos e Nélio Dias tinham em sociedade em Taipu, a 54 quilômetros de Natal. Henfil não escondia a avidez. Na viagem de carro, relembrou o distante e próximo norte de Minas, sol ardente, vegetação rasteira e seca.

Na véspera da semana santa de 1977, Fernando Bezerra acordou com o telefonema de Henfil intimando-o a acompanhá-lo à encenação da Paixão de Cristo, em Nova Jerusalém, Pernambuco, e de lá até a Feira de Caruaru. Fernando relutou, mas os dois casais acabaram assistindo ao grandioso espetáculo bíblico ao ar livre. Em Caruaru, Henfil futucou barraca por barraca, comprou peças de artesanato e pechinchou dois pares de sandálias de couro trançado (as quais usou até o couro despedaçar-se).

Finalmente, Henfil foi a uma vaquejada, o esporte predileto dos vaqueiros nordestinos. Montados a cavalo, tentam derrubar o boi na corrida, puxando-o pelo rabo. "E lá fui eu para Nova Cruz doido para viver o que o meu Zeferino vivia", relatou no número 18 da *Fradim*. Gostou da experiência, mas se inquietou ao constatar a tradição cedendo terreno à suposta modernidade: "Não vi vaqueiro nenhum vestido com aquelas roupas de couro e aqueles chapéus de Lampião. Tavam de calça Lee, camisetas com o logotipo da firma que os patrocinava. Os únicos que usavam o tal chapéu de couro eram os filhos dos fazendeiros que moram na cidade e gostam de se fantasiar de vaqueiro. E depois tinha forró. Forró com guitarra. Na base do Morris Albert. Discotec-sound."

A saga pelo interior nordestino, com suas mazelas e carências, não passou em brancas nuvens. Henfil declarou à *Veja* (27/10/1976) que o testemunho da pobreza e da miséria no sertão provocou mudanças em seus desenhos. "Zeferino, por exemplo, emagreceu, atacado de subnutrição e verminose."

O ESCRIBA DE MAO

Henfil aceitou no ato o convite do diretor de redação da *IstoÉ*, Mino Carta, para assumir a última página. A revista surgira em 1976 como alternativa à *Veja*. O principal compromisso político-editorial era mover oposição ao regime militar. No início de 1977, quando a *IstoÉ* passou de mensal a semanal, decidiu-se ocupar a última página com humor. O estilo contestador de Henfil, de acordo com Mino, afinava-se com o espírito crítico da equipe que produzia a revista.

Como preencher esse espaço privilegiado? Woden Madruga sugeriu que voltasse a escrever cartas para a mãe. Henfil não duvidou, inclusive porque estava com saudades mesmo de Dona Maria, ainda morando no Rio de Janeiro. Ele utilizou estoques de fotos da mãe para ilustrar as cartas, desde as recolhidas nos álbuns de família até os rolos de filmes batidos por encomenda.

Havia uma estratégia política por trás da inclusão da mãe nos escritos. Henfil se cobria com o manto de respeito proporcionado pelo inofensivo retrato de uma senhora idosa e pelo tom matreiro das conversações que fingia ter com ela. "É como se eu estivesse escondido debaixo da saia da mãe. Tinham que passar por cima dela pra me pegar. Ela era a proteção, o escudo que eu usava para não levar paulada. Como as mães da praça de Maio, na Argentina, que saíam às ruas pedindo que fosse revelado o paradeiro de seus filhos. Mãe é uma das poucas instituições respeitadas na América Latina", disse Henfil a *O Globo* (14/5/1984).

Com as cartas, poderia romper o silêncio sobre temas que permaneciam à sombra da ditadura. Era também uma maneira de pôr à prova a "distensão" do general Geisel. "Uma coisa é você insinuar ou mesmo dizer através do traço. Outra é escrever, botar a coisa em palavras e assinar embaixo. Tive a sensação de que quebraria o medo, algo que o Ubaldo, o Paranoico, jamais faria", ele avaliaria mais tarde.

Na estreia (9/3/1977), a carta à mãe ocupava a coluna direita da página. O texto saiu, mineiramente, cheio de dedos, mas já começava incomodando ao elogiar o empresário Severo Gomes, que deixara o Ministério da Indústria e Comércio após defender o retorno do país ao estado de direito democrático.

Dona Maria escreveu-lhe apreensiva, em 6 de abril de 1977: "Henriquinho, você é louco? Cuidado, meu filho, com as cartas da *IstoÉ*. Estão engraçadas, mas podem não ser compreendidas." Henfil tranquilizou-a: "Precisa preocupar comigo, não, mãe. Vou ficar bonzinho. Só vou criticar a seleção."

Só criticar a seleção?! Até parece. A cada número da revista era radicalmente ousado o que se lia. Henfil não poupou a política econômica que concentrava renda e riqueza nas mãos das elites, agravando a desigualdade social e a pobreza.

Sem temer represálias, elevou a última página de *IstoÉ* à condição de leitura obrigatória para os atores envolvidos direta ou indiretamente com o processo político — sejam os do lado governamental, sejam os do lado oposicionista. O sucesso projetou-o como farol da revista, conforme Mino Carta: "Não havia ninguém no Brasil com a capacidade de Henfil de fazer uma coisa tão engraçada e tão dolorosa para os donos do poder. Era efetivamente um mestre da sátira política. A página dele foi de uma oportunidade política incrível, contribuindo para fixar a *IstoÉ,* na fase combativa que vai de 1977 a 1980, como alternativa real à *Veja.*"

Durante os sete anos de colaboração na revista, Henfil rastreou o imaginário político brasileiro sob a ditadura militar. Por exemplo, denunciou as medidas coercitivas de Geisel para tentar conter a sangria de votos da Arena nas áreas metropolitanas, consubstanciadas no famigerado "pacote de abril" de 1977. Um terço do Senado seria preenchido por senadores biônicos (escolhidos pelo Planalto em conluio com a direção arenista), o que assegurava, previamente, à base de sustentação parlamentar um fôlego extra para encarar a maratona eleitoral de 1978. Aliás, sobre os "senadores de proveta", Henfil fez piadas memoráveis no *Pasquim*, como esta: "Continuam diretos o voto de louvor, o voto de boas-festas e o voto de castidade!"

Henfil esmiuçou as tramas que nortearam a transição para a volta dos civis ao poder. O fim do AI-5 e da censura prévia à imprensa; a campanha pela anistia; a emoção com a volta dos exilados; as greves operárias; a reorganização partidária; os atentados terroristas da direita inconformada com a "distensão"; o restabelecimento de eleições diretas para governadores; a agonia do regime militar; a empolgante campanha das Diretas Já para presidente da República; a derrota posterior da causa na votação do Congresso etc.

Ele reservou ao Dia das Mães uma de suas criações mais sensíveis na *IstoÉ*. Colocou seis retratinhos de Dona Maria sorrindo; ao lado de cada um deles, alusões às barbaridades cometidas pelas ditaduras militares latino-americanas contra seus opositores. "Mãe argentina: 30.000 filhos desaparecidos (entre eles 400 crianças). Mãe guatemalteca: 50.000 filhos desaparecidos. Mãe salvadorenha: 5.000 filhos desaparecidos. Mãe chilena: 2.500 filhos desaparecidos. Mãe brasileira: 144 filhos desaparecidos. Mãe latino-americana: 90.000 filhos desaparecidos." O desfecho no pé da página era emocionante: "Achei liquidificadores, achei batedeiras de bolo, brincos e colares, televisores em cores e mesmo flores. Mas em nenhuma loja ou magazine encontrei um só filho seu para dizer: presente!" Na semana do Natal de 1977, lembrou a frustração familiar por sua mãe estar privada da presença de Betinho: "A senhora sempre disse que Natal só é bom com a família reunida, que é muito triste ficar contando as cadeiras vazias na ceia da meia-noite-feliz. Pois parece que, por mais um ano, na nossa mesa não poderão estar presentes o Betinho e a Maria. E, como na nossa, noutras tantas mesas de Natal pelo Brasil afora, cadeiras ficarão vazias, viúvas de vivos."

* * *

Durante 16 dias, entre julho e agosto de 1977, Henfil realizou o sonho de todo descendente político da Ação Popular: visitou a China. O país de Mao Tsé-tung (morto em setembro de 1976) fascinava os militantes egressos da velha esquerda católica como alternativa concreta ao "socialismo real" do Leste europeu — embora em Pequim as coisas tivessem descambado para os desvarios da Grande Revolução Cultural proletária, entre 1966 e 1969. Mas, em fins da década de 1970, como já veremos, a conjuntura chinesa se modificava.

Ele propôs a Mino Carta que a *IstoÉ* custeasse as passagens aéreas (dele e de Berenice); em troca, escreveria uma série de reportagens. Aprovado o projeto, Henfil recorreu à empresária de turismo Germana Travassos para preparar o roteiro e tratar dos detalhes da viagem. Ela o preveniu de que a hotelaria chinesa era de péssima qualidade. Pequim e Xangai dispunham de alguns hotéis antigos, mas, em cidades menores, havia apenas hospedarias, geralmente ocupando velhos quartéis abandonados pelos russos. Ciente de tais carências, Henfil manteve-se firme. Queria verificar sem intermediários as mudanças que lá se processavam. Dizia acreditar não na revolução comunista da China, mas sim na "revolução chinesa do comunismo".

Reatadas as relações diplomáticas com o Brasil, a embaixada chinesa concedeu sem problemas os vistos de entrada para Henfil e Berenice. A inclusão de Xangai, por exemplo, relacionava-se ao fato de sediar, na periferia, uma próspera comuna agrícola. E mais: sendo Xangai o berço do PC chinês, ali fundado em 1921, ele queria conhecer a casa de tijolos vermelhos onde 13 delegados, tomando chá de jasmim, conduziram o primeiro congresso comunista.

Quando Henfil e Berenice chegaram a Pequim, aguardava-os o jornalista brasileiro Jayme Martins, há 14 anos trabalhando na Rádio Pequim e correspondente de *O Estado de S.Paulo,* acompanhado de Li, o guia-intérprete designado pelo Ministério das Relações Exteriores. Do aeroporto, Henfil e Berenice seguiram, em carro oficial com chofer, para o Hotel Pequim, prédio de 15 andares na Avenida da Paz Celestial. No percurso, Henfil arregalou os olhos para casebres enfileirados, a poucos quilômetros do centro. Favelas na China? Li esclareceu que eram apenas abrigos construídos durante o último terremoto.

Horas após ter se acomodado no hotel, Henfil descartou a programação para estrangeiros apresentada pelo guia. Pediu a Li que traduzisse cada item do roteiro e, sem a menor timidez, riscou as atrações turísticas e as substituiu por alguns programas sugeridos por Jayme. Como visitar a Comuna Popular Rural de Tachai, tida como exemplo da determinação chinesa: à custa de grande esforço, transformou-se em terra cem por cento fértil uma grande área rochosa em permanente erosão.

Antes de se deslocar a Tachai, Henfil tremeu dos pés à cabeça com o que viu nas avenidas de Pequim. Portando faixas e cartazes, milhares de pessoas saíam em passeata exigindo a expulsão do país do Bando dos Quatro, formado por Chiang Ching, viúva de Mao, e Chang Chun-qiao, Wang Hung-wen e Yao Wen-yuan, todos em prisão domiciliar.[9]

---

[9] Para se entender o que ocorria, é preciso recuar um ano, quando a morte de Mao desencadeou uma tenaz luta pelo poder no Partido Comunista, entre as alas radical e moderada. O novo homem forte, o centrista Hua Kuo-feng, com apoio da velha guarda que controlava a máquina partidária e de importantes setores do Exército, assumiu o comando em um momento conturbado, com greves em fábricas e assaltos à mão armada — ocorrências inimagináveis há até pouco tempo. Com a vitória de Hua e dos moderados, houve um expurgo da cúpula radical no Comitê Central. A Camarilha dos Quatro, representando uma tendência hegemônica desde a Revolução Cultural, caiu em desgraça.

Henfil esteve na China semanas antes de se realizar o XI Congresso do PC, o primeiro após a morte de Mao, no qual o Comitê Central reabilitou Deng Xiao-ping, escolhido vice-primeiro-ministro. Responsabilizado pela linha-dura por "distúrbios contrarrevolucionários" meses antes da morte de Mao, Deng (secretário-geral do PC desde 1956) amargara trabalhos forçados no campo. Criou porcos na ilustre companhia de Liu Shao-qi, ex-presidente da República deposto na fase da Revolução Cultural. No novo governo, Deng se tornaria a eminência parda, com carta branca para implementar as reformas que conduziriam a China à condição de potência mundial.

Naquele verão de 1977, Deng ultimava o pacote de medidas que abririam a economia chinesa a intercâmbios com o Ocidente. Para incrementar o desenvolvimentismo, admitia importar tecnologia em troca de matérias-primas chinesas e atrair investidores estrangeiros. "Não importa a cor do gato, o importante é que ele cace ratos" — era a sua frase favorita para fundamentar uma política que, abandonando postulados marxistas clássicos, admitia parcerias com o capitalismo internacional. O controle político, entretanto, continuaria a ser exercido ferreamente pelo PC, escorado nas Forças Armadas.

Henfil elogiou a inexistência de inflação, de imposto de renda, de aluguel e de feriados. Adorou ver adultos, crianças e idosos vestidos e calçados com simplicidade: "Não vi um grã-fino sequer." Admirou a obstinação das brigadas agrícolas no combate às terras improdutivas e às pragas.

Mas descontentou-se com o avassalador culto à personalidade dos líderes nos meios de comunicação: "O gasto com a propaganda não se justifica diante de outras prioridades." Ele quase enlouqueceu, com perguntas embaraçosas, os três jornalistas chineses que entrevistou (ajudado, obviamente, pelo intérprete). Questionou-os sobre assuntos espinhosos. Por que a imprensa não apura a veracidade dos informes do governo? Por que não há jornais com diferentes linhas de pensamento? Por que a passividade diante dos descalabros cometidos pelo

Bando dos Quatro, anos a fio? Não seria uma temeridade inculcar palavras de ordem nas crianças?

Os jornalistas safaram-se como puderam, em geral recorrendo a chavões da retórica partidária.

Henfil considerou sem criatividade os quadros expostos na Exposição Comemorativa do 50º Aniversário do Exército de Libertação. A arte chinesa ainda permanecia sob influência do realismo socialista, endeusando os feitos revolucionários, os proletários e o camarada Mao. Conversou com cartunistas chineses, alguns dos quais talentosos, mas todos funcionários da imprensa estatal. Indócil diante das respostas cautelosas e padronizadas, Henfil fustigou:

— Na minha opinião, o cartunista não pode trabalhar a serviço do Estado. Devemos ser eternas ovelhas negras.

Ele cumpriu a última etapa da viagem — Hong Kong — ansioso para retornar à civilização ocidental e cristã, "corrupta mas gostosa (principalmente para os que estão no topo da pirâmide)". Em Hong Kong, anteviu a volta: trombadinhas, camelôs, contrabandistas, velhos desdentados, crianças sujas e doentes pelas ruas, letreiros de Coca-Cola, Seven Up e Pepsi por toda parte. De lá, voou para três dias em Paris e, afinal, Rio de Janeiro.

Com algumas ressalvas, a China parecia-lhe anunciar a alvorada socialista. O modelo soviético desandara, e a experiência cubana, embora heroica, dependia economicamente de Moscou. Àquela altura, ninguém previa que o modelo chinês evoluísse da forma que evoluiu para uma economia competitiva, imbricada com o capitalismo, sob a tutela de um regime autoritário.

O punhado de anotações feitas por Henfil durante a viagem obrigaria a *IstoÉ* a publicar a reportagem em fascículos semanais, o que estava fora dos planos da revista. Mino Carta liberou a série para o *Pasquim*. Estimulado por Woden Madruga, Henfil organizou as anotações em Natal, mas custou a finalizar o trabalho. Só em novembro de 1979 o *Pasquim* iniciou a publicação, que se estendeu por 26 números consecutivos, num total de mais de quinhentas laudas, revistas por Woden. O último capítulo saiu em maio de 1980, dois meses antes de a Codecri lançar o livro *Henfil na China,* com a compilação dos textos.

* * *

A China era azul; e Natal?

No *réveillon* de 1978, as mil e uma noites de fervor pela cidade onde se tirava a sesta de pijama e camisola perderam o véu do encantamento. "Ele se cansava dos lugares de forma fulminante. Sobravam uns restinhos aos quais ele se apegava; depois achava que não valia mais a pena. De repente, dava uma ânsia de coisa nova", disse Berenice.

Numa sucessão de entrevistas, ele repetiu as razões para o desalento com o Nordeste. A cultura nordestina estava sendo engolfada pelos modismos importados. A pobreza crônica o perturbava a ponto de afetar a sua inspiração. E a chegada do sinal da TV Globo a Natal, ainda que com chuviscos nas imagens, afetou os padrões de sociabilidade tradicionais: "As pessoas largaram as cadeiras nas calçadas e correram para dentro de casa. Uma desgraça: só queriam saber de ver o *Fantástico, Os Trapalhões, O Planeta dos Homens* e as malditas novelas. Até as gírias mudaram. O 'ichi maria hôme, pelamor de Deus' foi substituído por 'o macaco tá certo!'."

O giro de 180 graus que Henfil se programava para dar, abandonando o paraíso à beira-mar para aspirar novamente o pó do concreto, traduzia algo mais do que a decepção com a "sulmaravilharização" (o termo é dele) do Nordeste. Com infalível intuição, ele notou, no limiar de 1978, que o país começava a ensaiar mudanças. Entidades como a Associação Brasileira de Imprensa, a Ordem dos Advogados do Brasil e a Conferência Nacional dos Bispos do Brasil, articuladas com o MDB, exigiam a redemocratização do país, com a revogação do AI-5 e da Lei de Segurança Nacional, o restabelecimento do *habeas corpus*, uma Assembleia Nacional Constituinte e a anistia a banidos, exilados, cassados e presos políticos. O movimento estudantil se reestruturava, a despeito das restrições em vigor. Sob a liderança de Luiz Inácio Lula da Silva, os metalúrgicos do ABC paulista realizavam as primeiras greves operárias desde 1968, contra o longo período de arrocho salarial.

Na carta datada de 10/3/1978, em tom encorajador, Henfil chamava a atenção de Betinho para as formas de organização popular que surgiam no âmbito da Igreja, pela ação das Pastorais Operárias e da Juventude; relatava que até na televisão se notavam certas aberturas ("Os programas humorísticos já gozam o salário mínimo..."); destacava "a grande penetração" dos jornais sindicais; e sublinhava que até setores do empresariado criticavam a política econômica da ditadura; e previa que os "114 milhões de brasileiros vão votar em massa no MDB" nas eleições de novembro daquele ano.

Henfil convenceu-se de que era hora de sentir a pulsação dos acontecimentos, e sua bússola logo apontou para São Paulo.

— É lá que as coisas estão acontecendo — repetia.

Se nada disso bastasse, metade das vendas da revista *Fradim* concentrava-se em São Paulo, onde também ficava a redação da *IstoÉ*. Dois amigos — o jornalista Humberto Pereira e o publicitário Carlito Maia — incentivaram-no a mudar-se de mala e cuia.

Sem contar o chamariz da mobilização pela anistia. No decorrer do ano, a palavra de ordem "anistia ampla geral e irrestrita" tomaria impulso com a criação, em diversas capitais, de comitês e núcleos. A obstinação pela volta de Betinho convocava-o às trincheiras.

Na carta de 3/5/1978 para Dona Maria, Henfil teve o atrevimento de sugerir a Geisel transferir o poder de governar ao povo. "Por que o senhor não relaxa e distribui este fardo desumano conosco? Somos 110 milhões, e tá todo mundo impaciente, querendo ajudar. Podemos escolher pro senhor o novo presidente, os 22 governadores, os senadores, isto a gente faz num dia! Que mais? Podemos nos organizar numa Constituinte e reformar a Constituição. Vigiaremos os burocratas incompetentes e os corruptos impertinentes."

O silêncio de Geisel e de seus porta-vozes estava nos cálculos de Henfil ao prefigurar o que denominou "diálogo com a ditadura". "O mais importante não era Geisel responder, mas a chance de dizer coisas que estavam presas na garganta. Em outras circunstâncias, eu teria sido preso e banido do país", ele declarou no programa *Canal Livre*, da TV Bandeirantes, em setembro de 1979.

Outro projeto, inserido em suas preocupações políticas, fomentou a opção febril de Henfil por São Paulo. Em dezembro de 1977, a produtora teatral Ruth Escobar propôs ao diretor Fauzi Arap roteirizar e dirigir uma peça baseada nos quadrinhos de Henfil. O humor ancorado na conjuntura política e carismático na sua aparente simplicidade oferecia, segundo Ruth, rico manancial à adaptação para o teatro.

Na companhia de Woden Madruga, Henfil discutiu as sugestões levadas a Natal por Fauzi Arap para ajustar os quadrinhos à linguagem do teatro de revista. O pressuposto era que uma peça musical com esquetes de humor poderia desviar a vigilância dos censores e escoar críticas à situação do país. Além do mais, reviveriam um gênero de forte apelo popular. Fauzi retornou a São Paulo com cópias de centenas de cartuns para dali extrair o sumo do roteiro.

O arraial de amigos e fãs de Natal quase decretou greve geral diante da decisão de Henfil de abandoná-los à própria sorte e mudar-se para São Paulo. Assim que a notícia vazou, a *Tribuna do Norte* fotografou-o sem camisa e de bermuda, recostado nos almofadões da sala da Amintas Barros, lendo as manchetes de que jornal? *O Estado de S.Paulo.* Quer pior traição? O repórter foi benevolente e registrou, em uma página inteira, os motivos da renúncia aos caranguejos de Muriú. O editor titulou a matéria com fina ironia: "Decisão de nordestino: Henfil vai para o Sul-maravilha."

O AMOR CAI DE QUATRO

— A Bê está diferente.

Woden Madruga ouviu a frase horas depois de Henfil regressar de São Paulo, no sábado, 27 de maio de 1978. Ninguém mais do que Woden poderia antever o desfecho da crise conjugal. Ele temia que, na ausência do marido, a perspectiva de mundo para Berenice houvesse se alterado. E por isso mesmo atravessou dias de angústia até a volta do amigo.

A vida de Berenice começou a mudar num evento organizado — incrível coincidência — por Woden, a I Semana de Cultura Nordestina, realizada no Teatro Alberto Maranhão, em Natal. Embora tivesse colaborado com Woden sugerindo temas e nomes para as mesas-redondas, Henfil não se animou a participar da semana. Já não o apetecia tanto a integração com o ambiente artístico local, muito menos ser o anfitrião caloroso de outros tempos. Buscou Jaguar no aeroporto, deu uma desculpa e viajou sozinho para São Paulo, onde trataria de assuntos relativos à mudança, inclusive a transferência do curso de psicologia que Berenice fazia em Natal.

Perdeu um dos acontecimentos culturais mais importantes da história do Rio Grande do Norte. Além da intensa programação de debates e apresentações de autos e danças folclóricas, João do Vale e Zé Kéti comandaram shows de música popular brasileira. Na lista de palestrantes, constava o jornalista e escritor baiano João Ubaldo Ribeiro.

Berenice assistiu, na noite do dia 24, à exibição dos conjuntos folclóricos. A mão do destino atuou, e no intervalo seus olhos verdes cruzaram com os de João Ubaldo no jardim do teatro. Não se conheciam. No dia seguinte, Jaguar a convidou para a festa de aniversário de João do Vale, no Hotel Ducal. Lá, Jaguar a apresentou a João Ubaldo. Na segunda ou terceira dose de uísque, Zé Kéti resolveu reclamar aos gritos:

— Eu também quero uma festa! Chama o Jaguar!

Graças a uma presença de espírito genuinamente etílica, Jaguar pegou Zé Kéti pelo braço, atravessou a rua e liderou, num botequim, o porre antecipado por mais um ano de vida do sambista. "Ao sair do hotel, deixei numa mesa grande várias pessoas, entre elas o João Ubaldo e a Berenice", recordou Jaguar. "Quando voltei, os dois já não estavam mais."

* * *

Foi um choque para Henfil quando Berenice, no entardecer daquele sábado ensolarado, lhe contou que havia aparecido uma pessoa em sua vida e que desejava a separação. Henfil caiu de quatro, não acreditou. Tarde da noite, telefonou para Fernando Bezerra, quase implorando que o apanhasse em casa. Tanta a urgência que Fernando, de pijama, saiu em disparada até a avenida Amintas Barros. Os dois rodaram de carro pelas ruas semidesertas de Natal. Henfil, em estado de choque, chorava como menino. Semanas depois, revelaria a Humberto Pereira que ficou atordoado porque nem de leve imaginava que a insatisfação de Berenice pudesse chegar àquele estágio. No desespero, experimentou sentimentos paradoxais: a mágoa por ter sido trocado naquelas circunstâncias e a vontade incontrolável de remendar o casamento. "Ele me passou a imagem de um afogado: debatia-se na água e não conseguia nadar na correnteza", pontuou Woden Madruga.

A sentença unilateral flagrou-o na contramão. "Realmente, ele não esperava", admitiu Berenice. "É delicado falar nisso, são coisas muito pessoais. Nunca entendi direito aonde ele queria chegar comigo, qual a idealização dele, o que ele gostaria que eu fosse. Até hoje não pesquei isso direito. Mas parecia que ele também estava prestes a acabar. Só que, quando resolvi acabar, ele resolveu que estava apaixonado. Não sei se a paixão apareceu com a coisa perdida. Ele ficou abalado, sim, mas o susto foi maior. Não supunha que eu viesse a tomar a atitude de terminar. Era muito dependente dele, acho que ele tinha quase certeza do jugo que exercia sobre mim. Foi uma fase difícil, uma separação muito complicada."

Em que ponto o casamento ruiu? "Não sei, despreparo meu e dele. Desde Nova York as coisas não vinham bem. Mas custo a tomar atitudes. Quem sabe se minha cabeça fosse mais preparada, as coisas tivessem durado mais."

A imagem de um casal unido dominou a percepção dos amigos em Nova York. "Entendiam-se bem. A Berenice era doce", relembrou Paulo Francis. Marlete Coelho não vacilou em testemunhar a convivência "extremamente feliz e alegre" dos dois.

Mas, na viagem à China, o jornalista Jayme Martins desconfiou de uma crise conjugal. Um dos focos de desentendimento foi a resistência de Henfil em visitar atrações turísticas, inclusive a Grande Muralha. Berenice relatou: "A China sempre me fascinou, mas achei a viagem muito chata. Porque a China é uma coisa tão monumental, tem tanta história... Está certo que Henrique desejasse conhecer a China atual, ver o que o povo estava fazendo para sobreviver. Mas eu queria ver a história também, os grandes monumentos, os museus, a Muralha... Ora, ir à China e não ver a Grande Muralha? Fiquei sem ver e me frustrei. Achava esse lado cultural importante, e só vi camponês, lavouras..."

Henfil justificou-se: "Tirei a visita à Grande Muralha. Pra que gastar tempo vendo uma coisa que todo turista vai visitar, já tem mil fotos e filmes?"

No regresso da China, houve escala em Paris. Berenice insistiu em ir ao Museu do Louvre, à Catedral de Notre Dame e outros pontos visitados por dez em cada dez turistas. Negativo, Henfil reservara o tempo para encontros com exilados brasileiros. Berenice escapou de conhecer Paris pelas vidraças do hotel graças à chegada de Fernando e Candinha Bezerra, que a levaram a passear na véspera do embarque para o Brasil.

Parece fora de dúvida que as pequenas feridas entre Henfil e Berenice não vinham cicatrizando no tempo previsto. Ela argumentou: "Henrique dizia que a Europa era uma coisa velha, decadente. Mas, meu Deus, ali também estava a história do mundo. Eu não tinha tanta consciência, não havia lido muito, mas achava que isso pegava nele. Você não pode querer se comunicar, num trabalho que ele pretendia grande e universal, sem um embasamento cultural. Ele ia ver coisas mais contemporâneas, nunca leu clássicos, pelo menos nunca vi. Nunca pegou a grande literatura para ler. A coisa dele era a realidade, o aqui e agora, o que poderia ser explicado pela urgência de vida em função da própria doença. Mas isso me incomodava um pouco. Em Paris, ele só ficou em contatos políticos. Eu já estava cansada, não era politizada. Ele voltou de um desses encontros dizendo: 'Você não sabe a história que Fulano me contou sobre as torturas'. Certo, mas tem um limite para tudo. Enfim, não gostei, a viagem não foi boa para mim."

Algum leitor poderia indagar: por que Berenice não fazia valer seus pontos de vista? "Eu estava numa posição de aceitar tudo. Talvez fosse uma pessoa diferente, mais ingênua, boba, ainda não tinha acertado a minha cabeça na vida. Ele me pegou meio inexperiente... Henrique gostava de moldar a cabeça das pessoas. Era uma coisa patente. Também gostava de plateia. Não acreditava que tivesse muito a ouvir dos outros, nem que tivesse muito a aprender. Eu ficava na minha, ele achava que quem tinha de falar era ele. Hoje entendo muitas coisas que não percebia na época."

Por mais que a ninguém possa ser atribuída responsabilidade exclusiva em disjunções amorosas, cabia a Henfil uma parcela de culpa no desgaste da relação. Iza Guerra apontou a sua dualidade no plano afetivo: carinhoso, generoso e sedutor, mas às vezes ríspido, exigente e rigoroso, querendo definir as coisas à sua maneira.

Na correspondência a Betinho em 23 de junho de 1978, Henfil foi na mesma direção, não se poupando por equívocos na relação e mencionando a parte que, a seu ver, cabia a Berenice:

"Sim, é difícil viver comigo, eu sei e, veja que coisa, na carta de ontem que eu escrevi p/ a Bê contava de como eu a sufocava no meu abraço, de como eu a reprimia com meus AI-5 e pacotes de abril, de como ela conseguiu escapar da aranha, ela, mosca livre! [...] Ponto negativo da Bê aí foi de não me dar um basta sequer, de ter se omitido, de ter se deixado levar, de ter ficado muda. Mas este é um problema dela, o da não verbalização. Talvez, agora, com a corajosa decisão de independência, ela se assuma, ela se faça presente, ela não deixe mais que um ditador envolvente a sufoque."

Mas Henfil não conduzia os planos de voo com firmeza e boas intenções? "Não se trata de ficar apontando os defeitos dele, até porque, na essência, era um homem bom", afirmou Berenice. "O problema é que Henrique tinha um temperamento meio autoritário e castrador. Eu ficava abafada." Ela supôs que Henfil precisasse ofuscá-la para se sentir mais seguro. "Eu não podia aparecer muito, ele ficava inseguro. Conscientemente ou não, ele pegava no meu pé. Começou a me faltar o ar, aí chegou a hora."

Quando decidiu deixar Natal, Henfil viajou com Berenice a São Paulo. Ao lado de Humberto Pereira e Ebe, Henfil funcionou como uma espécie de cicerone, apresentando afetuosamente a cidade à mulher. Humberto ficou com a impressão de que ele tentava convencê-la de que São Paulo era inigualável: "Será que a Berenice hesitava em vir para cá e o Henfil estava decidido? Essa é uma pergunta que deve ser feita a ela."

Obtive a seguinte resposta de Berenice:

"Quando Henrique começou a achar defeitos em Natal, senti que a nossa permanência lá ficaria insuportável. Na verdade, nunca quis ir para Natal. Chorava tanto... Mas fui com ele. Veja, eu havia passado dois anos em Nova York, a minha família, a minha vida profissional, os meus amigos estavam no Rio de Janeiro. Birigui, onde nasci, tinha ficado no passado, não havia mais nada lá. Minha mãe estava ficando idosa, eu queria ficar perto dela. Você passa dois anos em Nova York sem vir ao Brasil, naquele sofrimento, e não sou chegada a um sofrimento. Aí você passa um aninho no Rio, meio atribulado com doença, e depois vai para Natal? Eu ia atrás, não me lembro se era consultada seriamente antes das decisões dele. 'Vamos a Natal, vamos experimentar', era assim que ele dizia. Talvez achasse que eu ia numa boa, e às vezes não ia. Ele resolveu que tínhamos que ir embora para São Paulo."

Henfil tentou, a todo custo, que Berenice reconsiderasse. Horas e horas de conversas na casa da Amintas Barros. Como se projetasse na tela cada fotograma do filme vivido, ele procurava localizar falhas e atoleiros. A partida para São Paulo acertada, a vida profissional arrumada, os planos de se integrar no cenário dos combates pela democracia. Tudo, de repente, se precipitara no abismo.

Nos primeiros dias, Henfil achou que a mulher desistiria da ideia. Levou a montanha a Maomé: desdobrou-se em promessas e fez-lhe todas as demonstrações de amor. Era tarde demais para Berenice: "Houve uma tentativa de reconquista, aquelas coisas que você não conversou durante sete anos, gentilezas que você não fez durante sete anos, interesse por pessoas que você não demonstrou em tanto tempo. De uma hora para outra, ele começou a demonstrar tudo isso."

* * *

Bem ao seu feitio, Henfil dispensou despedidas no aeroporto. Abriu uma exceção: Woden Madruga. E foi Woden a testemunha de cenas difíceis de descrever sem as imagens de François Truffaut.

Na tarde de terça-feira, 20 de junho de 1978, Henfil entrou no saguão e, inesperadamente, deu a mão a Berenice. Os dois sozinhos, caminhando de um lado para o outro, em silêncio, de mãos dadas. Woden achou que ali cabiam apenas dois personagens. Abraçou Henfil, disse-lhe alguma coisa no ouvido, fulminou Berenice com um olhar de raiva ("uma reação de solidariedade, mas machista", reconheceu), pensou duas vezes e... não foi embora. Escondeu-se atrás de uma pilastra e viu uma sequência que jamais lhe saiu da memória. No portão de acesso à sala de embarque, a passagem na mão direita e a bolsa de couro pendurada no ombro, Henfil olhou pela última vez para Berenice. O alto-falante fez a chamada final para o voo. Ele ainda guardava os olhos para ela. Não pôde mais esperar e partiu.

Será que alguém sabia que o destino de Henfil não era São Paulo? Decidira, na véspera, ir para o apartamento de Leila e Luiz, na avenida Epitácio Pessoa, no Rio, onde, antigamente, ele e Berenice assinavam o ponto todas as noites.

Ficou dez dias lá esgotando a análise do que tinha acontecido. Não desenhou um ponto sequer naqueles dez dias. Leila sentia-se no meio do tiroteio: também amiga de Berenice, condoía-se com as palavras agressivas de ressentimento de Henfil contra ela. Um dia, chegou ao limite:

— Henrique, não sei como você vai lidar com isso, mas não posso mais ouvi-lo falar da Bê desse jeito.

Ele entendeu e não retomou as lamentações. Ao acordar no dia seguinte, Leila encontrou sobre a mesa da sala uma carta de Henfil dirigida a ela e a Luiz: "Crianças, loucos, índios e desquitados são irresponsáveis perante a lei... Não levem em conta o que eu disse e como eu disse. [...] Um dia, espero que logo, tirarei a dor do meu caminho e passarei com o meu sorriso na frente de vocês. Sei que vocês se alegrarão comigo."

Foi então que Henfil rumou para a rua São Vicente de Paula, 188, em Higienópolis, São Paulo, onde Humberto Pereira e a mulher, Ebe, o aguardavam.

Madrugada adentro, ele e Humberto mergulhavam em longas sessões analíticas. Iam dormir avisados pelos passarinhos. "Henfil estava um farrapo. Acostumado com a dor física, ele enfrentava agora uma dor moral imensa. Essa dor moral era acentuada por outras razões. A primeira delas: um competidor tirara a mulher dele. Você, inevitavelmente, entra num esquema comparativo, doloroso para qualquer pessoa."

Quando Henfil abriu a janela do quarto-escritório que Humberto lhe reservou, viu que o sobrado em frente começara a ser demolido. E, como contou depois à amiga Ione Cirilo, teve um *insight*: "No dia em que derrubarem toda a casa, paro de sofrer." A demolição mal se iniciara.

* * *

À medida que as conversas com Humberto se sucediam, a liberação da subjetividade começou a surtir efeito. Henfil voltou a desenhar, em ritmo quase normal, para a *IstoÉ, O Dia* e *Jornal do Brasil.* Até então, os compromissos profissionais eram honrados Deus sabe como. Suspendera a revista *Fradim* no número 25 (maio de 1978). A colaboração no *Pasquim,* interrompida entre os números 465 (26 de maio) e 474 (27 de julho), regularizou-se a partir do 482 (22 de setembro).

Henfil retirou do fundo da mala os originais de *Henfil na China,* reunindo os textos publicados originalmente no *Pasquim* e outros inéditos. A ordenação do material consumira dois meses de trabalho em Natal, antes da separação. Ele decidiu recorrer à experiência de Humberto em editoração para dar forma final ao livro. Humberto folheava as laudas quando recebeu o que qualificou de "missão cruel": cortar o nome de Berenice das páginas.

— Como vou fazer isso?

— Toda vez que aparecer o nome dela substitua-o por "a fotógrafa" [Berenice, como sabemos, fotografara as etapas da viagem].

Constrangido, Humberto atendeu o pedido, riscando aquele alguém da obra literária mais vendida de Henfil. Nas reportagens publicadas pelo *Pasquim,* porém, Berenice coadjuvava as cenas em Pequim e Xangai. Essa omissão deliberada não se limitou a *Henfil na China.* No *Diário de um cucaracha,* o processo de supressão do nome de Berenice das cartas enviadas de Nova York foi mais complexo. Em dezenas delas, Henfil interligava, carinhosamente, Berenice ao seu cotidiano na América. Frases e parágrafos inteiros acabaram reescritos para apagar a marca da ex-mulher — o que deve ter provocado em muitos leitores a impressão de que ele morava sozinho em Nova York, depois que Orlando Henriques se mudou para a Califórnia. Identificou, porém, as cartas enviadas a Simões e Filhinha, pais da ex-mulher.

Um mês depois de aportar na casa de Humberto Pereira, Henfil tornou a abrir a janela do quarto. Não restava pedra sobre pedra do sobrado em frente. Coincidentemente, vencera a fase crítica. Hora de desmontar a tenda do acampamento para usufruir do mundo novo antevisto em Natal. Das dez greves operárias do primeiro semestre de 1978, oito tinham sido realizadas em São Paulo. A solidariedade aos trabalhadores atraía jornalistas de esquerda para a imprensa sindical, canal que, segundo eles, poderia quebrar o monopólio da grande mídia na veiculação de informações sobre o movimento grevista.

Não foi essa a única força motriz que o arrancou da depressão. Ele estava doido para ver no palco a revista teatral acertada com Ruth Escobar e Fauzi Arap. A notícia da peça vazou, e logo se soube que Henfil se mudara para São Paulo. Repórteres e fotógrafos entraram em fila indiana para entrevistá-lo na casa de Humberto.

Em um lapso de tempo, Henfil folheou os classificados e marcou um apartamento para alugar à rua Itacolomi, em Higienópolis. Colocou as malas no Fusca emprestado por Humberto, beijou o rosto do amigo que tão generosamente o acolhera e zarpou para uma das épocas mais criativas de sua jornada.

A CATARSE NA RIBALTA

O ressurgimento da vibração iniciou-se na rápida passagem de Henfil pelo Rio, em agosto de 1978, quando participou da Feira do Humor no Museu da Imagem e do Som. O evento, idealizado pelo então diretor do MIS, o crítico e professor de cinema José Carlos Monteiro, reuniu cartuns e caricaturas que haviam sido vetados pela censura. Expuseram seus trabalhos 13 humoristas: Henfil, Caulos, Duayer, Jaguar, Lan, Luis Fernando Verissimo, Millôr Fernandes, Nani, Nássara, Redi, Reinaldo, Zélio e Ziraldo. O evento atraiu filas ao museu. Henfil também gravou um depoimento sobre sua vida no MIS, tendo como entrevistadores Otto Lara Resende, Luis Fernando Verissimo, Sérgio Cabral, Carlito Maia e Miguel Lins. Do Rio, ele foi para Piracicaba integrar o júri do 5º Salão do Humor.

Não demorou a viajar para o México, onde visitou Betinho, que deixara Toronto para lecionar no programa de pós-graduação em ciência política da Universidade Autônoma, a convite de outro brasileiro exilado, o economista Theotonio dos Santos. Henfil gravou uma entrevista com Betinho, publicada seis meses depois pelo *Pasquim*, no auge da campanha pela anistia. Com o irmão, a cunhada Maria Nakano e o economista Severo Sales, também exilado e professor na Unam, Henfil viajou 80 quilômetros até Cuernavaca para conhecer uma lenda viva de sua juventude: o ex-deputado Francisco Julião, líder das Ligas Camponesas até o golpe militar de 1964. Exilado no México desde 30 de novembro de 1965, Julião não só aceitou conceder uma entrevista para o *Pasquim* como convidou Henfil e Betinho para almoçarem em Cuernavaca. A entrevista durou seis horas, repassando o itinerário de lutas de Julião no campo e seus sonhos libertários. Ao receber as duas edições do *Pasquim* (497 e 498, de janeiro de 1979), Julião foi tomado por forte emoção: encerravam-se 14 anos de mudez compulsória.

Antes da viagem ao México, Oswaldo Mendes, editor-chefe da *Última Hora*, convidara Henfil a lançar uma nova série de cartas, dessa vez endereçadas ao general João Baptista Figueiredo, que assumiria a Presidência da República em 15 de março de 1979. O mote surgira numa entrevista coletiva de Figueiredo em 23 de agosto de 1978. Um repórter quis saber o que ele achara da declaração de Henfil, no V Salão de Humor de Piracicaba, de que Geisel restabelecera a liberdade à imprensa para popularizar o regime e impor o nome de seu sucessor. Figueiredo respondeu: "O humorista Henfil tem o direito de fazer o humorismo que ele quiser. Eu aprecio muito o humorismo dele. Agora, deve ser interpretado como humorismo. Tão somente."

A declaração do carrancudo general que chefiara o SNI só poderia despertar incredulidade. Era o vale-tudo da sucessão, avaliou Henfil. Ainda mais que o MDB prometia disputar, no Colégio Eleitoral, com a candidatura do general dissidente Euler Bentes Monteiro. Henfil tramou, então, as cartas para o primo Figueiredo. Primo coisa nenhuma, mas ele inventou que a árvore genealógica dos Figueiredo comportava um galho frondoso no norte de Minas. Os pais de Dona Maria seriam parentes distantes dos pais do general, o que conferia a Henfil intimidade suficiente para tratá-lo de primo.

Tratava-se de artifício similar ao adotado nas cartas para a mãe, em que se escudava na figura materna para dizer o que bem entendia ao general Geisel. Na *Última Hora,* ele se valeria de um parentesco falso para bronquear com Figueiredo sem maior risco de retaliação.

As cartas para o primo Figueiredo começaram a sair na *UH* em 2/12/1978; duas semanas depois, já estavam no *Pasquim* e no *Jornal de Brasília*; em agosto, no *Jornal da República,* novo diário dirigido por Mino Carta que circulou apenas seis meses. Ao longo de um ano de bilhetinhos a Figueiredo, Henfil denunciou negociatas, clientelismo político, entreguismo, achatamento salarial, submissão ao Fundo Monetário Internacional e aos banqueiros, e repressão a grevistas e sindicalistas. Exigiu anistia (um dia sim, um dia não), eleições diretas, liberdade sindical e partidária e convocação de uma Assembleia Constituinte.

A ovelha negra dos Figueiredo expressava os piores presságios ao general: "Em 1979 te desejo um ano repleto de greves, passeatas estudantis, críticas candentes da imprensa, vetos do Congresso. Te desejo severas comissões parlamentares de inquérito, mil denúncias de abuso de autoridade. Te desejo que o Tribunal de Contas glose suas contas e que o Supremo Tribunal Federal argua a inconstitucionalidade de sua posse."

Figueiredo seguiu a lição de Geisel e nunca chiou. As cartas teriam ajudado a retocar a imagem de "democrata"? "Só digo uma coisa: o que lhe escrevi de absurdos e dei de cacetes não está no gibi", frisou Henfil.

O general ainda era candidato da Arena ao Planalto quando a *Revista do Henfil,* produzida por Ruth Escobar, arrebatou os palcos. Isso depois de um incêndio de razoáveis proporções quase ter mandado para as calendas gregas a peça baseada nos quadrinhos de Henfil.

A dez dias do início dos ensaios, o diretor Fauzi Arap, responsável pela adaptação teatral, desentendeu-se com Ruth e afastou-se da companhia. Num passe de mágica, Ruth refez a equipe: Ademar Guerra assumiu a direção e convidou Oswaldo Mendes a reestruturar o roteiro. A linguagem deveria ser a mais franca possível, substituindo metáforas e figuras de retórica pelas palavras exatas. Nada de "democracia relativa", como apregoavam os mandarins do regime, e sim ditadura.

Oswaldo debruçou-se sobre uma montanha de cartuns, trocou ideias com Henfil, aproveitou uma ou outra coisa do texto de Fauzi Arap e começou a armar o roteiro com uma piada atrás da outra. Na corrida contra o relógio, o texto da peça ia sendo modificado com os ensaios em andamento. O contínuo disparava para o teatro, onde Ademar Guerra enxugava o roteiro, cortando e fundindo cenas.

No embalo, até o nome da peça mudou. Os títulos cogitados por Fauzi Arap — *Revista relativa* ou *Tinha um pinto no meio do caminho* — caíram em descrédito. *Revista do Henfil,* e ponto final. Ademar Guerra cercou-se de nomes de primeiro nível: Marcos Flaksman, cenários e figurinos; Márika Gidali, coreografia; e Cláudio Petraglia, direção musical. O elenco foi escolhido meticulosamente. Henfil sugeriu os atores: Rafael de Carvalho (Zeferino) e Sérgio Ropperto (Ubaldo, o Paranoico). Sônia Mamede (Graúna) e Paulo César Pereio (Bode Orelana) completaram a linha de frente. Ruth Escobar atuaria no papel do narrador (em verdade, o próprio Henfil). Ademar recrutou dez atores que trabalhavam em circos e teatros amadores da periferia para integrar o Coro da Caatinga, que sustentava a parte musical.

Estruturada a peça, Ademar Guerra desafiou Henfil:

— Você está inteiro nessa revista, com inteligência e coragem. Mas falta o seu coração. Preciso de uma carta escrita por você, com toda a emoção possível, para terminar o espetáculo. Sem ela, não consigo saber qual é o seu clima. Quero você falando de você.

A princípio, Henfil fraquejou. Várias pessoas do grupo sabiam do momento espinhoso que ele atravessava por causa da separação de Berenice. Mas se expor publicamente não devassaria suas temperaturas interiores? Ele custou a dormir naquela noite. Fez uma diligência dentro de si, até se convencer de que era hora de uma entrega total à luta pela reconstrução pessoal.

Um a um, diretor, atores e técnicos comoveram-se com o painel confessional de Henfil:

"Eu nunca soube amar. Eu nunca soube amar a cada um. Eu nunca soube amá-los como indivíduos. Eu nunca soube aceitá-los como feios, fracos e lentos. Tragam-me um doente e não chorarei com ele. Mas me mostrem um hospital e derramarei rios e mares. Eu não sei falar e ouvir um homem, uma mulher ou uma criança. Eu só sei fazer coletivo, massa, povo, conjunto. Sou capaz de ser herói, mas não sou capaz de ser enfermeiro. Sou capaz de ser grande, mas não sou capaz de ser pequeno. Nunca dei uma flor. Nunca amei uma pessoa. E tenho amor. Muito amor. Mas nunca dei uma flor. Dou desenhos, dou textos, escrevo cartas. Sem contato manual, sem intimidade, sem entregar. Por que desenho, por que escrevo cartas e agora peças? Aqui estão 14 anos de solidão. Minha arte é fruto da minha importância de viver com vocês. Abaixo esta peça! Mas juro, pela minha mãe, que não vejo a hora de pular aí e dar a minha solidariedade, a minha coragem, o meu amor a cada um pessoalmente. Um dia, vou rasgar o papel que escrevo, rasgar o bloco que desenho, rasgar até este recado covarde e vou me melar e besuntar vocês, tudo com meu grande beijo. Vocês vão me reconhecer fácil: vou ser o mais feliz de vocês. Henfil."

A catarse proporcionada pela carta desafogou áreas congestionadas do espírito: "Eu estava saindo de um relacionamento afetivo num bode emocional, numa dor de corno danada. A carta é a virada da minha cabeça. Renasci quando a escrevi. Nas horas em que a gente está mais terra, vem uma visão clara das coisas. A carta me pegou num momento em que eu estava no chão e me jogou para o alto. Reaprendi o que é enriquecer dentro de um trabalho."

* * *

Quem conhecia a *Revista do Henfil* duvidava de uma possível clemência por parte dos censores da Polícia Federal. Uma onda de pessimismo tomou conta da companhia. Certamente vetariam uma peça que dava nomes aos bois. Todos se surpreenderam quando Ruth relatou as primeiras discussões com o chefe da censura em São Paulo, José Vieira Madeira. Ele deixou entrever que a liberação do espetáculo seria um teste para o abrandamento da censura, conforme o ministro da Justiça, Petrônio Portella, prometera à ABI, à OAB e à CNBB.

Os censores negociaram com Ruth a substituição de duas cartas lidas no espetáculo — uma sobre anistia e outra sobre o divórcio entre a nação e o governo. Na segunda rodada a censura comunicou que o nome Ernesto Geisel teria que ser retirado. Aceitas as exigências, a censura liberou a peça em quatro dias, exatamente na véspera de entrar em cartaz.

A *Revista do Henfil* estreou em 1º de setembro de 1978, no Teatro Galpão, com renda destinada à seção paulista do Comitê Brasileiro pela Anistia. O público ficou boquiaberto: em lugar dos reluzentes cenários da fase áurea das revistas, Marcos Flaksman oferecia a beleza rústica e a simplicidade do ambiente cênico. Os atores vestiam figurinos compatíveis com a indigência do povo da caatinga.

A montagem causou furor. A plateia reagiu do primeiro ao último minuto. Gostosas gargalhadas interrompiam as falas de Zeferino e Graúna. Silêncio na leitura da carta de Henfil por Ruth Escobar. No final, a cortina abriu e fechou três vezes, o público aplaudindo de pé. O crítico Sábato Magaldi, do *Jornal da Tarde,* não economizou elogios: "Com Henfil, o teatro de revista voltou aperfeiçoado e com vigor surpreendente, substituindo as plumas e lantejoulas pela sátira política. Mantém a plateia num riso constante."

O espetáculo foi um grande sucesso, com filas diárias nas bilheterias do Galpão. A turnê pela Grande São Paulo foi praticamente vendida por antecipação. Não faltaram apresentações em sindicatos operários, a preços simbólicos.

Nenhuma companhia teatral interromperia uma carreira de quarenta dias de casas cheias. Ruth Escobar e Henfil, porém, enxergavam além da bilheteria e suspenderam a temporada em São Paulo para explorar no Teatro Carlos Gomes, no Rio, os dividendos políticos da peça. Era urgente ampliar a luta pela anistia e mostrar a revista a outro tipo de público antes das eleições de 15 de novembro.

A estreia no Rio, em 18 de outubro, também teve renda revertida para a seção carioca do Comitê Brasileiro pela Anistia. As duas semanas no Rio foram consagradoras; em algumas sessões, espectadores subiam ao palco para engrossar o Coro da Caatinga e confraternizar com o elenco. Para completar, a peça ganhou o Prêmio Mambembe em duas categorias: melhor produção e melhor atriz (Sônia Mamede).

Mas os contratempos não tardaram. A liberação do espetáculo pela censura paulista irritou setores da linha-dura. Para azar de Henfil, de Ruth Escobar e de todo o grupo, a correlação de forças pendeu para o lado da boçalidade no momento em que a peça seria exibida em Brasília, na última semana de março de 1979.

Avisada por amigos de que a revista fora excluída da programação da Sala Martins Penna para aquele mês, Ruth viajou a Brasília e conseguiu com Wladimir Murtinho, presidente da Fundação Cultural do Distrito Federal, a cessão de outro local, a recém-inaugurada Sala Villa-Lobos, com 1.500 lugares, para uma temporada dos dias 20 a 25 de março. "Ordens superiores" obrigaram Murtinho a voltar atrás e alegar "falta de condições técnicas" na Villa-Lobos.

Com elenco e técnicos já hospedados em Brasília, Ruth, Henfil e Ademar Guerra decidiram recorrer ao ministro da Justiça, Petrônio Portella, empossado há uma semana no cargo. Petrônio recebeu-os com amabilidade e prontificou-se a interferir. Na frente dos artistas, telefonou para Wladimir Murtinho, que prometeu transmitir o apelo ao Conselho Deliberativo da Fundação.

O mais inacreditável foram as contradições das cabeças coroadas: a mesma peça impedida de se apresentar em salas oficiais tinha patrocínio parcial do Banco do Brasil (hospedagem e passagens aéreas) e acabara de ser contemplada pelo Ministério da Educação e Cultura com dois troféus Mambembe.

De todo modo, o encontro com Petrônio rendeu frutos. Henfil pediu a concessão de passaporte para Betinho no México. O ministro prometeu estudar o caso. Dois ou três dias se passaram, e o próprio Petrônio telefonou a Henfil comunicando a emissão do documento. Henfil agradeceu e, sôfrego, telefonou a Betinho.

O passaporte esperava-o com um senão — validade por três meses apenas. Betinho retirou-o e ainda teve senso de humor para perguntar ao funcionário:

— Isto é um passaporte diplomático ou uma nota promissória?

O obstáculo final era o envio ao Congresso do projeto de lei da anistia, prometido por Petrônio para junho. A celeuma sobre a abrangência da medida — se ampla ou restrita, e se recíproca a torturados e torturadores — retardava o processo.

O acidente de percurso em Brasília não quebrou o ânimo da companhia para a turnê da *Revista do Henfil* pelo país. A temporada de quatro dias (29 de março a 1º de abril) no Palácio das Artes sacudiu Belo Horizonte. A sessão de 31 de março foi encerrada com um minuto de silêncio em memória dos mortos e desaparecidos durante o regime militar, que naquele dia de céu escuro completava 15 anos.

A turnê prosseguiu pelo Sul (em Porto Alegre, por mera intimidação, o Dops deteve e fichou quatro técnicos da companhia, liberados horas depois) e pelo Nordeste, sempre com teatros lotados. Ruth articulou-se com as seções do Comitê pela Anistia em Salvador e Recife para apresentar a revista aos presos políticos. Na escala em Salvador, vitória parcial: a direção da Penitenciária Lemos de Brito concordou em que a companhia se exibisse apenas para os 360 detentos comuns, no altar da igreja do presídio. Com a interferência do então governador de Pernambuco Marco Maciel, a 7ª Auditoria Militar liberou um espetáculo para 14 presos políticos e 405 detentos na Penitenciária Barreto Campelo, em Itamaracá.

Nove meses de sucesso valeram a Henfil, conforme seu livro-caixa, 6 mil dólares em direitos autorais. Mas a agenda da *Revista do Henfil* persistia incompleta. E Brasília? Ruth finalmente acertou uma temporada no auditório da Escola Parque, de 5 a 10 de junho.

A expectativa aumentou a procura por ingressos: antes do meio-dia de 5 de junho, uma terça-feira, não havia mais lugares. Durante a tarde, misteriosos panfletos foram espalhados pela Escola Parque e na Esplanada dos Ministérios. Assinados por uma macabra "Brigada Anticomunista", traziam os dizeres: "Morte aos comunistas! Morte à puta da Ruth Escobar! Morte à canalha!" Telefonemas anônimos ameaçavam o hotel em que se hospedava a companhia. Após a retumbante estreia no teatro da Escola Parque, vários espectadores constataram os pneus dos carros furados por pregos de três centímetros, largados no estacionamento.

No meio da sessão de quarta-feira, um telefonema anônimo para o teatro alertou que havia duas granadas embaixo de poltronas. Em clima de pânico, o auditório foi evacuado. Os peritos do Instituto de Criminalística adiantaram que as granadas eram de uso reservado às Forças Armadas, embora só produzissem estampidos de efeito moral. Diante da garantia dada pela perícia, o espetáculo prosseguiu, com a plateia compreensivelmente reduzida à metade.

Restava decidir se haveria sessão na quinta-feira. O elenco topou voltar ao palco. A presença de soldados da PM não desestimulou a ação dos terroristas. Minutos antes de a cortina se abrir, veio um comunicado apócrifo de que bombas-relógio explodiriam uma hora mais tarde. O público abandonou às pressas o local, e agentes da Polícia Federal descobriram três bananas de dinamite acopladas a detonadores com relógios. Amenizado o tumulto, o elenco encenou a peça numa quadra ao ar livre, em frente à escola.

O BARBUDO DO ABC

A estreia como autor teatral coincidiu com o envolvimento cada vez maior de Henfil com a imprensa sindical de São Paulo, atraído pelo cartunista Laerte Coutinho. Encontraram-se pela primeira vez em fins de 1975. O PCB encarregara Laerte de obter a adesão de cartunistas do Rio de Janeiro para ilustrar os cartazes da campanha da Comissão de Justiça e Paz da Arquidiocese de São Paulo em solidariedade às vítimas da avalanche repressiva desencadeada pelo governo Geisel. De março a outubro daquele ano, os órgãos de segurança sequestraram e assassinaram dez membros do Comitê Central do PCB, torturaram centenas de militantes, estouraram "aparelhos" e gráficas clandestinas do partido. O dinheiro arrecadado seria revertido para as famílias dos presos políticos.

Até chegar ao apartamento de Henfil na rua Nascimento Silva, em Ipanema, Laerte precisou amansar a ansiedade pelo contato com aquele que considerava — e ainda considera — seu mestre. Não passara despercebido de Laerte o nome de Henfil, ao lado do seu, no abaixo-assinado de 1.084 jornalistas exigindo a investigação da morte do jornalista Vladimir Herzog. Henfil desenhou na hora uma pomba da paz para a campanha. "Fiquei no estúdio dele babando na prancheta, ouvindo-o falar sobre o seu trabalho", relembrou Laerte.

Os contatos prosseguiram por cartas. Numa delas, enviada no começo de 1978 a Natal, Laerte contou que estava participando de uma pequena empresa de comunicação, a Oboré (em tupi-guarani, a trombeta cujo som agudo convoca os índios para assembleias nas aldeias). O novo sindicalismo, tratado com desconfiança pela mídia, necessitava ampliar sua divulgação nas bases operárias do ABC. O líder metalúrgico Luiz Inácio Lula da Silva teve a ideia de formar uma equipe de jovens jornalistas e estudantes de Comunicação para dar assessoria aos sindicatos de metalúrgicos da região. Achava que os jornais existentes não cativavam os operários. Lula incumbiu Laerte de recrutar colaboradores. Desse núcleo, originou-se a Oboré.

O embrião da Oboré dedicou dois meses ao projeto de comunicação para Lula, ao mesmo tempo que prestava serviços a outros sindicatos. O ideário da empresa distinguia-se do da imprensa alternativa porque não pretendia editar um jornal próprio, e sim colocar-se à disposição do movimento sindical para difundir informações confiáveis. Os veículos poderiam ser jornais, folhetos, cartilhas, cartazes etc. Embora seis dos dez fundadores pertencessem aos quadros do PCB, a empresa definia-se como um canal de comunicação sem vínculos partidários. "A nossa tarefa era fornecer munição para a linha de frente. Isto é, traduzir coisas complicadas da política e da economia numa linguagem de fácil compreensão pelo trabalhador", esclareceu o jornalista Sérgio Gomes da Silva.

Henfil estimulou Laerte a ir fundo, com uma advertência:

— Somos retaguarda dos movimentos sociais. Temos que ir lá, meter a mão, ajudar naquilo que pudermos. Mas lembre-se: sempre na retaguarda. Nós não somos a vanguarda; os trabalhadores é que são.

Já morando em São Paulo, Henfil integrou-se à fração de desenhistas que colaborava no *front* sindical, entre eles Laerte, Nilson, Chico Caruso, Paulo Caruso, Angeli, Jota, Petchó, Milton, Jaime Prates. O cartum acabou sendo um vértice do modelo jornalístico batizado na Oboré de "baião de três" — manchetes propagandísticas em duas linhas, fotos que tivessem contrapontos em ilustrações e vinhetas e textos claros e convincentes.

Numa fase existencial marcada pelo desejo de ação coletiva, Henfil magnetizou-se pela Oboré. A começar pelo ambiente franciscano: ninguém ganhava um centavo, pois a receita obtida com os serviços se destinava a pagar despesas fixas (aluguel, luz, telefone, material de consumo etc.). Os jornalistas sobreviviam com empregos na grande imprensa; os estudantes de Comunicação, sob as asas protetoras da sagrada família.

Henfil compareceu a reuniões e tornou-se membro do conselho consultivo da Oboré, do qual faziam parte 12 representantes dos sindicatos e 12 personalidades, entre os quais o cineasta Leon Hirzsman e a cantora Elis Regina. O conselho reunia-se uma vez por ano para analisar a evolução da conjuntura política e delinear estratégias para o futuro próximo.

A estreia de Henfil na Oboré foi no número 31 (agosto de 1978) de *O Trabalhador Químico,* informativo do Sindicato dos Trabalhadores em Indústrias Químicas e Farmacêuticas de São Paulo. Seis cartuns numa só edição, sendo um deles de tirar o boné. Dois guris esquálidos conversam, e um diz: "Eu também sou bebê de proveta. Sou filho da fome com a vontade de comer..."

A usina de inventividade entrou em ação. "De dia, faço subversão na grande imprensa; de noite, faço conscientização na área sindical", sentenciava. De 1978 a 1980, ele colaborou com dezenas de jornais sindicais de São Paulo, Rio de Janeiro e Rio Grande do Sul. Fez cartuns para órgãos da Igreja, como a *Folha da Diocese do ABC, O São Paulo,* da Arquidiocese de São Paulo, e o boletim do Conselho Indigenista Missionário (Cimi).

Henfil defendia o boicote aos grandes jornais e o apoio à imprensa alternativa. Foi o que declarou em entrevista ao *Movimento* (10 a 17/3/1980): "Se o trabalhador não concorda com o ponto de vista do patrão, não tem que escrever carta de leitores para os jornais da grande imprensa nem se julgar injustiçado com as sacanagens da grande imprensa. Só tem, simplesmente, de parar de comprar esses jornais.

Mas como se informar? Comprando os jornais da imprensa popular, exigindo jornais sindicais ou então fazendo seus próprios jornais."

Nos desenhos, Henfil arremessava o chicote no lombo dos algozes: o governo corrupto-entreguista-repressor e o empresariado ganancioso-explorador-imperialista. O operário aparecia como vítima da voracidade do capital. O maniqueísmo ideológico facilitava a assimilação do conteúdo pedagógico das mensagens. Algo na linha *agitprop*, conforme as lições do velho Lenin.

A tabelinha Henfil-Laerte marcou época na imprensa sindical. Que influência Henfil exerceu no dueto? "Todas", responde Laerte. "Passei a adotar uma caligrafia rápida. Muito do humor veloz, da piada instantânea eu peguei do Henfil. Ele operava nesse ritmo: um desenhista de frente de batalha. A rapidez dele vinculava-se a uma ideia de necessidade de combate imediato. Todo o trabalho do Henfil se voltava para algum tipo de briga, sem floreios, sem filosofações."

No laboratório do cartum coletivo, acontecia de um só desenho ter pinceladas de vários autores. Angeli, que tinha o traço mais pesado, esboçava o patrão; Henfil imprimia leveza ao movimento das multidões; e Laerte compunha o cenário ou repartia com Henfil os operários. "Isso tudo era gratificante para nós que ainda tínhamos o desenho formatado. Henfil dava toques precisos, orientava", afirmou Angeli.

A Oboré serviu de cupido para os dois barbudos. Henfil e Lula se conheceram pessoalmente semanas após o 3º Congresso dos Trabalhadores nas Indústrias Metalúrgicas de São Bernardo e Diadema, realizado em outubro de 1978 no Guarujá. Henfil ligou-se em Lula desde que o pernambucano de Garanhuns encerrou a histórica greve dos metalúrgicos, iniciada em maio daquele ano, com a frase avassaladora: "Que ninguém nunca mais ouse duvidar da capacidade de luta dos trabalhadores."

Cronologicamente, Lula percebeu Henfil primeiro. Em 1974, exercia o segundo mandato sindical, mas ainda o apontavam nas plenárias como irmão do frei Chico, ativo militante comunista. Para padrões ortodoxos, era despolitizado. O anjo da guarda resolveu acordá-lo. O ferramenteiro (depois economista do Dieese) Osvaldo Cardinatto lhe deu o *Pasquim* para ler. Naquele número, Henfil publicava tiras de Zeferino e da Graúna. Paixão à primeira vista, e justificada: Lula não migrara para São Paulo, aos 7 anos, de pau de arara, vindo do sol tórrido nordestino? Daí para a frente, Cardinatto lia e repassava-lhe o semanário. "Eu achava o Henfil do cacete!", disse Lula. "As páginas dele eram um sarro! Naquele tempo, a coisa tinha um sabor mil vezes maior. Hoje, possivelmente não, seria um filme passado. Mas, em 74, 75, em plena repressão, ler as críticas do Henfil nos desenhos era uma coisa fantástica. Contribuíram para a minha formação política."

Sérgio Gomes apresentou Henfil a Lula. Na votação do documento final do congresso dos metalúrgicos no Guarujá, Sérgio meditou: "Esse catatau de resoluções será publicado e, como sempre, nenhum operário vai lê-lo." Por que não simplificar as principais deliberações do congresso num gibi? No intervalo, Sérgio fez a sugestão a Lula, que achou o máximo e obteve o aval da plenária.

Sérgio convidou Henfil e Laerte para converterem em histórias em quadrinhos os anais do Guarujá. Trancaram-se um fim de semana e produziram, em 19 páginas, o que Lula considera "uma verdadeira revolução na comunicação sindical brasileira". Eles embeberam no humor feroz palavras de ordem como autonomia e liberdade sindical, direito de greve e contrato coletivo de trabalho. João Ferrador, personagem-símbolo dos metalúrgicos, criado por Laerte, conduzia a narrativa. Ferrador tinha na ponta da língua a bordão: "Hoje, não estou bom."

Henfil e Sérgio foram a São Bernardo para mostrar a Lula a arte-final, antes de a gráfica dos metalúrgicos imprimir 50 mil exemplares. Sentaram-se na cantina. Lula maravilhou-se com o que leu. Mas parou de rir quando Sérgio apresentou o custo da cartilha:

25 mil cruzeiros. O orçamento incluía apenas despesas operacionais; a mão de obra era oferta da casa.

— Como? Vinte e cinco mil cruzeiros? Vocês vão cobrar? — indagou Lula.

Henfil interveio:

— Mas é evidente! Isso é um trabalho.

— Não é um trabalho — insistiu o líder metalúrgico, acostumado com o engajamento voluntário de ativistas.

— Claro que é um trabalho, Lula. Ou você acha que isso caiu do céu? — replicou Henfil.

— Sim, mas por que 25? Quantas horas tem aqui de trabalho?

Sérgio explicou que cobravam apenas por despesas com papel, tinta, luz, telefone, arte-final... Henfil somou as horas gastas no fim de semana e informou o total.

Lula calculou que um ferramenteiro ganhava por hora muito menos do que um cartunista. Henfil irritou-se:

— Mas eu não disse que sou ferramenteiro...

— Então, tá. Tudo bem, eu pago.

Mandou pagar e, de acordo com Sérgio, esfriou a relação com a Oboré. "Não foi por mal, é que ele não estava acostumado a pagar por um trabalho intelectual. Chico Buarque fazia shows de graça. No nosso caso, não podíamos trabalhar completamente de graça porque tínhamos que manter a estrutura mínima da empresa."

Lula não se lembrou em detalhes do episódio, mas admitiu: "É bem possível que eu tenha engrossado... A Oboré era um grande projeto que tanto nós como eles tratávamos com carinho. Poderia ser um grande centro de comunicação popular do movimento sindical, mas acabou ficando caracterizada como uma coisa ligada ao Partidão e ao Sindicato dos Metalúrgicos de São Paulo, que sempre teve orientação política diferente da nossa."

O que importa, afinal, é a cartilha. E esta, asseverou Lula, São Bernardo nunca esqueceu: "Era algo novo, uma comunicação mais direta e atraente. Quando distribuímos a cartilha, os trabalhadores pegavam, colocavam dentro do bolso e levavam para dentro da fábrica. Ninguém jogava fora, como costumava acontecer com os boletins. Até então, por inexperiência, fazíamos um boletim e dizíamos o que queríamos no final! Para se informar do dia e da hora de uma assembleia, o operário tinha que ler tudo até o rodapé. A história em quadrinhos, não, era direta. Descobri que, muitas vezes, uma imagem fala mais que uma página escrita."

Nos meses seguintes, Lula e Henfil abriram uma via própria de comunicação, sem intermediários. "Construímos uma amizade muito forte e inesquecível. Nas nossas discussões, eu brincava: 'Ô baixinho ranheta da porra!'", disse Lula.

Henfil idealizou uma campanha de contrainformação na fábrica da Volkswagen. Panfletos e adesivos traziam desenhos de operários dizendo aberrações: "Eu gosto de fazer hora extra", "O patrão é bonzinho", "Ganhar bem atrapalha a vida do trabalhador", "Nosso patrão está precisando de nós". Sugeriu distribuir o material na calada da noite, induzindo os operários a acreditarem que se tratava de provocação da empresa. "A reação foi fantástica", recordou Lula. "Criou um clima de guerra. Mandamos algumas pessoas entrarem mais cedo na fábrica para distribuir nos banheiros, colar adesivos nas máquinas. Um desses adesivos era muito divertido: 'Comer bem dá câncer'. Chegou um momento em que o Henfil nos aconselhou a desmontar a campanha. Quando revelamos na fábrica que éramos nós os responsáveis, perdeu a graça."

Na greve de 1979 — que projetou Lula nacionalmente como líder operário e levou a ditadura a decretar intervenção, por 59 dias, no Sindicato dos Metalúrgicos de São Bernardo —, Henfil empenhou-se para viabilizar o fundo de greve. Bolou o slogan "Adote um grevista", desenhou camisetas, bótons, adesivos e gibis. Lula usava sempre camiseta olímpica amarela com as figuras da Graúna e do Zeferino embaixo da palavra "Anistia!". Henfil fez doações do próprio bolso, assim como outros intelectuais. Ajudou a mobilizar artistas para shows que revertiam na compra de alimentos para as famílias dos grevistas. Doou as bilheterias de duas sessões da *Revista do Henfil,* na segunda temporada em São Paulo. No *Pasquim* e na *IstoÉ,* abusou de farpas contra a repressão aos trabalhadores. E, tal como ocorrera na passeata dos Cem Mil, em 1968, superou o pavor de hemofílico por aglomerações e engrossou assembleias de milhares de trabalhadores no estádio da Vila Euclides.

No calor da hora, um imprevisto. Elis Regina, enterrada no Cemitério dos Mortos-Vivos em 1972, ressurgiu para Henfil. Ione Cirilo, amiga de ambos, fora ao Rio assistir a um show de Elis no Canecão. Antes do espetáculo, conversaram sobre a greve do ABC, e a cantora prometeu:

— Olha, em homenagem aos dois músicos da minha banda cujos pais são metalúrgicos, a bilheteria dessa noite é toda para a greve.

Finalizado o show, Elis chamou Ione no camarim e lhe passou um bolo de dinheiro.

— Tome, é para os metalúrgicos.

— Vou entregar na mão do Henriquinho — respondeu Ione.

— O Henriquinho é o Henfil? Você é amiga dele?

— Sou.

Elis não titubeou:

— Diz que mandei um beijo na bunda dele!

Mais do que o recado, Elis emitiu o sinal de que uma cola potente reconstituiria o cristal partido em 1972. Os olhos de Henfil estarreceram:

— Porra, foi ela que mandou?

Diante da confirmação, comentou que era uma atitude legal de Elis dar força ao movimento. Não se alongou, insinuando que colaborar com a luta consistia numa obrigação de todo cidadão consciente. No íntimo, interpretou a doação de outro modo, conforme depoimento a Regina Echeverria, autora de *Furacão Elis*:

"Elis, eu notava, tinha a preocupação marcada ainda pelo episódio do enterro. Queria me provar que tinha mudado. Que continuava uma pessoa de confiança ideologicamente. E me colocando isso, sem nunca ter chegado perto e dito: 'Henfil, qual é a tua?' Como se eu fosse o inspetor de quem não é de esquerda, ela ficava querendo provar para mim que seu comportamento continuava de esquerda. Aí me mandava dinheiro do show que fez no Canecão."

Henfil voltou a solidarizar-se com os metalúrgicos na greve de 1980, coordenando as doações entre artistas e intelectuais. Além de destituir a direção sindical, o governo enquadrou Lula e outros sindicalistas na Lei de Segurança Nacional. Preso na madrugada de 19 de abril, Lula dividiu uma cela de seis metros de comprimento por três de largura, nos porões do Deops, com 18 companheiros. Havia camas-beliche apenas para 12 pessoas, o restante dormia no chão.

Durante os 31 dias em que Lula esteve trancafiado, entidades da sociedade civil, parlamentares, artistas e intelectuais atuaram para reverter o quadro repressivo. Os choques entre policiais e grevistas agravaram-se no ABC. A maré revolta exigia prudência de pescador. Henfil demonstrou esperteza para fustigar o regime sem cair no arrastão da segurança nacional. Primeiro, escreveu para Figueiredo: "Ô primo, podia pedir para esta sua mão estendida em conciliação o obséquio de soltar os operários presos?" Na carta para a mãe de 7 de maio, clamou pela soltura de Lula e de sindicalistas sem acirrar os ânimos. Quatro dias depois, acossados pela violência, com os salários suspensos e seus líderes presos, os metalúrgicos terminaram o movimento. Resistiram 41 dias.

* * *

Além da ponte com Lula, a Oboré aproximou Henfil de Fernando Henrique Cardoso.

A atração foi conjuntural e passageira. No pleito de 1978, o sociólogo representava a alternativa das forças progressistas na disputa por uma vaga no senado por São Paulo, concorrendo em sublegenda com Franco Montoro, ambos pelo MDB. Parte significativa da intelectualidade aderiu à campanha de Fernando Henrique, que decidira trocar o verniz acadêmico pelo corpo a corpo em feiras livres, ruas da Mooca e do Brás, estradas de barro, loteamentos da zona leste e portas de fábricas. Sua plataforma incluía a defesa das liberdades democráticas, da anistia ampla, geral e irrestrita, da revogação do AI-5 e de eleições diretas para os governos estaduais. Um dos primeiros ex-exilados que retomavam os direitos políticos, FHC simbolizava a volta da esquerda às disputas eleitorais.

Henfil integrou a força-tarefa de cartunistas que bolou desenhos para camisetas, plásticos e panfletos para FHC; deu palpites em reuniões de grupos de criação; comprou bônus e declarou reiteradamente o seu voto. Destinou integralmente ao fundo de campanha a bilheteria da *Revista do Henfil* na sessão de 11 de novembro de 1978. Anos depois, justificou o reforço ao coro por FHC: "Naquele tempo, Franco Montoro, Fernando Henrique e outros políticos do MDB estavam em mangas de camisa, *jeans*, calça Lee, identificados com o povo. Depois é que eles mudaram."

Montoro surrou nas urnas o candidato da Arena, Cláudio Lembo. Fernando Henrique não levou mas arrebatou, com indiscutível legitimidade, a suplência de Montoro. A ditadura não caiu com a vitória do MDB em quase todo o país, mas se enfraqueceu.

A crença em Fernando Henrique murchou à medida que Henfil se aproximava de Lula e da articulação que redundaria na fundação do Partido dos Trabalhadores, em 1980. Não foi uma simples escolha plebiscitária. Henfil confessou a Woden Madruga a sua decepção com FHC.

— Mas você fez campanha por ele, homem! — ponderou Madruga.

— Fiz, mas quando comecei a conviver com o Fernando Henrique, sem muita profundidade, sempre me batia na cabeça olhar para o solado dos sapatos dele. Então, meu nego, sabe o que descobri?

Que o solado era lisinho, não tinha um arranhão. Pensei: "Esse cara não anda com o povo." Aqueles sapatos eram de alguém que estava pisando em alcatifas e tapetes de veludo.

As ressalvas originaram-se na decisão de Fernando Henrique de não se agregar ao PT, permanecendo fiel ao PMDB, partido de frente, capaz de agasalhar tendências políticas as mais díspares. Os 1,3 milhão de votos recebidos em 1978 aumentaram o cacife de FHC, que passou a ser cortejado inclusive pelos organizadores do partido de Lula. Nos dias 2 e 3 de junho de 1979, no Hotel Pampas Palace, em São Bernardo do Campo, políticos, sindicalistas e intelectuais de esquerda discutiram o que fazer diante da reformulação partidária determinada pelo regime militar, com a extinção de MDB e Arena. Manobra hábil do general Golbery do Couto e Silva: os governistas se manteriam unidos no sucedâneo da Arena, o PDS, e os oposicionistas se fragmentariam em siglas.

Fernando Henrique prestigiou o encontro em São Bernardo, promovido por Lula, líderes sindicais, parlamentares e intelectuais que desejavam criar imediatamente um novo partido. Havia a expectativa, entre os futuros dirigentes petistas, de que FHC aderisse à agremiação, dada a afinidade revelada na campanha para o senado. Mas Fernando Henrique, evasivo, antecipou em linhas gerais a avaliação, assumida meses depois, de que a dispersão das forças de oposição em vários partidos era uma tática equivocada de combate ao autoritarismo. Segundo Lula, o primeiro desentendimento com o futuro adversário nas eleições presidenciais de 1994 e 1998 (ambas vencidas por FHC) ocorreu naquele encontro, quando Fernando Henrique manifestou desacordo com o nome Partido dos Trabalhadores, que a seu ver estreitava a plataforma ideológica.

— Nós vamos manter a sigla. Se você não concorda, não entra — reagiu Lula.

Henfil incluiu-se entre os petistas que foram se desencantando à medida que Fernando Henrique aprimorava o gosto pela negociação política e simpatizava com propostas de transição para a democracia menos aguerridas do que aquelas pregadas por correntes mais à esquerda abrigadas no PT. Ressentidos ou não, o fato é que petistas extremados desconsideraram que o senador Fernando Henrique solidarizou-se com Lula quando este foi preso e processado com base na LSN; e defendeu as liberdades públicas na tribuna do Senado, sempre que algum retrocesso as ameaçava. Difícil julgar, mas, com a estrela vermelha pulsando no coração, Henfil pode ter visto alcatifas e tapetes aveludados onde ainda havia resíduos de paralelepípedos.

Acervo pessoal

Presídio agrícola de Ribeirão das Neves (MG), anos 1940: onde Henfil nasceu e a família viveu.

Henfil, aos 2 anos.

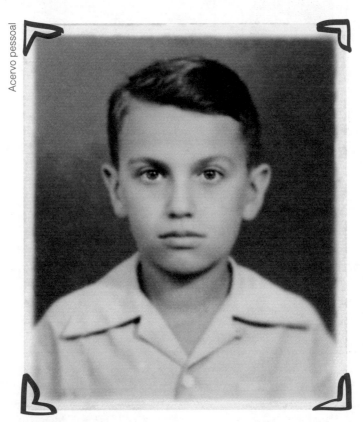
Henfil, aos 6 anos.

Carteirinha de estudante de Henfil, na Universidade Federal de Minas Gerais.

Acervo pessoal

Henfil, de óculos escuros, à esquerda, na noite de autógrafos do livro *Hiroshima, meu humor*.

Acervo pessoal

Henfil com a família no Rio de Janeiro (1971).

Na Feira de Caruaru, 1977.

Henfil no *bunker* de Higienópolis, São Paulo (1980).

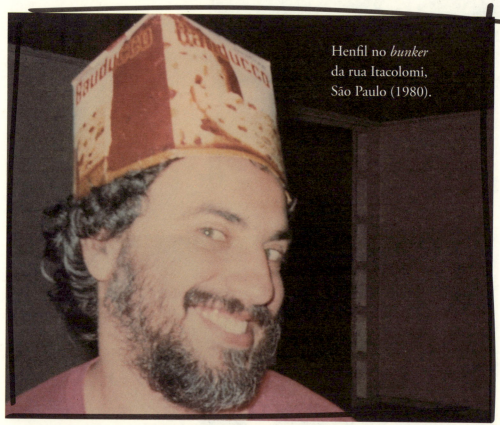

Henfil no *bunker* da rua Itacolomi, São Paulo (1980).

Henfil no programa *TV Homem*, da Rede Globo.

Acervo pessoal

Turma do colégio Arnaldo, em Belo Horizonte.
Henfil é o primeiro à direita, atrás do padre.

Henfil, de óculos escuros, recebendo o prêmio Cid Rebelo Horta de melhor cartunista do ano (1966), em Belo Horizonte.

Henfil no Rio de Janeiro em 1968, no apartamento do Flamengo.

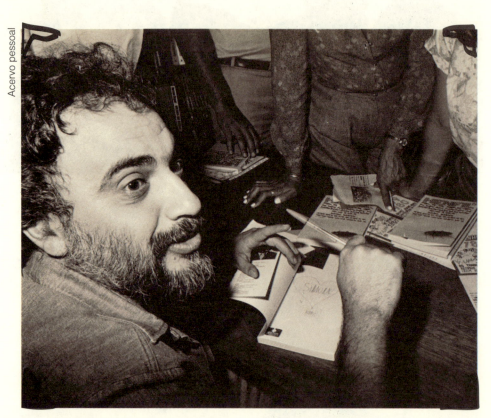

Henfil autografando o livro *Diário de um cucaracha*.

Carta de Henfil a Betinho em 23 de junho de 1978, na qual pode-se ler o trecho: "Eu realmente me sinto (não sentia não, ainda me sinto!) responsável por todos e por tudo, e tenho que dar resposta a tudo. Você só se esqueceu de dizer a palavra-chave que a gente aprendeu na Ação Católica: MISSÃO!"

Henfil com o guru, Frei Matheus Rocha (1979).

Henfil com Luiz Inácio Lula da Silva, em evento do PT (1982).

No embalo das campanhas das Diretas Já, Henfil elaborou o célebre desenho de Teotônio, usando chapéu-coco e com a bengala para o alto, reproduzido em camisetas vendidas pelo PT.

A revista *Fradim* tinha a intenção de expandir o humor político para além das fronteiras do *Pasquim*.

Os famosos personagens de Henfil.

O BUNKER

Glauco, Laerte, Angeli e Nilson: estes quatro nomes — e os que estão por vir — convergem para a rua Itacolomi, 419, 8º andar, o endereço de Henfil em São Paulo.

Já sabemos como ele se coligou com Laerte. Vamos ver agora como os outros ingressaram na esquadrilha do traço.

Em 1972, Angeli viajou ao Rio para apresentar seus desenhos ao *Pasquim*. Henfil recebeu-o com lufadas de atenção. "A forma como ele analisou os trabalhos me estimulou demais a prosseguir", rememorou Angeli, que passou a colaborar com o semanário e só tornou a vê-lo em São Paulo.

Um sábado, soou a campainha na casa de Angeli. Era Henfil, com um saco de feijão numa mão e um de arroz na outra.

— Vamos comer?

Angeli beliscou o braço até acreditar.

Nilson conhecia-o das charges no *Diário de Minas* e no próprio *Jornal dos Sports.* Naquele longínquo 1967, Nilson estreara, pelas mãos de Ziraldo, no *Cartum JS*. Uma tarde, entrou na redação e topou com Henfil. O contato lhe valeu inesperados toques para aprimorar os quadrinhos do Negrinho do Pastoreio, uma série que lhe abrira as portas da imprensa mineira. Voltaram a se esbarrar no *Pasquim*, antes e depois de Henfil viver nos Estados Unidos. Em 1979, a carreira de Nilson como cartunista necessitava de um empurrão e ele escreveu para Henfil. Quando o correio chegou com a resposta, Nilson pegou o primeiro ônibus para São Paulo.

"Ele mora aí?" Nilson assustou-se com o prédio de classe média alta, numa rua com belas amendoeiras, bairro nobre... O apartamento do 8º andar, com cem metros quadrados, praticamente caíra no colo de Henfil. Estava há meses para alugar e ninguém se interessava. Salão enorme, três banheiros (dois com banheiras), quatro amplos quartos, armários embutidos com pinturas chinesas cafoníssimas. O estilo *kitsch* desvalorizava o imóvel, e Henfil o alugou por um preço abaixo do mercado. Mas não se tratava propriamente de uma bagatela.

Poucos móveis, nenhum quadro, um sofá, almofadas. Na estante, uma dúzia de livros, entre os quais *Mutações,* de Liv Ullmann, *A Bíblia Sagrada*, um exemplar da Constituição de 1946, o Hinário pátrio e *Os pensamentos do general Figueiredo*. A escultura em ferro da Graúna reinava no carpete da sala, onde havia um mesão. A prancheta no escritório, que ocupava o menor dos cômodos, no fundo do corredor comprido. Aparelhos ortopédicos em um dos quartos. E os nefandos armários.

Henfil convidou Nilson a ficar lá.

— Ô rapaz, você fica aqui, não paga nada. Moramos eu, você e o Glauco. Olha, as coisas estão acontecendo em São Paulo.

— Está certo, Henfil, eu venho para este *bunker*!

Exato: um *bunker*. A palavra pegou.

Glauco, cartunista de Ribeirão Preto, já morava com Henfil. Ele conquistara um dos prêmios do 5º Salão do Humor de Piracicaba, em agosto de 1978, com Henfil no júri. O cartum satirizava a depressão de um censor desempregado. Angeli e Laerte, baratinados com o humor meio *hippie* e meio escrachado de Glauco, atraíram-no à Oboré; de lá foi um pulo para a Itacolomi.

Henfil persistia seduzido pelo ideal da existência coletiva, e um imóvel daquele tamanho prestava-se a abrigar aspirantes a pupilos. O *staff* formava a "população fixa" do apartamento: Maurício Maia, filho de Carlito, seu braço direito na produção gráfica e na organização do acervo; Rossana, sua sobrinha e secretária, filha de Tanda e Arnaldo; Gérson, o contínuo; e Sônia Regina Manso, a fisioterapeuta que duas ou três vezes por semana lhe ministrava exercícios. Apenas Glauco e depois Nilson residiam ali. A "população flutuante" englobava amigos, cartunistas, dirigentes de organizações de esquerda, sindicalistas, ex-exilados, artistas, namoradas etc.

O dono do *bunker* não acordava antes de 10h, tomava uma tigelinha de sucrilhos, lia os jornais, aboletava-se na prancheta e falava ao telefone com os eleitos (despachava diariamente com Carlito Maia, mas nunca estava para ninguém). Mandava trazer quentinhas para o almoço, e tome trabalho tarde adentro; o rádio sempre ligado, às vezes a tevê portátil. Saudoso da comida mineira, nos fins de semana cozinhava em casa (dizem que seu feijão tropeiro, "com tudo dentro", escandalizava, de tão saboroso) ou almoçava aos domingos na casa da irmã Tanda na Vila Mariana, na companhia do cunhado Arnaldo e dos sobrinhos.

A pobreza haitiana na decoração do apartamento contrastava com a atração de Henfil por novas tecnologias — herança do período em Nova York. Comprou videocassete com controle remoto, telefone sem fio, não sei quantas televisões em cores, batedeiras elétricas e equipamentos de som, e por aí vai. No entanto permanecia fiel ao que Nilson denominou de "estética de marinheiro dinamarquês": usava blusas grossas de gola rulê, calças *jeans*, blusão de couro rústico e durável. Protegia-se contra o rigoroso inverno paulista e nem por isso dormia de cobertor.

A vida no *bunker* parecia a de uma república socialista. Henfil dividia com Nilson agasalhos e roupas de frio. As refeições eram coletivas: todos se sentavam à mesa juntos, cada um lavava seu prato. A comida saía do orçamento de Henfil. Glauco e Nilson não pagaram, por bom tempo, telefonemas interurbanos.

Henfil acolhia amigos de fora, como o ex-deputado Francisco Julião, que, anistiado, retornara do México. Na primeira vez em que foram a São Paulo, Julião e a mulher, Marta, hospedaram-se na rua Itacolomi, a convite de Henfil. Para recebê-los, transformou seu quarto numa suíte presidencial. Ao entrar no dormitório, o casal se emocionou: em cima da cama, havia um arranjo de rosas vermelhas na forma de coração.

No soviete de Higienópolis, sobrevivia um extravagante patrão: ele. No caso, para Rossana, um tio-patrão, porque era sua sobrinha. Quando menina, Rossana apavorava-se com o tio Henfil. O sujeito aterrorizava com suas caretas, jogava os sobrinhos para o alto e ameaçava não amortecer a queda. As crianças divertiam-se, com um pé atrás. Uma década mais tarde, já instalado em São Paulo, perguntou a Tanda se Rossana não queria ser sua secretária. Aos 21 anos, ela trabalhava no arquivo de um banco e cursava o supletivo. Tanda demoveu-a a aceitar o emprego. Rossana estava com um medo desgraçado do famoso Henfil (perdera o convívio com o tio) e, ainda por cima, tinha ficado noiva, Henfil trocar o certo pelo duvidoso...

Rossana assessorou Henfil com o máximo de afinco e a solicitude de uma beata. Ele confiou-lhe tarefas díspares: emitir cheques, controlar a conta bancária, arranjar faxineira, providenciar fornecedor de marmitas, filtrar telefonemas, trocar o segredo do cofre e, sem brincadeira, comprar cuecas para ele! Era chato a ponto de querer ensinar Rossana a estender roupas no varal.

De manhã, Rossana consultava o tom dos bilhetinhos em cima da mesa para descobrir o humor do dia de um patrão que raramente a elogiava. Mas havia as sutilezas. No Dia da Secretária, recortou um anúncio de jornal em que o chefe dizia à secretária que ela fazia falta, apesar da datilografia péssima! À caneta, ele anotou: "Parabéns."

O lado generoso de Henfil emergiu quando Rossana o convidou para padrinho de casamento. Ganhou de presente uma televisão em cores, último modelo, escolhida por ela. Para alugar o apartamento em que moraria com o marido Júnior, Rossana venceu a timidez e pediu ao tio um comprovante de salário maior do que o efetivamente recebido. Obteve-o. De tão grata, faltou-lhe coragem, meses depois, para lembrar ao patrão de seu dissídio salarial. O aumento veio, com a sutileza de quem desejava ajudá-la na vida de casada, sem alardear. Henfil requisitou a cópia do recibo entregue à imobiliária, fez as contas e comunicou o reajuste para a quantia ali assinalada. O índice oficial de correção era muito menor.

Henfil também zelava pelo bem-estar da mãe, enviando-lhe mensalmente uma quantia em dinheiro, e continuava ajudando as irmãs. A família estava dividida geograficamente: Henfil e Tanda em São Paulo; Betinho no México; Dona Maria, Zilah e Glorinha em Belo Horizonte; Wanda, Filó e Chico Mário no Rio. Em fevereiro de 1981, Dona Maria, Glorinha e a filha Tatiana mudaram-se para São Paulo, o aluguel e a mudança pagos por Henfil. Equipou a casa com a última palavra em tecnologia doméstica: tevê em cores, máquina de lavar, lava-louça automática (comprou outra para Tanda), geladeira dúplex, fogão de seis bocas.

* * *

Protegidos por gorros, cachecóis e luvas, Henfil, Glauco, Laerte, Nilson e, por um tempo, Angeli embrenhavam-se pela noite paulistana. Empurravam-se, gozavam-se mutuamente, imitavam o jeito de andar de um amigo ausente, confidenciavam aventuras amorosas, azaravam.

Isso se os derrames nas articulações não o afligissem. E afligiam com desesperadora constância. Glauco e Nilson logo se acostumaram às broncas nos joelhos e nos braços, e a ver Henfil de bengala. Numa das crises, um pequeno coágulo no joelho o atormentou três dias. Ziguezagueava pela casa tentando dominar a dor. Chamar um médico, nem morto. Angustiado com aquele sofrimento, Nilson especulava uma saída. Sem mais nem menos, Henfil virou-se para ele e afugentou a dor cantarolando o refrão de Luiz Gonzaga: "Minha vida é andar por esse país/ para ver se algum dia me sinto feliz..."

Além de trabalharem na grande imprensa — Glauco, Angeli e Nilson na *Folha de S.Paulo;* Laerte na *Gazeta Mercantil* —, os *Henfil's boys* aplicavam capitais de imaginação na Oboré, em semanários alternativos e nos treinamentos supervisionados pelo guru. Sentavam-se na prancheta e desandavam a criar. Daqui a pouco, uma voz severa ecoava:

— Solte o braço!

Henfil ensinava-lhes truques, corrigia falhas e implicava.

— Nilson, para com esse traço grosso! Use a pena fina!

Apesar da raiva, Nilson sentia que os toques surtiam resultado: "O Henfil ia fundo; às vezes chegava a ser autoritário. Não que falasse de maneira ríspida, mas cobrava."

No afã de guiá-lo, Henfil pedia a Glauco que preenchesse uma folha de papel com risquinhos de caneta. Se o ritmo estivesse lento, segurava-lhe o braço e repetia:

— Vamos, continua de onde parou. Pensa, fala um e faz um risquinho. Pensa, fala dois e faz outro risquinho...

Quem o visse agir daquele modo poderia concluir que não levava fé no discípulo. Muito ao contrário, adorava o estilo de Glauco e venerava o seu cartum no qual um homem preso na parede por argolas de ferro cutuca, com a ponta do pé, a bunda do carrasco. Se não bastasse, Henfil, no bongô, e Glauco, na guitarra elétrica, completavam-se em noitadas de jazz.

Artista pronto e acabado, Henfil exagerava nos preceitos. De jovens ainda em lapidação, aguardava técnica e coerência às suas. "Na verdade, ele tirava um sarro em cima da gente", avaliou Glauco. "Mas nos deu toques que, mais calejado, considero fantásticos. Nilson acrescentou: "Na hora, eu medrava diante dele, o desenho parecia que não ia sair." Laerte completou: "A maior dificuldade era você tentar se sentir parceiro no mesmo nível, porque ele estava quilômetros à frente."

Henfil procurava influir na formação política dos rapazes, o que foi bem menos complicado do que os *workshops*. Todos aspiravam à plena redemocratização do país e inclinavam-se à esquerda, havendo entre eles um militante de carteirinha do PCB, Laerte. O humor participante na Oboré facilitava as lições de como explorar as contradições do poder pelo deboche. Se alguém vacilava na convicção democrática, não perdoava. "A posição política do Henfil era algo concreto: os cunhados guerrilheiros, o Betinho na clandestinidade, amigos mortos na tortura. Desiludia-se com aqueles que não tinham compromisso com nada, vide o Cemitério dos Mortos-Vivos. Não colocava panos quentes", atestou Laerte. De todos, o que menos se incomodava com a propensão de Henfil para pastor de almas era Laerte, por uma característica pessoal: "Sou inseguro, sempre quis viver em estruturas paternalistas que me guiassem, me gerissem. Daí a minha ligação forte com Henfil: ele funcionava para mim como regulador, como comando."

Na dobradinha com Henfil, Laerte cansou de ouvir a frase:

— Não quero piada, quero pauleira pura.

* * *

Teriam os órgãos de segurança olhos e ouvidos ligados no *bunker*? A julgar pelo prontuário de Henfil no Deops, não. O que, em hipótese alguma, quer dizer que o subestimassem. A pasta de Henfil no arquivo da polícia política de São Paulo até que era gordinha — embora a maioria dos registros se referisse a monótonos informes sobre eventos públicos de que participava (reuniões do Comitê Brasileiro pela Anistia, encontros e comícios do Partido dos Trabalhadores, debates com estudantes).

O nome de Henfil é citado nos relatórios sobre a imprensa alternativa e a Oboré, elaborados pelo Centro de Informações da Aeronáutica (Cisa), na área do IV Comando Aéreo Regional. Memorando confidencial de 3 de junho de 1980 enquadra as publicações sindicais como "instrumentos de incalculável valor para a conscientização da massa trabalhadora".

Cinco jornalistas foram nominalmente identificados no dossiê do Centro de Informações do Exército (CIEX) sobre a imprensa alternativa, publicado pelo *Jornal do Brasil* em 19 de abril de 1979. Mereceram a honraria Henfil, Millôr Fernandes, Ziraldo, Tarso de Castro e Jaguar, apresentados como "críticos e humoristas de esquerda". Para deter "a atividade nefasta da imprensa nanica", o documento sugeria nada menos que quatro medidas de curto prazo e seis de médio e longo prazos. A mais branda recomendava barrar o acesso de recém-formados em jornalismo a veículos alternativos, nos quais poderiam ser "doutrinados" por esquerdistas.

* * *

São Paulo encurtou um pouco a distância entre Henfil e o filho Ivan, que continuava morando no Rio de Janeiro com a mãe. Mesmo limitados a um ou dois fins de semana por mês, os contatos devolviam ao menino, agora com 9, 10 anos, a chance de estar com o pai após o interregno de Natal. Henfil deslocava-se ao Rio para vê-lo; de vez em quando, viabilizava a ida do filho a São Paulo.

Como Ivan percebia Henfil? Um homem divertido e fortemente apegado ao trabalho, que enviava por mensageiros os desenhos para jornais e revistas. Liberto dos compromissos, o pai levava-o ao Playcenter ou para passear de carro e lanchar fora. Os encontros atiçavam o desejo de Ivan de estreitar o convívio: "Eu sentia muito a falta de meu pai. Sempre que o encontrava, batia bastante papo para tentar compensar as semanas longe", lembrou.

Henfil telefonava e enviava-lhe cartas, não o suficiente para restabelecer a proximidade dos corpos. Ivan demorava a responder, aplicando, intuitivamente, uma estratégia de cobrança: "Queria mesmo era ver meu pai pessoalmente. Cheguei a não lhe escrever de propósito, para forçá-lo a aparecer mais."

Óbvio que coisas escritas por Henfil, de tão lunáticas, dispensavam (ou desaconselhavam...) comentários do filho. As dedicatórias em exemplares da revista *Fradim* tiravam Buda do sério.

"Ivan! Um tapão do teu pai, Henrique."

"Ivan! Te taco uma frigideira! Um beijo do Henfil."

"Ivan! Aí vão 30 laranjas, 22 abóboras, 26 mixiricas e 6 galinhas. Um beijo do papai do céu..."

Henfil preocupava-se em orientar o filho sem catequizá-lo. Desde criança, Ivan inclinava-se pelo desenho. Rapazinho, suava em bicas para imitar os traços do pai. Afinal, desistiu de copiar o estilo. Henfil aproveitou um passeio pelo Largo do Machado para aconselhá-lo:

— Seja o que for que você escolha, nunca faça uma coisa só. Eu, por exemplo, faço charges, desenhos, cartuns, pinturas, escrevo livros, fiz televisão e teatro, penso em cinema... Você tem que aprender várias coisas, dentro ou fora de seu campo profissional, para saber se virar nos momentos de aperto.

Em matéria de política, o pai de esquerda nunca disse para Ivan ser isso ou aquilo. Ideólogo camuflado, preferia toques sutis às ações diretas. Queria mesmo que Ivan chegasse, pela própria cabeça, aonde ele, Henfil, desejava. Pirralho ainda, o filho recebia cartas que tentavam lhe ensinar coisas que muitos marmanjos ignoravam — por exemplo, noções elementares de cidadania. Henfil enviou-lhe a cartilha que elaborou com Laerte para o Congresso dos Metalúrgicos de São Bernardo. Anexo, o bilhete: "Olha, estou mandando uma outra revista para você. Não é a do *Fradim*. É uma revista que eu desenhei com um amigo meu, o Laerte, para os operários aprenderem sobre os seus direitos. Sabe o que são direitos? Bom, o que você não entender da revistinha depois te explico."

O SULTÃO E SEU HARÉM

A cicatrização emocional após o rompimento com Berenice durou um ano, assim dividido: três meses de fossa braba; sete de conquistas amorosas; e dois de transição para um novo e duradouro amor. Glauco e Nilson testemunharam o período em que, livre e desimpedido, Henfil desfrutou como nunca de seu poder de sedução. Aliás, um poder com amparo astrológico. "Henfil tem direito a muita popularidade junto às mulheres pela própria posição da Lua em seu mapa astral: está em Câncer, signo do lar e do princípio." Entre namoros, romances, casos, amizades coloridas, uma-noite-e-nada-mais, flertes, quase namoros e rolocos, a conta de Glauco parou em vinte mulheres, mas ele admitiu que a lista aumentaria se continuasse na máquina de somar: "A fama atraía, e o Henfil saiu carimbando os selos por aí. Solto no ar, procurava viver o que não tinha vivido quando era casado. Ele era requisitado e também muito exigente. Por qualquer bobagem, perdia o encanto."

De 34 para 35 anos, Henfil antecipou-se à idade do lobo para curar a ferida narcísica da separação. Mas existe uma nítida linha divisória entre essas relações transitórias e o envolvimento de Henfil com mulheres que — namorando-o ou não — se tornaram suas amigas, como Elis Regina e Bruna Lombardi. Em longas conversas com Ione Cirilo, externava o anseio de conhecer mais profundamente a psique feminina. A compulsão, antiga em Henfil, expandiu-se pela necessidade de revalidar sentimentos e reposicionar-se no campo afetivo.

Focalizemos o caso Elis Regina. Uma dupla sensação impeliu-a em direção a Henfil: de um lado, pôr em pratos limpos o episódio da Olimpíada do Exército; de outro, conhecê-lo de perto. Depois de doar a bilheteria do Canecão para a greve dos metalúrgicos, Elis revelou a Ione Cirilo que gostaria de convidá-lo a escrever a contracapa do disco *Transversal do tempo*. O almoço a três transcorreu cheio de dedos, no restaurante Dinho's Place, na Alameda Santos. Henfil acabou não assinando a contracapa, mas desenhou no guardanapo uma brincadeira do Baixinho com a Graúna. Elis tentou reproduzi-lo no disco, mas não conseguiu.

O segundo encontro deu-se numa cantina próxima ao Teatro Bandeirantes, após a pré-estreia do show *Transversal do tempo,* em outubro de 1978. Elis, Ione, Henfil, César Camargo Mariano e os demais músicos ocuparam uma mesa grande. A cantora sentou-se em frente a Henfil e, traída pela emoção, disse:

— Olha, eu queria passar a limpo uma coisa. Você cometeu uma injustiça comigo, na história da Olimpíada do Exército. Fui gravar um especial na TV Globo, e a minha espera havia um militar. Ele me disse que, se eu não fosse por bem, ia por mal. Os caras da Globo, receosos, me convenceram a ir. O Ronaldo Bôscoli, com quem eu estava casada, se pelou de medo e ninguém o achava. Fui levada na marra e, se resistisse, seria presa. Tive que ir.

Henfil fitava-a sério. O desabafo continuou:

— Toda a minha raiz sempre foi contra a injustiça. Meu pai era operário. Cresci vendo como era dura a vida dele. Estou muito mais próxima do povo que sofre do que da posição que conquistei hoje. Paguei o preço de morar numa vila operária, onde tudo era difícil. Sonhava com tantas coisas... Queria um piano e nunca tive um piano.

A mesa recolhera-se para escutá-la:

— Estou dizendo isso para você porque te admiro, apesar de tudo. Na hora, fiquei puta da vida, mas não podia abrir a boca sequer para me defender. Não estava casada com um homem que me defendesse.

Tive muito medo. Se você quiser me enterrar porque tive medo, pode me enterrar. Fui levada num carro, o coronel na frente e dois seguranças atrás, eu no meio dos dois. Se não cantasse, seria presa. Eles me diziam: "Se o Roberto Carlos vai, por que você não iria?" Tive que ir, você entende?

Breve silêncio. Henfil respondeu:

— Não vou te perguntar nada. Só te asseguro uma coisa: nunca desenterrei ninguém no Cemitério dos Mortos-Vivos, mas vou desenterrar você.

De acordo com Ione, Elis se apaixonou por ele.

Henfil aceitou integrar a equipe de criação do especial de Elis, exibido pela TV Bandeirantes em 31 de dezembro de 1978. O elenco da *Revista do Henfil* gravou um número musical; Henfil e Elis dialogavam, frente à câmera, sobre greves. O programa foi ao ar sem tais sequências, cortadas pela direção da emissora, segundo Elis, que protestou sem conseguir reverter. No repertório do especial, Elis incluiu uma música pensando em Henfil — *Ilusão à toa*, de Johnny Alf.

Elis sondou Ione Cirilo:

— Será que Henrique vai se tocar que estou cantando essa música para ele?

— Você não acha que está mandando um recado muito através das estrelas?

— Mas está tão óbvio, não posso chegar e dizer pra ele que estou apaixonada.

Ione fez o papel de advogada do diabo: procurou quem de direito.

— Henriquinho, quero muito bem a Elis. Ela está num momento difícil. Não derrame muito mel com seu jeitinho. Se você não quer nada com ela, não alimente ilusão à toa.

— Eu já saquei. O meu jeito com ela vai ser numa de igual, de amigo e tal.

Ele confessaria que a relação com Elis o perturbou: "Fiquei curioso com ela, mas, ao mesmo tempo, com muito medo, porque eu sabia que aquilo era um vulcão afetivo, e que quem entrasse ia se afogar. Eu percebia que as pessoas caíam no vulcão dela e que eram pessoas muito fracas também. Passei a dançar com ela com a mão no ombro. Com muito cuidado. Ela queria uma relação maior do que eu queria."

Elis jamais se declarou a Henfil, garante Ione, mas espalhou evidências. Informada pela amiga de que Henfil curtiria o *réveillon* de 1978 na casa da irmã Tanda, Elis combinou de assistir lá ao especial da Bandeirantes. A passagem de ano não foi das melhores para Henfil, que sentia dores no cotovelo por causa de um derrame. Mesmo assim, brindaram juntos. "Elis ficou timidíssima, encolhida na cadeira. Parecia um ratinho enfiado debaixo do corredor", ele lembraria.

Os dois estreitaram o convívio no verão de 1979, quando Elis transformou "O bêbado e a equilibrista", de Aldir Blanc e João Bosco, em hino da anistia. Por coincidência, coube a ela apresentar Aldir a Henfil, após um ensaio de *Transversal do tempo*. Simpatia recíproca e instantânea. O compositor identificava-se com a visão de Henfil: o humor não deve livrar a cara de ninguém. A parceria de Aldir com Chico Mário encarregou-se de sedimentar os laços. Quando os três se encontravam, Henfil repetia e Chico endossava:

— Você precisa conhecer o nosso mano que está no exílio. Ele sabe mais do que eu e Chico juntos...

A ternura com que se referiam a Betinho comovia Aldir, que fixou "o mano" na memória.

Sábado à noite, João Bosco chamou Aldir em sua casa: tinha uma melodia pronta para ele letrar em cima. Bosco compusera a música em homenagem a Charles Chaplin, morto há dias, inspirando-se na harmonia de "Smile", canção-tema de Carlitos. Aldir rememorou:

"Primeiramente, fizemos algo meio chapliniano, mas depois resolvemos extrapolar, aproveitando a letra para falar do sufoco dos exilados. Como a música do João se estruturava como samba-enredo, achei que a anistia deveria ser cantada com um pouco de humor e sem pieguice. Henfil entrou na letra assim que optamos por falar do exílio. Eu não sabia direito como abordar o assunto, e 'a volta do irmão do Henfil' surgiu não só para forçar uma rima, mas porque sempre o ouvia falar do mano. Henfil e Chico não citavam o nome Betinho. Coloquei para criar expectativa de quem seria o irmão exilado do Henfil. Se eu falasse Betinho, ninguém saberia quem era. Daí para a frente, a letra saiu inteira."

O título "O bêbado e a equilibrista" embutia uma autorreferência: na época, Aldir bebia muito. Você consegue ficar impassível ouvindo estes versos?

Num especial da Rádio Jornal do Brasil, Henfil contou que, ao lhe mostrar a música, Elis disse que, mesmo com medo de sofrer represálias, iria gravá-la. À medida que ouviam juntos João Bosco cantar no gravador, Elis não parava de chorar. "Eu não sabia se prestava atenção na letra da música ou no nervosismo dela, na comoção que ela sentia", recordou o cartunista. Elis talvez tenha antevisto a importância da música para a anistia. Sob o impacto do choro incontido da cantora, Henfil ficou confuso e apenas feliz com a inclusão de seu nome na letra. Porém, ao ouvir a interpretação de Elis e o arranjo de César Camargo Mariano, ele literalmente desabou. Um instante de ardor vital, conforme seu depoimento a Regina Echeverria: "Eu desmontei ali. Quando Elis botou a voz, e eu percebi principalmente que ela estava botando mais a emoção do que a técnica, aí eu desbundei. Quando acabou a música, percebi que a anistia ia sair, e olha que estávamos no começo da campanha, mal juntávamos quinhentas pessoas."

Henfil pôs a música na vitrola e ligou para Betinho:

— Escuta aí, mano...

Uma calor subiu pelo corpo de Betinho. "Não dá para traduzir a emoção que senti", confessou. Na mesma semana, Henfil enviou para o México uma fita cassete com a gravação de Elis. Junto, um bilhete. "Mano velho, prepare-se. Agora nós temos um hino e quem tem um hino faz uma revolução." A comunidade de exilados brasileiros caiu em prantos. Ao se encontrar com Aldir Blanc, Henfil revelou: "O mano me disse que foi uma devastação emocional."

Elis pegou fundo com a alma que emprestou à música. A campanha pela anistia expandiu-se em comícios e manifestações, sempre embalados pelo fulgor das imagens de Aldir Blanc, pelos chaplinianos acordes de João Bosco e pelo timbre inconfundível da maior cantora brasileira de seu tempo. O nome de Henfil varou o país, e velhos e moços sensibilizaram-se com a situação do irmão exilado.

A pedido da cantora, Henfil desenhou, para o programa do show *Elis, essa mulher,* um encarte sobre "O bêbado e a equilibrista". Graúna, Zeferino e Bode Orelana aprontam horrores nos quadrinhos que acompanham cada estrofe da canção. No clima dos versos "Que sonha com a volta do irmão do Henfil/ com tanta gente que partiu/ num rabo de foguete", ele colocou uma foto 3x4 de Betinho.

Elis mandou para Henfil o encarte impresso, com um bilhete no verso: "Henrique, maravilha. Deus te pague. Muito carinho. Beijo nas mãos, Elis, 1979."

Cumprindo o que prometera a Ione Cirilo, Henfil contornou o assédio, driblando telefonemas de Elis.

O último telefonema entre Henfil e Elis ocorreu dois meses antes da morte da cantora, em 19 de janeiro de 1982.

— Henrique, sou eu. Que saudade, quero te ver, vamos nos encontrar amanhã.

Elis marcou um almoço para o dia seguinte. Não foi. Henfil chorou muito ao receber a notícia da morte dela. No Cemitério do Morumbi, declarou:

— Sem a voz da Elis, a anistia demoraria mais a vir.

* * *

São Paulo açulou o magnetismo entre Henfil e Bruna Lombardi que ventava desde Natal. Saíam, trocavam bilhetes amorosos, liam poemas de Bruna, ouviam discos horas a fio. A presença da modelo e atriz agitou o *bunker*. Titití, gente querendo vê-la de perto, linha telefônica ocupada. Embora Henfil não fosse de badalar, provocou suspiros ao levar Bruna à festa promovida pela Associação dos Artistas Gráficos de São Paulo (Agraf).

Com o título "Henfil dá uma geral em Bruna", o *Pasquim* publicou quatro páginas de diálogos entre os dois — além de sete fotos tiradas no *bunker*: ora abraçados, ora deitados lado a lado, ora um no colo do outro, ora rostos colados, ora caretas carinhosas, permanentes sorrisos. Um trecho:

Henfil: Qual seria tua reação se um homem saísse prum domínio físico violento em cima de você?

Bruna: Depende do homem, né?

Henfil: E se for "o homem"?

Bruna: Relaxo e desfruto.

A princípio extasiados com o casal, Glauco e Nilson passaram a mover uma oposição silenciosa a Bruna (que pode não ter notado). Sozinhos com Henfil, jogavam indiretas, numa torcida corintiana para que ele optasse pela estagiária da Oboré que conhecera há poucas semanas. (Essa moça já, já, vai entrar na narrativa para não sair mais.)

Não se sabe a extensão dos efeitos da guerrilha antiBruna. O fato é que, numa noite, depois de duas horas a sós com ela, segredou a Nilson:

— Os homens do Brasil inteiro estão com suas namoradas pensando na Bruna, e eu tô com a Bruna pensando na garota que quero namorar.

Bruna presenteou Henfil com um disco de Milton Nascimento e, de acordo com Nilson, desapareceu da rua Itacolomi.

Almoço de domingo na Vila Mariana. Tanda perguntou ao irmão:

— E a Bruna?

— Acabou, ela é muito possessiva.

Como Henfil detestava socializar sua vida afetiva, ninguém lhe pediu para se explicar melhor.

* * *

Com ou sem envolvimento amoroso, Henfil jamais deixou de cultuar pés femininos. Fantasia sexual, tara, obsessão, simples voyeurismo? A revista *Playboy* indagou se não se tratava de masoquismo ou fetichismo, e ele, com absoluta naturalidade, respondeu: as duas coisas juntas e outras mais. Distinguiu, porém, a celebração da sensualidade dos pés de desvios patológicos: "Eu acho muito mais gostoso esse meu sadomasoquismo em termos sexuais, porque não chega à doença ou à depravação, como muitos pensam. Chega ao gostoso. Me dá muito prazer."

Nas cartas e dicas do *Pasquim,* Henfil cobiçava pés femininos; era ostensivo na paquera, fosse a escolhida quem fosse (geralmente, atrizes e cantoras). Assediou os pés de Gal Costa durante três edições do *Pasquim* (212, 213 e 214, julho/agosto de 1973). "Gal, para não contaminar teus lindos e dominadores pés, eu beijo a sola de teu tamancão de 15 quilos mesmo!"

Não se engane: os pés de Gal só reluziram no panteão até Henfil apaixonar-se por Berenice. O amor comportava uma alucinação pelos pés dela.

Dez anos depois de trocar os pés de Gal pelos de Berenice, elegeria os da cantora Rosemary como "os mais bonitos do Brasil". Ele desatinara ao ver na revista *Manchete* uma fotografia da cantora de corpo inteiro, com os pés descalços.

Ainda em 1983, a revista *Contigo* quis saber qual era a estrela mais *sexy* da TV brasileira. Nem a mais atilada das videntes acertaria. Henfil se confessou fascinado pela apresentadora Hebe Camargo, então com 54 anos e mais de trinta de carreira. Hebe Camargo? Não a condenara ao Cemitério dos Mortos-Vivos, em 1972, pelos aplausos fáceis? Pois é, esquece, diria Henfil. Onze anos haviam transcorrido, e agora derramava-se de excitação: "Se os ombros dela são assim, imaginem os joelhos!"

Hebe soube e telefonou convidando-o a ir a seu programa na TV Bandeirantes, no domingo seguinte. Ao entrar no palco, Henfil decepcionou-se: a apresentadora vestia uma jaqueta bordada com paetês, que lhe escondia completamente os ombros.

— Cadê seus ombros, Hebe?

— Ah, hoje está muito frio.

O olhar suplicante do humorista surtiu efeito: Hebe tirou a jaqueta e ficou só de top.

Acomodaram-se no sofá, Hebe bobeou e Henfil sapecou-lhe um beijo no ombro esquerdo. O auditório delirou. De tanto que Hebe riu, a maquiagem dos olhos escorreu pelo rosto.

Não satisfeito, insistiu para que Hebe lhe desse, de lambuja, o par de sapatos bordados que calçava. A plateia ajudou, e Hebe, não resistindo aos galanteios, cedeu os sapatos. Como se tivesse ganho um troféu da Fifa, Henfil esmurrou o ar de satisfação.

O SEGREDO DE LUC-LUC

Quem era a estagiária da Oboré que balançou o coração de Henfil? Lúcia Hunold Lara, 15 anos, cursava a primeira série do segundo grau no Colégio Sagarana (reduto dos filhos da esquerda) e fazia balé. Politizada, participava da reorganização do movimento secundarista. Lia o *Pasquim* e a *IstoÉ*. Graúna, Zeferino e as cartas para a mãe entrecortavam o imaginário de Lúcia. "Henrique ainda era para mim o Henfil: um intelectual importante, um combatente contra a ditadura. Uma pessoa por quem tinha uma admiração muito grande. A parte da minha geração que vivia em política não perdia os desenhos dele."

Ela estava estagiando havia pouco tempo no Centro de Memória Sindical, ligado à Oboré. Na véspera do Dia das Mães de 1979, a equipe combinou de se encontrar em um apartamento na esquina das ruas Mateus Grow e Pinheiros, a pretexto de acertar o esquema de distribuição em São Bernardo do Campo da revista editada pelo Centro. Na verdade, tratava-se de uma festa como outra qualquer. A Oboré compareceu em peso, e Henfil deu o ar de sua graça. Bebendo refrigerante, ele fixou aquela adolescente morena, cabelos lisos e compridos, sorriso cativante. Lúcia, dançando, achou estranho o olhar persistente, mas não fazia a menor ideia de quem fosse o barbudo. Ele sentou-se ao seu lado, na varanda meio escura, e puxou uma conversa interminável. Para variar, falou coisas engraçadas — e quis saber tudo sobre ela.

Três horas da manhã. Lúcia, com doce ingenuidade, disse à patota:

— Ih, meu Deus, vou precisar de uma carona.

Ao lado de Laerte, Henfil entrou no vácuo:

— Para onde você vai?

— Para onde vocês vão? — ela inverteu a pergunta.

— Mas para onde você vai? — ele insistiu.

— Para o Butantã.

— Mas é o meu caminho! Moro em Higienópolis.

Lúcia acusou o "erro" geográfico.

— Que seu caminho? O Butantã é para um lado da cidade e Higienópolis é para o outro!

— Eu te levo, não tem problema.

Laerte despediu-se dele:

— Então, tá, Henfil...

Lúcia pensou: "Henfil? Devo ter ouvido mal."

A caminho de casa, convenceu-se do inevitável — era o próprio, em carne e osso. Não ficaram a sós porque o cartunista Petchó foi junto no carro. Henfil pediu o número do telefone e Lúcia hesitou. Não por ele; queria evitar que Petchó soubesse, pois a vinha paquerando.

— Ih, eu não paro em casa, me liga para a Oboré que você me acha.

Saída providencial. Nem tanto. A Oboré restringia telefonemas particulares. Henfil cansou de ligar e obter a mesma informação: não está. Tentou dar toques sutis em Lúcia. Mandava cartuns para a imprensa sindical assinados por "Henfil Luc". Codinome para confundir a repressão? Negativo. No bate-papo durante a festa, notara que Lúcia era um pouco aflita com as coisas. Apelidou-a de Luc-Luc, numa alusão ao personagem de quadrinhos Lucky Luke, o gatilho mais rápido do Velho-Oeste. O recado cifrado não vingou, pois Lúcia lia apenas ocasionalmente as publicações da Oboré.

Até o dia em que ela encontrou o recado: "Ligar para Henfil." Quem atendeu no *bunker* foi Rossana. Lúcia associou mentalmente a voz feminina à de uma rival: "Filho da puta! É casado!" Henfil atendeu, jogou confetes, mas ela, contrafeita, se fez de difícil.

Sigilosamente, Henfil conseguiu o telefone da casa de Lúcia. E você supõe que ele ligou numa hora civilizada? Às oito horas da manhã de um sábado, tiraram a adolescente da cama por causa do telefonema. Henfil usou uma desculpa esfarrapadíssima. Lúcia tinha lhe contado que, nas horas vagas, datilografava teses para pagar o curso de balé. Ele lhe propôs datilografar uma entrevista para o *Pasquim,* e ela topou.

Lúcia não podia supor que ele fosse tão moleque. Morria de rir com as loucuras que ele inventava com extraordinária facilidade. Em suma, não custou a fascinar-se. Mas esbarrou no medo de envolver-se com um homem vinte anos mais velho e astro da mídia. Ainda por cima, ela acabara de completar 15 anos, tinha hora para chegar em casa...

Ela lembrou as sessões de análise em que tentava organizar a sublevação interior atiçada pelo diabo de oito letras. "Henrique quebrou muitas expectativas minhas, e isso me assustava. Ao mesmo tempo, me encantava, porque era engraçadíssimo, inteligentíssimo. Hoje, tenho a sensação de que nem um por cento de sua genialidade veio à tona. Sonhava o tempo inteiro, qual um mágico retirando coisas da cartola. Tinha uma coisa muito linda no pensamento: a absoluta liberdade. Eu, que vinha de um lugar cheio de clichês, de coisas politicamente corretas, ficava olhando aquilo magnetizada. Enfim, sentia-me, a um só tempo, atraída e apavorada."

Lúcia partiu para 15 dias de férias em Ubatuba. Na véspera, Henfil propôs ao telefone:

— Quero conversar com você.

Lúcia resistiu querendo.

— Vou viajar e, na volta, a gente conversa.

Sol de inverno, a brisa do litoral paulista, areias desertas, e as dúvidas perduravam: "Por conta dos meus medos, estava em pânico com a ideia de namorá-lo. Henrique era a minha primeira grande paixão. Aliás, uma série de paixões simultâneas: pelo homem, pela luta comum, pela inteligência dele. Algo muito forte."

Uma semana longe, Lúcia ligou para São Paulo e soube que ele havia viajado para receber um prêmio em Belo Horizonte, e nem para lhe contar que ia. "Tive um chilique de ciúme", ela admitiu com bom humor. Pôs a cabeça no lugar. Tudo contra: vinte anos mais velho, famoso, disputado pelas mulheres, próximo de Elis Regina, de Bruna Lombardi... Voltou de Ubatuba decidida a desistir.

Horas depois, reviram-se. Com a fala ensaiada, Lúcia enumerava as razões para não namorá-lo, quando Henfil a interrompeu para desarmar o final anunciado.

— Você já viu aquele anúncio de cigarro que termina com a mocinha escrevendo no maço: "Eu te amo"? Pois é, acho que vou comprar aquele cigarro...

Lúcia entregou os pontos. O namoro brotou ali: 17 de julho de 1979. Henfil não era exatamente o genro que os pais de Lúcia pediram a Deus — ao menos no início. A família fez pressões contra o namoro. Os argumentos giravam em torno das diferenças de idade e de estágios de vida (Henfil maduro, situado na vida; Lúcia, uma adolescente), além da preocupação com a hemofilia. A saída foi namorar escondido, se é que os pais dela não desconfiavam. Para evitar constrangimentos, Henfil deixava-a a uma quadra de casa.

Entre os amigos e parentes de Henfil, a notícia de que estava namorando uma garota de 15 anos causou *frisson*. Ele teve que administrar descrenças.

Tanda reagiu:

— Você vai adotar uma filha, né?

A turma de Natal soube de Lúcia pela carta de Henfil a Fernando Bezerra, datada de 3 de setembro de 1979: "O coração tá curtindo paixão nova, muito nova e até proibida. De repente, surgiu e tomou conta. Cresce e me adormece. Ninguém vai aceitar. Vai só acostumar.

Acomodar. Mas, depois, a coisa vai andar com as bênçãos de todos. Você nem imagina e eu não vou contar por carta. Só ao vivo. A proteção dos amigos é que tem garantido."

O quadro de resistências foi se alterando à medida que se cristalizavam os indícios de harmonia cósmica entre o homem de 35/36 anos e a garota de 15/16. Tanda reconhece que falhou no juízo sobre "a filha adotada" pelo irmão: "Lucinha foi alguém muito importante na vida do Henriquinho. Meiga, sensível, educada. Conquistou-o de novo para o amor, devolveu-lhe alegria de viver, incentivou-o a produzir. A cabeça dele, que vinha de uma fase difícil, acertou-se com ela."

O sultão, em estado de graça, decretou a dissolução do harém. Parou em Lúcia.

O convívio desvendou os segredos, as manias e as chaves do caráter de Henrique. Lúcia descobriu um leitor voraz: quatro jornais por dia, revistas, folhetos, bulas de remédio e o que pipocasse ao alcance dos olhos. Não ia com tanta sede ao pote dos livros. Se por acaso a obra o cativasse, o fim de semana era voltado às páginas.

Henfil supervalorizava o retiro no lar. Ouvia música, assistia à televisão, lia e, óbvio, trabalhava nas folgas. O monge Henfil trajava calça *jeans*, camiseta Hering e sandálias de couro. Achava-se chiquérrimo com um *jeans* novo. Lúcia tentou atualizar o estilo, presenteando-o com camisas de algodão, lisas e listradas. Quando o convidavam para paraninfo em universidades, Lúcia desfechava uma ofensiva para que ele se arrumasse.

— Pô, Henrique, vai estar todo mundo bem vestido! Põe uma roupa legal.

— Não, estou superchique. Olha a minha sandália nova!

Lúcia acostumou-se com o ritmo frenético da oficina de humor. De segunda a sexta-feira, restavam migalhas para o lazer. Henfil e equipe dedicavam vários sábados e domingos à Oboré. O coletivo espalhava-se pelos cômodos para esquematizar as campanhas. Ficou célebre o slogan "Mexeu comigo, mexeu com o sindicato!"

Um de seus predicados era dar bons presentes. Mas que não se abusasse do coração enorme. O lado terno poderia enegrecer-se de um minuto para outro se ele se julgasse injustiçado ou traído. "Se você fizesse uma injustiça com ele, não tinha volta" contou Lúcia. "Ele não esquecia quem pisava na bola. A aliança política para o Henrique era uma coisa sagrada. Não tinha essa história de se aliar com qualquer pessoa, não. A coerência precisava ser a mais absoluta possível, o que nem todas as pessoas entendiam. Por pensar assim, pagava um preço alto. Exigir coerência de todo mundo sem ser incompreendido? Impossível. [...] A falta de generosidade magoava-o barbaramente. Significava para ele falta de afeto pelo outro. Portanto, não havia segunda chance se você falhasse nas coisas fundamentais. Amava e odiava com a mesma intensidade."

A busca de coerência nos 365 dias do ano às vezes descambava para a ortodoxia. Na vaga dos jornalistas e profissionais liberais que compraram terrenos na Grande São Paulo, depois transformados em aprazíveis sítios para aproveitar fins de semana longe da aridez da metrópole, Humberto Pereira reservou o seu quinhão em Sarapuí. Certa vez, levou Henfil até aquele paraíso. Em frente ao seu terreno, havia um à venda, a preço de ocasião. Humberto nem exercitou o latim dos tempos de seminário para convencer o amigo a comprá-lo — em 2 de fevereiro de 1982 estava lavrada a escritura.

E, no entanto, podem ser contadas em duas mãos as idas de Henfil a Sarapuí. Durante nove meses, apresentou o pedaço de terra a Dona Maria e a Ivan, e apenas cogitou de encomendar tijolos, cimento e telhas coloniais. Um dia, foi andar com Humberto pelo terreno.

— Escuta aqui, a divisa do meu terreno é ali naquela cerca? — perguntou Henfil, apontando para uma pequena cerca a 30 metros.

— Não, é depois da cerca.

— Então, é ali naquele mato?

— Também não. Aquele mato tem uns 70 metros...

Ressabiado, Henfil deu alguns passos e insistiu:

— Quero ver a divisa desse terreno. Humberto esticou o braço e descreveu:

— O terreno é depois daquele mato. Vêm os eucaliptos, depois uma matinha natural e chega-se ao rio. A divisa é no rio.

Henfil franziu a testa, intumesceu o olhar.

— Ah, não. Eu não posso ter uma propriedade onde não enxergo a cerca. Se vivo metendo o pau nos latifundiários, apregoando a reforma agrária, como vou continuar sendo dono disto aqui?

Pôs o terreno imediatamente à venda. A fidelidade ideológica, exagerada ou não, sobrepunha-se aos eucaliptos e às águas claras do rio.

Humberto culpou-se: não fora ele que despertara o sonho de Sarapuí? E se Henfil não achasse comprador? Para aplacar a consciência, Humberto fez as contas e se comprometeu a comprar o terreno, desde que o pagamento fosse a perder de vista. De sinal, ele deu um telefone sem fio, suprassumo do progresso tecnológico que acabara de trazer de uma viagem a serviço nos Estados Unidos. Louco por novidades eletrônicas, Henfil nem discutiu e já se iniciou nas teclas. O restante foi pago, religiosamente, em 28 promissórias (de 11 de novembro de 1982 a 9 de maio de 1985). Uma transação como outra qualquer. Menos num ponto: a cada promissória paga, o recibo de quitação era uma charge personalizada.

* * *

Em meio ao namoro com Lúcia, ocorreram fissuras no *bunker*. Henfil e Angeli desentenderam-se e nunca mais trabalharam juntos. Na raiz da dissensão, a rebeldia de Angeli diante do que ele chama de "tendência de Henfil a controlar a vida dos outros". Os dois colidiram na esfera do humor. Com a abertura, o cartum de Angeli enveredou pela crítica de comportamento — tendência que se tornaria hegemônica nos quadrinhos dos anos 1980. Henfil discordou dessa guinada, chegando a escrever no *Pasquim* a famosa frase: "Esse tipo de humor serve à direita."

Angeli justificou-se: "Eu achava que discutir comportamento era muito mais político do que discutir a política oficial. Mas o Henfil não entendia assim. Quando ele percebia que havia alguém na mesa de trabalho falando alguma coisa fora do tom, ficava meio mordido. Aprendi a valorizar o cartum de comportamento observando o trabalho dele. Os Fradinhos e o Preto-que-Ri, por exemplo, são personagens que exploram o comportamento. Henfil foi um dos meus mestres. O problema é que, depois, na fase engajada e politizada, ele radicalizou, e eu não concordava mais. Como não concordo até hoje. Acho que o humorista que começa a trabalhar para uma ideologia faz propaganda, e não humor. Ele precisa ser um franco-atirador. Quando notei que meu trabalho estava excessivamente comprometido, dei uma reciclada, e o Henfil não aceitou."

O estopim aconteceu no dia em que começou a tocar no rádio "O bêbado e a equilibrista".

— Vamos escutar — disse Henfil, interrompendo a conversa. Angeli o desafiou:

— Eu só gosto da melodia dessa música.

Henfil reprovou-o com o olhar penetrante e calou-se. Décadas depois, Angeli confessou que quis provocar a briga: "Henfil não pediu que ouvíssemos a música; ordenou que escutássemos um hino. Eu gostava e gosto da música, mas achei que era a hora do atrito, pois estava saturado."

Angeli não apareceu mais.

Glauco deixou o ninho da Itacolomi no segundo semestre de 1979, queixando-se do excessivo paternalismo de Henfil em relação ao seu trabalho. "Eu me senti bloqueado com as cobranças dele e achei melhor me afastar", resumiu.

Uma rusga política distanciou Laerte de Henfil. O campo de harmonia se desfez quando Henfil atacou a estratégia cautelosa de setores de esquerda que aceitavam uma solução negociada para a concessão da anistia e a convocação da Assembleia Nacional Constituinte. Laerte — que no PCB partilhava dessa concepção — telefonou-lhe da casa da mãe. O diálogo beirou a rispidez.

Henfil: — É uma pouca-vergonha o que está acontecendo. As pessoas estão querendo uma Constituinte de joelhos, uma anistia de quatro! Estão querendo fazer acertos com o carrasco!

Laerte: — Não é bem assim. Você precisa entender... Temos que ir com calma, senão o barco vira, a casa cai...

Henfil: — Que calma nada, porra!

Nilson foi o último dos cartunistas a separar-se de Henfil, em janeiro de 1982. A relação desgastou-se a ponto de emudecerem dentro de casa. Registre-se a conexão com o caso Glauco: Nilson cansou-se do "patrulhamento criativo". Pressentiu que havia se esgotado em Henfil a ânsia pela vida comunitária. O namoro com Lúcia consolidara-se, e ele talvez desejasse privacidade. Nilson abreviou ao máximo a sua permanência na Itacolomi, retornando a Belo Horizonte. Somente um ano depois retomaram os contatos.

Claro que não há culpados pelo esfacelamento do *bunker*. Os dilemas entre Henfil e seus pupilos obedeceram a entrechoques de temperamentos e de visões do mundo. Possivelmente, todos romantizaram a perspectiva de uma criação coletiva duradoura ou superestimaram afinidades. Henfil talvez tenha pretendido tirar a massa do forno rápido demais, esquecendo-se de que cada artista, por mais jovem que seja, tem o seu próprio tempo de fermentação.

Nilson analisa com equilíbrio a cota de responsabilidade de Henfil na desintegração da força-tarefa: "É dificílimo encontrar uma pessoa tão generosa e íntegra quanto Henfil. Quando gostava de alguém, entregava-se totalmente. Uma pessoa terna, divertida, de uma atenção fantástica. Estimulava, tocava você para a frente. Mas, se ele achasse que a relação tinha se esgotado ou se se contrariasse com as diferenças, era capaz de te negar, de te ignorar. Ficava amargo. Você precisava gostar muito do Henfil para entender as dificuldades afetivas dele em relação aos outros."

As criaturas podem ter escapado ao controle do seu criador, mas jamais foram avarentas em matéria de gratidão. Angeli, Glauco, Laerte e Nilson, sem exceção, reconheceram a primazia de Henfil como matriz artística e inspiração.

Após a briga, Angeli receava pela reação de Henfil no dia em que se revissem. Surpreendeu-se. "Nós nos encontramos em eventos, e os olhos dele ainda demonstravam carinho por mim." Anos depois, Angeli decidiu convidar Henfil para uma edição especial da *Chiclete com Banana*. Telefonou várias vezes — ele estava internado. "Fiquei com a frustração de ter brigado com uma pessoa muito querida e não ter conseguido me reconciliar a tempo." Angeli nunca esqueceu o gesto solidário de Henfil durante a greve dos jornalistas de São Paulo, em 1979. Com o salário cortado por ter aderido ao movimento, Angeli ficou sem saber o que dizer quando Henfil lhe deu duas notas de mil cruzeiros. Ele não queria aceitar a ajuda, mas Henfil insistiu:

— Tome, leve. Você está em greve e sem salário, e tem casa e mulher.

O que aprendeu com Henfil? "Ele me ensinou a colocar sempre a minha posição nos desenhos, a não fugir da afirmação. E, mesmo radical nas brigas, me provou ser um cara brilhante, com inteligência no olhar."

Em fevereiro de 1988, quando Henfil já não estava mais entre nós, Glauco e Laerte o homenagearam no número 5 da revista *Geraldão*. O texto de abertura, assinado pelos dois cartunistas, inventariava as vivências: "Éramos um grupo de desenhistas, e a intenção foi produzir em conjunto, que nem uma oficina. Funcionou bem durante um tempo, suficiente para a gente se apaixonar uns pelos outros, e depois desandou, como as paixões desandam às vezes. [...] Mas a gente aprendeu paca com o Henfil. Tipo intensivo madureza. Aprendeu que o traço tem que obedecer às ideias, e não o contrário. Que tem hora de ficar sério e hora de esculhambar a seriedade."

* * *

O *bunker* não existia mais quando Henfil e Lúcia decidiram se casar. Vivendo praticamente juntos, tinham passado o Carnaval de 1982 na praia de Jacumã, próxima a Natal, com Fernando e Candinha Bezerra. Os dois últimos a deixar a Itacolomi, sem problemas, foram Maurício Maia e Rossana (às vésperas de ter seu primeiro filho). O 8° andar retomou sua condição de simples moradia.

Para selar a união do casal, foi preciso apagar um princípio de incêndio. Lúcia, 18 anos, fincou pé: festa ou cerimônia em igreja, nem pensar. Não convinha a uma militante de esquerda. No civil, seria impossível, pois ele era desquitado e não homologara o divórcio. Henfil entrou no circuito, falou com os futuros sogros e chegou-se a um meio-termo. Frei Mateus Rocha, seu ídolo desde os tempos da Juventude Estudantil Católica em Belo Horizonte, abençoou o casal, na casa de Lúcia. O noivo convidou apenas três parentes — Dona Maria, Tanda e Arnaldo — para o enlace, realizado em 24 de julho de 1982. Dona Maria, aliás, já morava com Henfil e continuaria morando após o casamento. Sempre na dela, sem se intrometer na vida do casal. Os fins de semana passava com Tanda.

O dia a dia confirmou para Lúcia o homem generoso e atento aos menores detalhes. A política sempre em primeiro plano. "Fui posta nas trincheiras por ele. A melhor formação quem me deu não foi a universidade, nem os livros. Foi ele", enfatizou.

Lúcia descobriu as sutilezas do marido. O ciúme, por exemplo. Era dissimulado, para não ter que dar o braço a torcer. Defendia os espaços de liberdade individual dentro do casamento, mas... se Lúcia saísse com amigos da faculdade (casou-se no primeiro ano de psicologia da USP) e voltasse às 6 horas da manhã, nada a opor. Encontrava-o roncando. Ela chegou a pensar: "Puxa, o Henrique não se incomoda mesmo." Até que um passarinho lhe contou a verdade. Henfil ficava aguardando a chegada dela, entre um cochilo e uma cena mais barulhenta da *Sessão Coruja*. Quando ouvia a chave se enroscar na fechadura, voava para o quarto, abraçava o travesseiro e simulava um ronco.

Henfil implicava com as maratonas de bioenergética de que Lúcia participava em Visconde de Mauá, reduto dos adeptos da vida alternativa. Ele não se conformava.

— Você vai acabar na seita Moon...

Ou mais cáustico:

— No fim dessas maratonas, eles distribuem suquinho de uva?

Irritava-o ouvir Lúcia repetir o vocábulo "super".

— Você precisa cortar os superlativos de seu texto.

E ela:

— Henrique, para! Marca por zona, porque homem a homem é duro.

Toda vez que tiravam férias, os dois se aborreciam. O joelho começava a doer, seguramente uma reação psicológica ou orgânica à interrupção do ciclo produtivo. Não houve um ano sequer de normalidade. A compulsão pelo trabalho era tamanha que ele dizia que, se parasse, nunca mais recuperaria o pique para criar. Talvez não fosse questão de pique. Férias implicavam perder tempo — ideia perturbadora para uma pessoa que convivia com o sentimento da morte iminente.

Nas discussões, tentava persuadi-la de que suas posições eram as mais corretas. Se concordasse com o raciocínio de Lúcia, mudava de tática: tentava demonstrar que desde o início pensava como ela! Se estivesse numa fase *zen*, cortava o bate-boca de forma inigualável: saía dançando pelo apartamento, como um Mikhail Baryshnikov. Nas oscilações de temperamento, podia atravessar um dia com monossílabos. A regra, porém, era o desarme de expectativa. Lúcia, uma noite, trancou-se no quarto, furiosa. Ouvia apenas os passos no corredor. Daí a pouco, ele empurrou de leve a porta e pôs o rosto sorridente no vão:

— Dona Onçaaaa!

Espalhava bilhetinhos pelo apartamento, com desenhos ou palavras engraçadíssimas. Impossível brigar para valer. A não ser que se exigisse dele, a qualquer preço, o reconhecimento de seus deslizes. O divórcio viria a galope, porque Henfil não pedia desculpas. Penitenciava-se de modo sutil.

Ele guarnecia demais seus afetos e vacilava em se entregar. Uma frase de Lúcia Lara condensou sentimentos comuns a outras pessoas: "A ternura do Henrique era tão grande que ele morria de medo dela. Fiquei sabendo muitas coisas que ele achava de mim pela Leila Valente. Quer um detalhe? Ele odiava receber flores e também não dava. Considerava um absurdo cortar plantas: 'Você está me dando um cadáver.' Os carinhos mais derretidos afloravam disfarçadamente. Certos bilhetes carinhosos que me escrevia vinham na boca da Graúna; usava a personagem para isso. Talvez tentasse ocultar um pouco a sua imensa ternura para manter a fama de durão. A entrega do Henrique era muito complicada, sem dúvida."

O mesmo homem em apuros com a afetividade cercou-se sempre de amigas, interlocutoras, confidentes. Parecia despojar-se dos condicionamentos de macho/masculino/homem para doar ouvidos às amigas e compartilhar anseios e apreensões próprios da alma feminina.

São elas que o afirmam.

Ione Cirilo: "Ele sabia tudo de mulher. A porção feminina dele era acesa, atenta, desenvolvida."

Iza Guerra: "Em primeiro lugar, Henfil admirava as mulheres. E demonstrava enorme curiosidade pela sexualidade. Perguntava como era o orgasmo, o prazer e os desejos femininos. Compreendia bem as mulheres, desde que não fosse a mulher dele, porque aí ele voltava a ser o mineiro arraigado, meio mandão."

Lúcia Lara: "Nenhuma pessoa na minha vida me entendeu tanto quanto ele. Henrique tinha uma coisa de olhar para a mulher e ver isso de um ponto de vista feminino, totalmente diferente do masculino."

CARETAS E ODARAS

Na passagem de 1978 para 1979, Henfil situou-se no âmago de uma controvérsia que se irradiou pela mídia como um rastilho de pólvora: as "patrulhas ideológicas". As discordâncias entre Henfil, de um lado, e Caetano Veloso, Gilberto Gil e Glauber Rocha, de outro, remetem a 1968, quando o meio artístico e intelectual já se apresentava bifurcado entre duas correntes. De um lado, a esquerda engajada, hegemonizada pelo PCB e seus aliados, que, além de valorizar uma estratégia de acumulação de forças para debilitar progressivamente a ditadura, encarava a arte como ferramenta para a formação de consciência crítica. De outro, a contracultura, que vivenciava um conjunto de valores e comportamentos voltados à experimentação formal e à procura da libertação pessoal.

Para os engajados, a contracultura abstinha-se de uma ação consequente contra a ditadura e se enredava no existencialismo alienado. Já os vanguardistas incomodavam-se com o pedagogismo da arte participante e as camisas de força ideológicas. Os baianos perfilavam-se, desde o Tropicalismo, com a contracultura. À inquietação estética correspondia um certo distanciamento em relação à militância política, ao menos nos moldes convencionais.

As desavenças cruzaram a década de 1970 e se aguçaram a partir de 1978. O marco do renascimento teria sido o rompante de Glauber Rocha ao elevar o general Golbery do Couto e Silva à condição de "gênio da raça". Na corredeira de Glauber, Caetano Veloso e Gilberto Gil migraram para apoiar, em maior ou menor grau, a "distensão".

Quem sabe embalados por outro brado glauberiano, em artigo na *Folha de S.Paulo* (30/9/1978): "As intenções de Geisel são humanistas. Ele é o *prezydente* das aberturas."

Caetano e Gil seguiam suas carreiras enfrentando oposição de parte da crítica e de setores de esquerda, insatisfeitos com a excessiva discrição política de suas letras. O relativo afrouxamento da censura estimulava as cobranças — não apenas no campo da música e não só aos baianos. O filme *Xica da Silva,* de Carlos Diegues, foi criticado sem piedade pelos semanários *Movimento* e *Opinião*.

O cineasta replicou em entrevista a *O Estado de S.Paulo* (31/8/1978). O pretexto da matéria era o lançamento de outro filme seu, *Chuvas de verão*. Diegues defendeu um cinema mais popular e menos ideologizado, sem metáforas, que pudesse ampliar o diálogo com o público. Em resposta aos que lhe cobravam lealdade ao Cinema Novo, denunciou a existência de "patrulhas ideológicas", comandadas por "intelectuais mórbidos que julgam possuir o monopólio do saber".

A expressão "patrulhas ideológicas" colou, e os principais jornais e revistas entraram de sola na discussão. Numa conjuntura ainda dominada por dicotomias — oposição e ditadura, enfrentamento e abstenção, participação e alienação —, bolsões conservadores valeram-se, tendenciosamente, das palavras de Diegues para maldizer as idiossincrasias da esquerda.

A polêmica acabaria fermentando cisões no campo progressista, sobretudo entre artistas e críticos. Os mais ortodoxos enxergaram no discurso de Diegues concessões ao anticomunismo. Houve quem alertasse para o risco de artistas medíocres se assenhorarem das reflexões do cineasta com a finalidade de esvaziar restrições procedentes a seus trabalhos. Alegava-se que, dali em diante, qualquer crítica poderia ser rechaçada como patrulhamento.

A esfera cultural dividiu-se em três agrupamentos: o que apoiou Carlos Diegues; o que o criticou por não distinguir crítica de patrulha e por omitir a identidade dos "patrulheiros", gerando desconfianças e falsas incriminações; e o que o acusou de debilitar a resistência ao arbítrio e favorecer tendências artísticas alienadas.

Diegues ousou melindrar um tabu: certos equívocos de esquerda patrocinados pelo sectarismo ideológico. Até então, invocava-se o limite do "momento adequado" para contornar a delicada questão. "É cedo para se debater a esquerda", ouvia-se muito. Certo, vigorava a Lei de Segurança Nacional, uma ameaça constante ao pensamento crítico. O problema é que, em nome da unidade contra o regime ditatorial, o "momento adequado" para eventuais questionamentos ficava sempre para não se sabe quando.

No *Pasquim* número 482 (22 a 28/9/1978), Henfil procurou desqualificar a denúncia das patrulhas ideológicas, que, a seu ver, embutia a vontade não confessada de inibir a crítica. Referiu-se ironicamente às queixas de Glauber Rocha, Cacá Diegues, Belchior e Rita Lee contra os críticos: "Andam usando a mesma trilha sonora. Na hora em que a gente descobrir qual é o regente, a gente vai pular na carótida."

(Rita Lee, a musa tropicalista que desde os festivais da canção caíra em desgraça com Henfil, queixara-se de críticas de esquerda a seus discos. Henfil rebateu: "O Brasil padece de dois males: inflação e Rita Lee.")

Mal o *Pasquim* chegou às bancas, Glauber Rocha rechaçou pelas páginas da *Folha de S.Paulo* (30/9/1978): "Vou ver a *Revista do Henfil*. Usarei apenas Walter Benjamin, o melhor krytyk marxyste que existe, para devastar a *Revista do Henfil*. Você sabia, Henfil, que sou um patrulheiro? Sua peça, se for de direita, espero que não seja apenas uma sarabanda moralyztyka populizante (digo comercial)... mas não vou falar bem nem mal de sua peça, nem polemizar com você, apenas lhe digo que o maior humorista nacyonal é o Millôr Fernandes, quer dizer, o único humorista que realmente é um grande intelectual."

A tréplica veio na entrevista de Henfil à *Playboy,* em que chamou Glauber de "oportunista desvairado" e "louco em proveito próprio". O repórter perguntou se Glauber não estaria "ruim da cabeça", e ele respondeu: "Não, de jeito nenhum. [...] O mau-caráter do Glauber me fere demais, porque ele foi um dos caras que me ajudaram a ter consciência de muita coisa."

Henfil não se contentou em repisar o já dito. Inventou a expressão "patrulha odara" como contraponto às "patrulhas ideológicas". Claro que se baseava nos versos de Caetano: "Deixa eu dançar/ pro meu corpo ficar odara." Os patrulheiros odaras seriam aqueles que exigiam dos outros criações apolíticas e atitudes escapistas e alienadas.

Em dezembro de 1978, seu último mês no *Jornal do Brasil,* Henfil foi impiedoso com os odaras. Bode Orelana confessa que adora escandalizar a esquerda: "Bicho, bolei um som que não fala nem em opressão, nem em repressão, nem em libertação..." Ao contrário do que imaginava, a Graúna nada lhe cobra. O Bode estranha: "Uai! Cadê a cobrança?" Graúna, irascível: "Ah sim! São 30 cruzeiros, tudo... Quer a nota fiscal?"

Caetano retrucou no semanário *Enfim* (21/12/1979): "Patrulha odara é uma coisa inventada por aquele cartunista Henfil, parafraseando a expressão patrulha ideológica. Naquele momento, eu até admiti: 'É isso aí.' Não falei que os baianos são pela alegria? É isso aí, patrulha odara. A expressão patrulha ideológica é igualzinha às expressões criadas em agências de publicidade. Funcionou muito." Garantiu que a patrulha odara "é uma patrulha bem pequena, bem menor que as outras, não assusta ninguém. Somos eu, o Gil, o Jorge Amado, Cacá Diegues, o Glauber".

Gilberto Gil descartou a pecha de patrulheiro: "Eu ouvi falar que Henfil inventou esse negócio de patrulha odara. Não sei a que ele queria referir-se exatamente, ou em que a patrulha odara estaria patrulhando e em nome de quem. [...] Quando eu me levantei em algum lugar para falar mal, condenar, denunciar isso ou aquilo? Qual a atitude repressiva? Nós apenas nos defendíamos dos ataques que estamos sofrendo das patrulhas, que são os jornalistas que utilizam o seu tempo para denunciar coisas, nos acusar de maléficos, chamar de alienados."

Ao ler as declarações de simpatia dos baianos pelo general--presidente — "Geisel é uma presença muito digna na história da política brasileira recente", pontuou Caetano —, Henfil publicou cartuns contundentes no *Pasquim*. Em um deles, prisioneiros se rebelam e resolvem quebrar a grade da cela. O barulho faz com que um deles (parecido com Caetano) acorde e escape, feliz da vida: "O Geisel deu a abertura! Viva o Geisel!" No segundo, um general instrui o soldado: "Não tive tempo de redigir a ordem do dia. Leia uma entrevista do Gil ou do Caetano..."

O clímax da refrega despontou quando críticos questionaram o repertório do LP *Muito,* de Caetano Veloso. O show de lançamento do disco rachou as opiniões: *Veja* incluiu-o entre os dez melhores do ano, e *IstoÉ* julgou-o amadorístico e relaxado.

Numa entrevista de página e meia ao *Diário de S. Paulo* (16/12/1978), Caetano afirmou que os suplementos dos jornais estavam dominados por "um grupo que chama a si mesmo de esquerda, esse tipo de esquerda medíocre, de baixo nível cultural e repressora, que pretende orientar a música popular." Citou Tárik de Souza, José Ramos Tinhorão, Maria Helena Dutra e Maurício Kubrusly no rol dos que obedeciam a dois amos, o dono do jornal e o chefe do partido: "Ninguém entende os artigos que os imbecis escrevem, que são uma mistura de Roberto Marinho com Luiz Carlos Prestes." Caetano reservou palavras ásperas para Tárik de Souza, a quem chamou de "burro" e de "canalha", repetindo que "ele não faz outra coisa senão obedecer ao patrão".

Tárik deu o troco com o artigo "Caetano Veloso, quem diria, trocou de profissão", no número 496 do *Pasquim* (5 a 11/1/1979). Classificou o discurso do compositor de "É proibido proibir" de "coquetel de delírio persecutório, megalomania galopante e dedurismo". Lembrou que elogiara o show *Muito,* discordando de alguns arranjos. Em tom de blague, mandou um recado para Caetano: "Só não me venha chamar a polícia quando a crítica lhe desagradar."

Henfil transtornou-se ao ver o amigo Tárik, temporariamente, como tipo inesquecível de Caetano e declarou à *Playboy*: "Caetano Veloso é um cara cujas músicas eu adoro, tenho todos os discos dele. Levei um choque imenso ao ver o Caetano refutar críticas feitas ao trabalho dele, que são uma coisa legítima de se fazer. Mas, ao invés de refutá-las no nível em que eram colocadas, ele virava e falava assim: 'Essa turma é do Partido Comunista, obedece à célula tal', e começa a citar nomes. De repente, eu não sabia se estava lendo uma entrevista ou ordem do dia comemorando a Intentona Comunista. [...] Caetano se esquece — espero — de que o regime tá aí, que ele pode estar pondo vidas em perigo, porque tudo o que ele diz vai pra ficha das pessoas. Eu acho que ele quer jogar nas nossas costas a culpa pelo fracasso de vendas dos discos dele."

* * *

Henfil sentiu na carne o que é ser patrulhado pela mídia conservadora, em função de sua postura crítica.

De dezembro de 1978 a outubro de 1979, ele se desligou ou foi desligado de quatro publicações: *Jornal do Brasil, Última Hora* (SP), *Jornal de Brasília* e o suplemento Folhetim, da *Folha de S.Paulo.*

Foi um período de turbulências, caça às bruxas e arrocho salarial na grande imprensa, com mexidas nas redações motivadas tanto por realinhamentos editoriais face ao acirramento da concorrência quanto por demissões de jornalistas após as greves da categoria em São Paulo e no Rio de Janeiro.

No *Jornal do Brasil*, depois de dez meses na revista *Domingo* — para a qual fora deslocado em 8 de janeiro de 1978, com direito a destaque na primeira página, frequentes chamadas e até duas páginas semanais —, Henfil regressou ao Caderno B em 16 de outubro de 1978. Foi curta a permanência: dois meses. Os leitores surpreenderam-se com seu sumiço a partir de 21 de dezembro de 1978. Walter Fontoura, então editor-chefe do *JB*, afiançou que ele deixou a empresa por vontade própria: "Nunca houve qualquer problema político ou salarial com Henfil no *JB*. Nossa relação era cálida, conversávamos sempre, inclusive o visitei em Natal. Ele saiu por razões de ordem pessoal."

Mas Henfil decidiu sair pela mesma razão que o levara a deixar o próprio *JB* em janeiro de 1974: o inconformismo com charges recusadas pelo jornal. É o que ele afirmou em depoimento a Maria Edicy Moreira para a sua monografia de conclusão do curso de Jornalismo na Pontifícia Universidade Católica do Rio de Janeiro, em 29 de julho de 1980: "Na *Revista Domingo* eu não posso confirmar. No *JB* eu tive, me censuraram seis vezes seguidas, aí eu pedi demissão. Censura da polícia a gente tem que engolir à força, mas censura da empresa eu não aceito. Porque pelo menos aí eu tenho uma opção: aceitar ou resistir."

Em outubro de 1979, *o Jornal de Brasília* interrompeu as cartas ao primo Figueiredo. Henfil desconfiou de pressões do Palácio do Planalto.

O jornalista Oswaldo Mendes assegurou que barraram Henfil na *Última Hora* e no Folhetim. A *UH* pertencia à empresa Folha da Manhã, que edita a *Folha de S.Paulo* e a *Folha da Tarde*. A proposta de Oswaldo como editor-chefe era ajustar a *Última Hora* ao clima da abertura e diferenciá-la editorialmente dos jornais da casa. Para isso, imprimiu um tom irreverente e chamativo a manchetes e títulos.

Segundo Oswaldo, Octavio Frias de Oliveira, um dos proprietários da *Folha da Manhã*, adorava essas irreverências na *UH*, mas Carlos Caldeira Filho, outro sócio, detestava. O descontentamento de Caldeira cresceu ao ler, na página 2, as cartas do primo

Figueiredo. Apresentado a Oswaldo, Caldeira não perdeu a oportunidade de repreendê-lo:

— A *Última Hora* está virando jornal de comunistas. Você não pense que vai fazer isso com meu dinheiro. Nem você, nem esse Henfil.

Para contornar o impasse, em abril de 1979 convidaram Oswaldo Mendes a assumir a editoria do Folhetim. Ele concordou, desde que pudesse levar alguns colaboradores, entre os quais Henfil. Reivindicação aceita e o editor tranquilizado de que, no Folhetim, Caldeira não interferiria.

Henfil motivou-se com a ida para o Folhetim. Na página 2, sairiam as cartas a Figueiredo e na 7, os quadrinhos de Zeferino. Logo na primeira semana, Oswaldo fechou o tabloide sexta-feira à noite, viajando em seguida para o interior do estado. O que aconteceu depois me foi relatado por ele próprio. No sábado de manhã, Caldeira apareceu na oficina para verificar a impressão da edição dominical. Quando abriu o Folhetim, deu de cara com a carta de Henfil. Ficou possesso. Mandou que parassem as máquinas e ligou para o editor-chefe, Boris Casoy, a quem teria dito:

— Quero que demita o moleque que editou isto! Esse Oswaldo Mendes saiu da *Última Hora* e veio para a *Folha* me desafiar.

Boris convenceu Caldeira a autorizar a impressão do suplemento de 22 de abril. A carta que desagradou a um dos proprietários do jornal não fugia ao padrão de chacota que caracterizava o "diálogo" com Figueiredo. O governo baixara medidas para controlar os preços e os juros. Henfil considerou tímido o pacote econômico de Delfim Netto e, abusado, cobrou do primo severidade contra o empresariado:

"Faltou intervenção federal na Fiesp, com nomeação de interventor e cassação perpétua da diretoria deposta. [...] Faltou negar passaportes aos executivos no exterior. Faltou exigir folha corrida e atestado ideológico dos acionistas da Bolsa. Faltou a apreensão dos artigos de consumo médico que contenham atentados à segurança nacional. Faltou uma lei (que tal lei portelão) que regulamente a propaganda na TV. Só será permitida uma foto estática do produto, o nome da firma, o número do registro e a leitura do currículo. Afinal, o que vocês fizeram com a experiência de tantos anos, primo?"

Na segunda-feira, Boris comunicou a Oswaldo Mendes que, por decisão da empresa e não sua, Henfil não prosseguiria no Folhetim. Arrasado, Oswaldo transmitiu a Henfil o que reputa como "um ato de censura claro". A reação inicial foi de desapontamento, sucedida por um raro instinto de sensatez:

— Oswaldo, eu trabalho em outros lugares, estou em conversações com a TV Globo. Você precisa do emprego. Aguenta aí.

Apesar de contrariado, Oswaldo acatou o conselho.

Henfil somou os empregos perdidos e concluiu que calar seria intolerável. Em entrevistas, ele culpou a censura empresarial pela interdição de tudo aquilo que pudesse contrariar interesses comerciais e políticos da mídia. Ao jornal *O Movimento* (10 a 17/3/1980), declarou: "Sai a censura policial, entra a censura patronal, agora sem intermediários."

Em debate promovido pela *Folha de S.Paulo* (1º/12/1981) sobre as perspectivas do humor no limiar da abertura política, do qual também participaram Luis Fernando Verissimo, Angeli e Jô Soares, Henfil admitiu que "a chamada 'abertura' acabou afetando positivamente o processo de criatividade no humor profissional". Mas denunciou as formas de controle da informação e da opinião que persistiam na grande imprensa: "A verdade é que a distensão política trouxe consigo uma novidade, e muito pouca gente se dá conta dela: nos dias de hoje, não existe mais, praticamente, a censura policial, aquela que era exercida pelos órgãos que integravam o aparelho de repressão; o que há é censura empresarial, que é muito mais eficaz e existe no país desde... 1500."

Na prática, significava conter as margens de liberdade de expressão, especialmente para o humor político e o jornalismo crítico, o que praticamente mantinha as redações sob o jugo de imperativos políticos e ideológicos das empresas. Simultaneamente, as conveniências mercadológicas dos veículos se sobrepunham, muitas vezes, ao dever de informar, fazendo com que interesses de anunciantes e patrocinadores, aí incluída a propaganda oficial da ditadura ainda vigente, falassem mais alto. Foi o que argumentou Henfil:

"Você não pode dar um pau aqui ou ali ou acolá, porque isso pode acabar irritando um anunciante. E como nós sabemos que um anúncio de página inteira de, por exemplo, uma revista semanal equivale a, digamos, 10 mil leitores, é claro que eles — os patrões, o departamento comercial — vão optar é pelo anúncio. E que se lixem os 10 mil leitores. E isso, mais do que nunca, afeta o humor, porque o humor é criador de casos. Veja lá: qual é a parte mais atacável em termos de sistema brasileiro? São os bancos. A grande ditadura existente no Brasil não nos é imposta pelo Exército, Marinha ou Aeronáutica. Trata-se de três, quatro ou cinco bancos, que a gente nem sabe pronunciar o nome, que são mais poderosos que as Forças Armadas. São eles que decidem a circulação de tudo. Posso eu, então, dar um pau num banco desses? Criticá-lo? Se eu arrisco, o departamento comercial veta e eu vou ser posto na rua. E isso, diga-se de passagem, já ocorreu comigo várias vezes. Depois da 'abertura' eu fui sendo lentamente excluído da imprensa."

Ele não hesitou em contrapor-se às manipulações editoriais, defendendo a ética profissional e a diversidade informativa: "Quero uma imprensa na qual eu possa ler o noticiário do meu sindicato de forma honesta, não a imprensa com liberdade cautelar." Voltou a acusar empresas de comunicação de alijarem de seus quadros jornalistas independentes e com militância sindical e/ou partidária. "Eu, por exemplo, virei uma pessoa descartada, politizada demais, patrulheiro ideológico, enfim, um cartucho que não serve mais. Fui chutado de quase todas as publicações."

(Ao menos com leitores e admiradores o prestígio persistia em cotações elevadas. Entre 1980 e 1983, Henfil foi paraninfo de turmas de formandos de uma dezena de universidades.)

A sensação de estar sendo discriminado pela grande imprensa o perseguiu em debate no V Salão de Humor de Piracicaba, em agosto de 1978. Henfil dividiu a plateia ao afirmar que estaria em curso uma manobra do Palácio do Planalto para esvaziar o humor político ("a principal arma antirrepressão e antiditadura nos últimos 15 anos") e cooptar chargistas, cartunistas e humoristas de televisão.

— Por causa da personagem Salomé, o Chico Anysio foi recebido para jantar no Planalto — alfinetou.

Uma parte do auditório o apupou. Participante da mesa-redonda, o jornalista e escritor Carlos Eduardo Novaes interveio:

— Essa cooptação, do jeito que você está colocando, é impossível. Não seria um pouco de paranoia sua?

— Não é paranoia. Acho que quem está a fim de fazer humor para popularizar o sistema deveria ser bancário. Atrapalharia menos. O humor que vale para mim é aquele que dá um soco no fígado de quem oprime.

O FIEL E A CARTEIRINHA

Os 19 dias que separaram a aprovação da anistia pelo Congresso do desembarque de Herbert de Souza no Aeroporto de Congonhas talvez tenham sido os mais longos de sua vida e da de Henfil. Aos 43 anos, sete dos quais na clandestinidade e mais de oito no exílio, Betinho poderia permanecer como professor na Universidade Autônoma do México, mas nem pestanejou em retornar desempregado. Não seria ele que guardaria distância do processo de reconstrução política do Brasil. Marcou a data do regresso para 16 de setembro de 1979.

A ansiedade de Henfil pelo retorno do irmão tornou-se incontrolável a partir da concessão do passaporte a Betinho. Durante meses, grudou-se à campanha pela anistia. Fez desenhos para os comitês, compareceu a atos públicos e assinou o Manifesto dos Artistas pela Anistia Ampla, Geral e Irrestrita, enviado ao Congresso com 712 assinaturas. Por seu empenho em favor dos direitos humanos, o núcleo mineiro do Comitê Brasileiro pela Anistia concedeu a Henfil, em abril de 1979, a Medalha Vladimir Herzog.

Na última página da *IstoÉ,* Henfil desafogou tensões e esperanças, exortando os leitores à contagem regressiva pela volta dos exilados e banidos. Nas cartas para Dona Maria, ele — doce, angustiado ou irônico — atirava-se por inteiro.

Onze de abril: "Não suporto mais a saudade sufocante do meu irmão Betinho. Minha vida segue sem sentido e sem alegrias. Sai um disco do Chico e não consigo me entregar no canto que gostaria de partilhar com ele, com a Maria."

Treze de junho, furioso com as ressalvas que a linha-dura pretendia incluir no projeto para reduzir a amplitude da anistia: "Eles dizem que a anistia só será dada para aqueles que NÃO forem autores, executores, participantes, simpatizantes de crimes de sangue, para aqueles que NÃO tiverem praticado ou pregado qualquer tipo de ação armada e de violência, para aqueles que NÃO tiverem sido punidos por corrupção. Na semana passada já disseram também que a anistia é para aqueles que NÃO estiverem enquadrados na Lei de Segurança Nacional. [...] Uai, mãe, eles tão procurando gente pra receber anistia ou é pra dar uma medalha do Cruzeiro do Sul?"

Após intensas negociações, governo e oposição fecharam o acordo possível sobre a anistia, que não teria o caráter amplo e irrestrito reivindicado pela sociedade civil organizada e rejeitado por setores militares. Henfil experimentou um misto de alívio e desapontamento. Betinho poderia retornar, mas os presos políticos continuariam encarcerados.

Na véspera da votação do projeto, Henfil teimava em exigir a anistia ampla, geral e irrestrita: "Apesar de a gente ter conseguido uma anistia quase total, apesar de Betinho agora poder voltar, não dá pra ficar feliz. Que foguetes poderemos soltar sem magoar os trezentos que, além de terem sido torturados feito cobaias, continuarão presos ou exilados?"

A lei da anistia, promulgada em 28 de agosto de 1979, a despeito de limitações e distorções graves (como a de impedir que os responsáveis e cúmplices pelos crimes da ditadura militar sejam julgados), permitiu o retorno dos exilados e a recuperação dos direitos políticos dos cassados. Os presos políticos foram libertados mais tarde, graças sobretudo a comutações de suas penas com base na nova Lei de Segurança Nacional.

Confirmada a anistia aos torturadores, Henfil escrachou os trogloditas da repressão no *Pasquim* (21 a 27/9/1979): "Não tá na hora de avisar aos Dops, DOI-Codi, SNI etc. que podem sair da clandestinidade? [...] Que eles apareçam nas TVs, rádios e jornais dando entrevistas relaxadamente [...]. Que eles saiam dos presídios, aparelhos secretos, e circulem com seus próprios nomes, números, trajes e em carros com chapas quentes, de preferência com sirene."

Henfil conclamou os democratas a promoverem recepções triunfais para os exilados: "Sem essa de deixar os exilados e presos sentirem apenas aquela alegria aliviada de penetras em festa dos outros. Que o dia da chegada de cada um vire feriado, vire festa arrasa-quarteirão, vamos cheirar e lamber as nossas crias! Beijos na boca, beijos na nuca de arrepiar! Presos e exilados de todo o Brasil: *I love you! Je t'aime!* Eu te amo!"

Ele tratou de zelar para que se comemorasse o retorno de Betinho em grande estilo. Mobilizou amigos, mandou notas para a imprensa e arranjou uma filmadora. Um quarto foi preparado no *bunker* para o hóspede ilustre.

Mais de duzentas pessoas aglomeravam-se no saguão de desembarque de Congonhas. Faixas e cartazes saudavam os que voltavam à pátria. Ao descer do avião, com as pernas bambas de expectativa e medo, Betinho perguntava-se: "Será que vão respeitar a anistia ou me prender?" Antes de deixar a alfândega, o coração de Betinho falseou: à distância, Henfil, o advogado José Carlos Dias e, logo atrás, a atriz Ruth Escobar entrando na área de fiscalização. Sentiu-se protegido. Os dois irmãos abraçaram-se e beijaram-se — estavam chorando.

Os documentos de Betinho foram liberados pela Polícia Federal, depois que José Carlos Dias entregou a certidão da 1ª Auditoria Militar cassando mandado de prisão que existia contra ele. Henfil não o avisou de que havia uma festa lá fora, e Betinho, empurrando as malas no carrinho, escutou o rumor no saguão. Seis dos sete irmãos o aguardavam (Zilah ficara em Belo Horizonte com Dona Maria, desaconselhada pelos médicos a viajar a São Paulo).

Quando as portas se abriram, todos cantavam "O bêbado e a equilibrista", ao som de gravadores portáteis: "Meu Brasil/ que sonha/ com a volta do irmão do Henfil/ com tanta gente que partiu/ num rabo de foguete..." O chão faltou. Cercado por amigos, curiosos, repórteres, fotógrafos e cinegrafistas, Betinho custou a enxergar a luz pérola que antecipava a primavera paulista.

Eram três horas da tarde quando os Souza invadiram, eufóricos, o apartamento de Henfil. O prato principal do almoço: frango ao molho pardo. Betinho, sob a proteção dos querubins, recobrava com a família a relação ceifada em 1964. Quem o visse no *bunker*, descontraído e falante, nem imaginava o travo de sofrimento em tantos anos. A pilha de Henfil parecia recarregada com energia nuclear. Não parou um minuto, numa alegria inesgotável. Combinou com Betinho assistirem, à noite, ao show de Elis Regina, no Anhembi. Elis interrompeu o espetáculo para comunicar:

— O irmão do Henfil, graças a Deus, voltou do exílio!

A plateia aplaudiu-o de pé e todos cantaram o hino da anistia. "Aquela noite nunca mais se repetirá para mim. Foi um momento indescritível", afirmou Betinho, que no final do espetáculo abraçou Elis no camarim. Na despedida, Henfil notou que Elis já não o olhava com o jeito culpado da Olimpíada do Exército de 1972. Como se dissesse: "Estamos quites, Henrique."

* * *

Betinho regressou semanas depois ao México para concluir o semestre letivo e desligar-se da universidade. Ao voltar de vez para o Brasil, instalou-se na república da Itacolomi. Endereço provisório de quem planejava se mudar para o Rio e fundar o Instituto Brasileiro de Análises Sociais e Econômicas (Ibase). Antes, necessitava reambientar-se à terra de onde fugira em 1971. Embora São Paulo tivesse crescido muito, aquelas ruas estavam tatuadas de recordações terríveis: clandestinidade, centros de torturas e celas abarrotadas de presos políticos.

Betinho, Maria Nakano e Dona Maria aceitaram o convite de Henfil para ir a Natal. Em companhia de Fernando e Candinha Bezerra, esfriaram a cabeça nos banhos de mar em Barra de Maxaranguape e Jacumã. Nas escalas em Salvador, Recife e Fortaleza, o sociólogo pôde constatar como as desigualdades sociais se agravaram durante a ditadura: "Vi o regime de *apartheid* social, a miséria segregada nas favelas e nas periferias." No retorno a São Paulo, comemorou o Natal em família, pela primeira vez em uma década e meia.

A cinco dias de 1979 terminar, Henfil escreveu um belo texto para Dona Maria. No balanço do ano cheio de emoções, homenageou vítimas da ditadura militar e baluartes da resistência democrática e dos direitos humanos:

"Mãe, aqui estou eu, em mais um Natal, fazendo desta carta meu sapato colocado na janela. Fui bom este ano, mãe. Acho que fui muito bom. Fui solidário com todos os meus irmãos Betinhos. Fiz greve com todos os Lulas. Expulsei os vendilhões do templo como todos os Evaristos Arns. Xinguei a mãe como todos os de Florianópolis. Quebrei Belo Horizonte como todos os peões. Voltei pro país que me expulsou como todos os Juliões. Votei no MDB como todos. Dei murro em ponta de faca como todos os Marighellas. Cantei as prostitutas, as mulheres de Atenas, joguei pedra na Geni e dei pedaço de mim como todos os Chicos Buarques. Matei Fleury como todos os freis Titos. Aspirei cola como todos os pivetes. Desovei esquadrões da morte como todos os Hélios, Bicudo e Silva. Fui José Carlos Dias, Sobral Pinto e Eny Raimundo Moreira. Fui índio como todo padre Burnier. Fui negro, fui homossexual, fui mulher como todas as Zuzus Angels. Fui Vlado e Santo Dias. Fui então muito bom este ano, mãe. Vou fechar os olhos, vou dormir depressa."

* * *

Os quatro meses em que Henfil e Betinho moraram juntos em São Paulo não se desenrolaram tão fáceis quanto se possa supor. Os irmãos retomavam o relacionamento interrompido pelo golpe militar. A rigor, estavam se redescobrindo, e nem sempre as visões de mundo coincidiam.

Nas convicções democráticas, concordavam em gênero, número e grau. As conversas apontavam diferenças relevantes de temperamentos. "A convivência com Henfil não era das mais amenas", disse Betinho. "Ele ocupava o espaço, falava a todo instante das ideias dele. O bom era meia hora de bate-papo; se passasse disso, estragava. A cabeça dele funcionava a mil, e naquela época estava no auge do prestígio. Pediam-lhe autógrafos na rua. Parecia um trator. Quando entrava nas iras, sempre colocava uma tragédia no meio: 'Tá comigo ou tá contra mim?' Não existia terceira via."

Lúcia Lara, que acompanhou o processo de ajuste entre os dois, atribuiu os sacolejos a estilos nitidamente definidos. "Gostavam-se muito, mas seguiam caminhos próprios. O Betinho era superamável, discutia com serenidade os assuntos. Já o Henrique era a soda cáustica, uma denúncia viva o tempo todo. Vamos admitir, isso não era muito agradável em determinadas situações. Talvez ele tenha mitificado o Betinho, um ser humano igual a nós, com certezas e dúvidas."

Betinho traduziu essas diferenças da seguinte forma: tanto quanto Henfil, adorava polemizar. Mas concebia a discussão como etapa para se chegar a um acordo, a uma soma de posições.

252

A seu juízo, Henfil apreciava a polêmica em si, nem sempre com o pressuposto de alcançar o consenso. "Ele não escondia o gosto pela trombada."

E havia outro nó. Henfil cada vez mais próximo do núcleo que fundaria o Partido dos Trabalhadores, e Betinho simpático ao Partido Democrático Trabalhista (PDT) de Leonel Brizola. Henfil sustentava que a perspectiva socialista prosperaria no Brasil se o partido de esquerda nascesse dos movimentos populares e fosse liderado por setores combativos do operariado. Já Betinho tinha sido um dos redatores do documento final do Encontro de Lisboa, organizado por Brizola em 1978, que situava o trabalhismo como o caminho brasileiro para o socialismo.

Segundo Betinho, as discordâncias de natureza político-partidária tinham a ver com as trajetórias de cada um: "Henfil nunca foi um militante ao pé da letra; eu o definiria como um simpatizante sincero e corajoso. Era, efetivamente, um apaixonado pelas causas democráticas. Eu sempre fui militante, vivenciei as coisas de dentro."

Antes de mudar-se definitivamente para o Rio, Betinho fez consultoria para as Nações Unidas na Colômbia, no Peru e no Brasil. Com os 6 mil dólares líquidos recebidos, resolveu fundar o Ibase, ao lado de Carlos Alberto Afonso, companheiro de exílio.

* * *

A carteirinha do PT nunca passou pela bolsa de couro de Henfil, e no entanto o partido o considera um de seus patrimônios inalienáveis. Signatário do manifesto de fundação, em 10 de fevereiro de 1980, Henfil foi um dos mais fiéis e combativos adeptos da causa petista, sem jamais ter assinado a ficha de filiação ao partido, conforme ressaltou Lula: "O meu querido irmão Henfil, figura humana excepcional, por quem eu nutria imenso carinho, nunca precisou se filiar para ser muito mais petista do que muitos petistas de carteirinha. Aliás, a carteirinha não dá *pedigree* de petista a ninguém."

Para um espírito independente e meio anarquista como o de Henfil, filiar-se a um partido político era a última das prioridades. Tanto que jamais pertenceu aos quadros da AP, apesar de cooperar com a organização, antes e depois do golpe de 1964. Quem sabe leu o diário de Rosa Luxemburgo: "No íntimo, pertenço mais aos colibris do que aos camaradas."

Lula visitou Henfil para convidá-lo a ingressar no PT, mas, inesperadamente, encontrou resistências.

— Olha, Lula, é complicado. Estou achando a proposta de vocês meio social-democrata, e eu sou revolucionário. O meu lance é mais embaixo.

— Ô rapaz, você tem que se chegar, dar uma força ao sindicalismo combativo.

Henfil insistiu nos questionamentos, obrigando Lula a travá-lo:

— Você está se dizendo revolucionário, mas trabalha para o Joaquinzão [então presidente do sindicato dos Metalúrgicos de São. Paulo], fica dando assessoria para esses sindicatos pelegos.

Lula referia-se à inserção de Henfil na Oboré, que de fato assessorava os metalúrgicos da capital na área de comunicação. Joaquinzão, apoiado por uma frente que incluía o PCB, era tido como inconfiável no meio sindical do ABC por supostas ligações com o governo. Ele sentiu-se flagrado na contramão. Não só fazia cartuns como participara da entrevista de capa de Joaquinzão ao *Pasquim*. Conforme o relato do sindicalista Wagner, que acompanhava Lula, Henfil teria respondido:

— Nesse negócio do Joaquinzão, fui envolvido pelo Serjão, da Oboré. Henfil e Lula marcaram outro encontro, quando então acertaram os ponteiros.

Sérgio Gomes da Silva, o Serjão, aborreceu-se ao saber, por terceiros, da citação de seu nome. No dia seguinte, abordou Henfil na Oboré:

— Preciso esclarecer uma coisa com você. O que aconteceu na sua casa, durante a conversa com o Lula? Pelo que me contaram, você atribuiu a mim e à Oboré uma responsabilidade que não é nossa. Como sempre jogamos aberto, quero te dizer que não achei isso legal.

Henfil pronunciou apenas uma frase:

— A gente conversa depois sobre isso.

E nunca mais voltou na Oboré.[10]

Lula reconheceu que as dúvidas levantadas por Henfil sobre o caráter ideológico do PT eram relevantes: "Naquele momento, eu próprio não tinha clareza sobre a social-democracia. As pessoas me falavam a respeito, mas entrava por um ouvido e saía por outro. Achava uma babaquice. Eu não queria criar um partido social--democrata, marxista-leninista, nem trotskista. Queria juntar a classe trabalhadora e criar um partido, só isso. O resto era invenção de intelectual. Eu só queria conseguir colocar na cabeça da peãozada a necessidade de termos um partido, com dirigentes escolhidos por nós. Foi o pessoal mais intelectualizado que inventou essas definições: social-democracia, marxista-leninista, bolchevique. Eu lá ia saber dessa porra?! Nunca tinha me preocupado com isso."

Além de Henfil, assinaram o manifesto de fundação do PT, em 10 de fevereiro de 1980, os ensaístas Antonio Candido e Sérgio Buarque de Holanda, o psicanalista Hélio Pellegrino, o economista Francisco de Oliveira, o advogado Plínio de Arruda Sampaio, a atriz Lélia Abramo, o ex-dirigente comunista Apolônio de Carvalho e o crítico de arte Mário Pedrosa, entre outros.

---

[10] Segundo o cartunista Nilson, no centro da divergência estava a entrevista de Joaquinzão ao Pasquim: "Henfil chegou a escrever uma carta ao Pasquim, dizendo que o enrolaram e que a entrevista acabou dando legitimidade ao Joaquinzão. Ele atribuía o fato à lábia do Serjão. Chateadíssimo, Henfil desistiu de publicar a carta e desligou-se da Oboré." Sérgio Gomes rebateu: "Ora, quem sou eu para envolver o Henfil? A credibilidade da Oboré dependia da coerência na execução da proposta de servir às entidades representativas dos trabalhadores. Como iríamos discriminar o Sindicato dos Metalúrgicos de São Paulo, o maior da América Latina? Se desejasse esclarecimento sobre a relação com Joaquinzão, bastava o Henfil me procurar. Ainda mais ele, a quem sempre admirei."

No manifesto, o PT definia-se como um partido voltado à organização política dos trabalhadores urbanos e rurais e aberto à participação de todas as camadas assalariadas do país. Rejeitava, porém, o ingresso de "representantes das classes exploradoras" com uma frase de efeito: "O Partido dos Trabalhadores é um partido sem patrões!"

No confuso cenário da transição democrática, o PT buscava diferenciar-se da federação oposicionista abrigada no PMDB e do velho trabalhismo que o PDT pretendia reciclar. A meta era incentivar as classes trabalhadoras a se aglutinarem numa agremiação que, conquistando o poder político, construísse "uma sociedade igualitária e socialista". Os principais meios de produção se transformariam em propriedade social, eliminando a hegemonia do capital privado e sustentando uma plataforma anti-imperialista.

Invariavelmente, perguntavam a Henfil por que optara pelo PT. "A proposta do PT é modificar o sistema. O que é isto? Modificar a estrutura agrária, promover eleições diretas, fazer a Constituinte, garantir a liberdade sindical e negociações livres, declarar a moratória, nacionalizar os bancos, paralisar as remessas de lucros para o exterior", afirmou ao semanário *Dois Pontos,* de Natal (4/11/1983).

O PT acolhia e discutia as posições de Henfil. Por mais polêmicas que fossem. Ele preservava a autonomia política, criticando o que achava que merecia ser criticado. Lula creditou o entrosamento de Henfil com o PT "ao jeito mineiro de falar manso, de nunca forçar uma situação, de permitir que as coisas fluíssem". Henfil gozava do privilégio de participar das reuniões partidárias. Os telefonemas com Lula não tinham hora para acabar — geralmente começavam depois de 11 horas da noite.

Henfil nunca se envolvia em disputas internas. O ânimo missionário preponderava. "Henrique estava ali pela luta, e não pelo poder", esclareceu Lúcia Lara. Imunizou-se, assim, das psicopatias políticas, geradoras das vaidades hierárquicas e do mandonismo desbragado. Se quisesse cargos de direção, o PT prazerosamente lhe teria dado. O máximo que Henfil admitiu, em matéria de funções representativas, foi integrar as diretorias do Sindicato dos Jornalistas de São Paulo — como suplente — e da Associação Brasileira de Imprensa — como vogal.

Henfil era mais Lula do que PT? Há quem jure que sim, invocando a afetividade entre os dois. Mas o próprio Lula se encarregou de esclarecer que, dadas as atribulações internas, havia uma tendência de unidade em torno de sua liderança. E concluiu: "Talvez fosse mais fácil ser Lula do que PT. No começo, o PT era muito complicado e heterogêneo. As disputas acirravam-se até nas coisas pequenas. No fundo, eu aparecia com uma imagem um pouco acima daquilo: a figura pública do partido, o homem que buscava o respeito da maioria dos militantes."

O grau de concordância com Lula era elevado, mas, vez por outra, o líder do PT percebia o cartunista à sua esquerda: "Ele apostava tanto no futuro do partido que chegava a sonhar com uma força de que nem sempre dispúnhamos. [...] Podia se situar mais ou menos à esquerda porque não tinha o compromisso dos debates partidários, das substâncias. Enxergava e pensava muito à frente."

O incendiário também soube atuar como bombeiro. Interessado no trabalho das Comunidades Eclesiais de Base, Henfil acompanhou Plínio de Arruda Sampaio a Cotia, onde prosperavam cooperativas de alimentos. Moradores de várias ruas organizaram-se para comprar, no Ceasa, itens da cesta básica e distribuí-los às famílias inscritas. O sistema permitia uma economia de 30% no orçamento doméstico. À medida que cresciam as adesões, alguns segmentos passaram a defender a legalização das cooperativas. Se esse entendimento vingasse, o projeto estaria liquidado, porque as despesas se multiplicariam com pagamentos de empregados, de impostos, reservas de lucro etc. As cooperativas seriam obrigadas a entrar no mercado e acabariam engolfadas por armazéns e mercadinhos.

A plenária em Cotia transcorria em clima tenso, os cooperativados divididos. Plínio tentava convencê-los a prosseguirem na economia informal, que vinha dando resultados. Percebendo a aflição do amigo, Henfil pediu a palavra. Silêncio absoluto para ouvi-lo.

— Companheiros, prestem atenção. Isso é que nem a tela de um radar. Se vocês legalizarem as cooperativas, vão ser captados pelo radar. O que acontece quando um avião inimigo entra na tela do radar? O sistema manda-o pelos ares, explode! O aviãozinho de vocês tem que passar por baixo da tela do radar. O trabalho comunitário não está dando certo? Pois então continuem fora do alcance do radar.

A plateia o aplaudiu demoradamente, e a tese de Plínio saiu vitoriosa. O ex-deputado cativou-se com a rapidez com que Henfil processou a questão de uma maneira plástica, que todo mundo percebeu. "A metáfora do radar demonstrou cristalinamente a importância da organização da comunidade de base a partir de uma tática de não enfrentamento direto com o poder econômico, que a destruiria. O caminho correto era pela rota indicada por ele com outras palavras: a guerra de guerrilhas. Henfil tinha exata noção de que era possível um processo de afirmação da cidadania fora do *establishment*", analisou Plínio.

No campo da comunicação, Henfil criticava as correntes que se preocupavam excessivamente com o preconceito da mídia em relação ao PT. Persuadiu Lula de que o partido deveria explorar com mais competência as lacunas na imprensa. "Ele me dizia para eu parar de falar de imprensa burguesa e aprender a utilizar melhor as brechas", recordou Lula. O cartunista insistia que o partido não precisava fundar logo um jornal, e sim preocupar-se com ações políticas criativas, capazes de despertar a atenção dos trabalhadores.

Para romper com o estabelecido, Henfil assumiu, a convite de Lula, a direção de criação do primeiro programa do PT no horário gratuito da Justiça Eleitoral, em 1983. O partido, ele logo definiu, deveria apresentar-se na televisão com uma imagem forte e até radical. Desenhou um púlpito e mandou o marceneiro executá-lo. Antes da gravação, aconselhou os dirigentes a serem enfáticos, alertando-os de que só em último caso regravaria os discursos, para garantir o máximo de espontaneidade.

Como presidente do partido, Lula chamava os oradores ao púlpito. De olho no monitor, a cada intervalo Henfil corria ao orador seguinte com recomendações. "Uma experiência engraçadíssima, porque falávamos com uma tremenda raiva", afirmou Lula. "O programa marcou, deu uma cara ao PT. Não importa que algumas pessoas não tenham gostado."

Henfil participou ativamente das eleições de 1982. Cuidou de toda a produção visual das campanhas de Lula a governador de São Paulo e de Hélio Bicudo e Jacó Bittar ao Senado. Esteve ao lado de Lula em debates promovidos por órgãos de comunicação com os postulantes ao palácio dos Bandeirantes. Sugeriu alterações no programa do PT no horário do TRE. Lula lhe deu carta branca para modificar o que quisesse. Henfil mudou o *slogan* para "Sabemos trabalhar, sabemos governar". Os telespectadores assombravam-se com o *slogan* esquerdista: "Vote no 3. O resto é burguês." O programa se encerrava com a mensagem: "Estes homens lutam com o PT por uma sociedade onde os homens sejam livres e iguais."

O estrategista não cobrou um níquel por dois ou três meses de mangas arregaçadas. Desenhou e mandou confeccionar as camisetas azuis com a estrela do PT no peito que Lula usou na tevê e nos comícios. Cedeu a matriz de um desenho seu, autografado, para que o comitê eleitoral o reproduzisse em série e arrecadasse fundos para a campanha. "Poucas vezes em minha vida vi alguém tão despojado como Henfil. Era liberto de qualquer interesse", frisou Lula. (A generosidade política não se restringia ao PT. Henfil desenhou de graça para campanhas de candidatos progressistas, independentemente de legendas. Sem contar as inúmeras vezes em que cedeu seus desenhos para iniciativas de entidades da sociedade civil comprometidas com as liberdades democráticas.)

Apuradas as urnas, Lula em quarto lugar, Henfil telefonou-lhe:

— Velho, não há de ser nada. A luta está só começando.

Depois, presenteou o líder petista com um quadro em que apareciam uma porção de grauninhas e, embaixo, os versos:

"Se não houver frutos,
valeu a beleza das flores.
Se não houver flores, valeu a
sombra das folhas.
Se não houver folhas, valeu a
intenção da semente."

O AZOUGUE GLOBAL

A década de 1980 começou para Henfil com uma viagem de 15 dias, em janeiro, à Alemanha, a convite do departamento de intercâmbio cultural do governo alemão. Outros três cartunistas sul-americanos integravam a comitiva: o argentino Hermenegildo Sábat, o uruguaio Arotxarena e o brasileiro Chico Caruso.

Ao regressar ao Brasil, lançou pela Codecri o número 25 da *Revista do Fradim*, que incorporava a primeira edição do *Almanaque dos Fradinhos*, dessa vez com as tiras que haviam sido censuradas em 1971. As vendas ficaram aquém do previsto, e a revista deixou de circular em dezembro de 1980, no número 31. Apesar do revés, Henfil ainda dispunha de considerável estoque de munição: *IstoÉ, O Dia*, revistas da Editora Abril e jornais sindicais, sem falar na caixa de ressonância que o *Pasquim* ainda representava.

O problema é que a imprensa alternativa estava sob fogo cerrado tanto do governo — que mandara o Conselho Administrativo de Defesa Econômica (Cade) investigar a sustentação econômica das editoras — como dos grupos paramilitares — que explodiam bombas em bancas, numa ofensiva para intimidar os jornaleiros e asfixiar publicações de oposição. O pânico gerado pelo vandalismo infligiu duras perdas à imprensa nanica, praticamente excluída da maioria dos postos de venda durante seis meses, o que resultou em altos prejuízos e perda de vínculo com muitos leitores. *Movimento* fechou em 23 de novembro de 1981 por não suportar o endividamento provocado pela queda vertiginosa da circulação. A escalada terrorista contra a abertura se desdobraria nos atentados à Ordem dos Advogados do Brasil, à Câmara Municipal do Rio, à *Tribuna da Imprensa* e à Casa do Jornalista em Belo Horizonte.

Em meio a protestos de entidades da sociedade civil e dos partidos de oposição, Henfil publicou no *Pasquim* vários cartuns insinuando a complacência de chefes militares tidos como linha dura com as ações da ultradireita criminosa.

Em 30 de abril de 1981, a bomba destinada às 20 mil pessoas que comemoravam com um show, no Riocentro, o Dia do Trabalho explodiu no colo de seu portador, o sargento Guilherme Pereira do Rosário, lotado no DOI-Codi, que morreu instantaneamente dentro de um puma. O proprietário do carro, capitão Wilson Machado, teve ferimentos múltiplos. O escândalo abalou o país. Os porões da ditadura ainda emitiam sinais de resistência à propalada abertura.

* * *

Como fazia desde a estreia do *TV Mulher,* em abril de 1980, Nilton Travesso, diretor-geral do programa, estava na sala do comando de operações com o olhar fixo nos monitores. A apresentadora Marília Gabriela acabara de anunciar o entrevistado do dia no quadro "Ponto de encontro": Henfil. O mote era o lançamento de *Henfil na China,* mas também abordaram a emancipação feminina. Completamente à vontade, Henfil teorizou sobre a necessidade de libertação dos homens!

Marília estranhou:

— Mas a sociedade não é machista?

Henfil dirigiu-se às telespectadoras:

— A situação de vocês, mulheres, é muito melhor que a dos homens. A libertação da mulher é uma coisa que não tem volta. A mulher já está consciente, procura entender e afastar o machismo.

O homem ainda não pode fazer isto. Neste exato momento, ele é o mais frágil do universo. Os homens estão precisando de ajuda!

Nilton Travesso percebeu na hora que uma pepita caíra na peneira. Repassou a fita e marcou um almoço com Henfil para convidá-lo a ter um quadro diário no programa. "Quando o vi defender, com aquele bom humor, os homens num programa que valorizava a condição feminina, pensei logo em trazê-lo."

Henfil surpreendeu-se e aceitou o convite para um quadro diário de seis a oito minutos.

Travesso encaixou-o às 11h35min — horário meio ingrato, próximo demais da hora em que as donas de casa terminam de preparar o almoço. Talvez este fosse o menor dos riscos. Afora os pilotos com desenhos animados para o *Fantástico,* Henfil nunca tivera experiência em televisão. Não havia definição prévia do formato e da linguagem do quadro, o que fugia aos ditames do padrão Globo de qualidade. Sem contar que o humor politicamente malcomportado poderia ferir as conveniências da emissora.

O *TV Mulher* abrira uma janela de comunicação franca e direta com o público feminino, e com isso conquistara 8 milhões de telespectadores. O ambiente de abertura política favorecia mudanças no enfoque dos problemas da mulher, tratada até então pela tevê como alguém que só se interessava em aprender a cozinhar, a fazer crochê ou a fofocar. O diretor bolou uma abertura de impacto com a música "Rosa choque", de Rita Lee, e chamou Marília Gabriela (que aparecia apenas dois minutos no telejornal *Hoje)* para o posto de âncora.

Nas três horas e meia (de 8h30 às 12h) do *TV Mulher,* as revoluções ocorriam por minuto. A sexóloga Marta Suplicy tratava com naturalidade questões como o orgasmo, a menstruação, a masturbação, a impotência e o aborto. A advogada Zulaiê Cobra falava dos direitos da mulher, cabendo aos psicanalistas Eduardo Mascarenhas e José Ângelo Gaiarsa dar conselhos emocionais e sentimentais.

O estilista Clodovil Hernandez ensinava etiqueta e desenhava modelos de vestidos para pessoas de menor poder aquisitivo.

A criatividade do programa, editado por Rose Nogueira, ressuscitou um horário praticamente morto na televisão. Recebia uma média de mil cartas por mês (no primeiro mês, eram apenas duzentas). Esse ovo de Colombo, premiado várias vezes pela Associação Paulista de Críticos de Arte e prestigiado por um número crescente de anunciantes, mereceu um terço de página no *New York Times*, com o título: "No Brasil, a manhã pertence à tevê feminista."

Na primeira reunião de Henfil com a equipe do *TV Mulher*, Marília Gabriela brincou, dizendo que as cores pertenciam às mulheres, e que os homens, ali, só podiam utilizar equipamentos em preto e branco. Henfil teve uma das ideias que eternizariam o *TV Homem* na memória televisiva: o seu quadro seria em preto e branco. Nilton Travesso prognosticou: "O *TV Homem* vai ser uma espécie de foco de resistência. Uma televisão pobre e mambembe, feita no suor e na raça."

A estreia aconteceu na segunda-feira, 6 de outubro de 1980. Henfil sabia que as fronteiras de liberdade na televisão eram bem demarcadas e estreitas. O humorístico *O Planeta dos Homens*, por exemplo, enfrentava cortes no *script*. Ainda assim, ele queria testar uma fórmula que superasse o mais do mesmo. Quando afinal propôs o formato para o *TV Homem,* Nilton Travesso o aprovou sem vírgulas.

A astúcia sobressaía na abertura do quadro. Parodiando a tradicional chamada feita pelas emissoras para a formação de rede nacional, uma voz grave anunciava: "Atenção, *TV Mulher,* está formada a rede *TV Homem."* O top de oito segundos começava de um zero que ia diminuindo gradativamente, até desaparecer. A seguir, numa réplica da televisão dos anos 1950, entrava no ar o prefixo do *Repórter Esso,* cheio de chiados. No vídeo descolorido, surgia Henfil, sentado em uma cadeira de botequim, de calça Lee, camiseta branca e sandálias de couro, sem nenhum cenário no fundo branco. No que se aproximou do microfone velho e pesadão, a luz apagou! Ele reclamou no escuro da propisital falha técnica:

— O que será isso? Algum defeito no meu aparelho ou será que é aqui na emissora? Pô, logo na minha estreia na Globo!

Henfil morreu de medo ao adentrar o cenário vazio. Mas, nos cinco minutos iniciais do *TV Homem,* ele puxou conversa com o telespectador, numa informalidade que perfurou a pompa. Apelou aos homens do planeta que cerrassem fileiras no "movimento homista, vanguarda da nossa luta de libertação". Ensinou "regras práticas da atividade doméstica", para que os marmanjos fossem se acostumando a assumir os ônus da emancipação.

A figurinista bem que procurou variar o guarda-roupa, mas ele a deixou atordoada:

— O formalismo mata o homem. Você já viu esses líderes populares que põem terno e gravata e usam a linguagem do dominador? Não dá, fica falso.

Houve quem interpretasse a miséria visual do *TV Homem* como uma manobra deliberada de Henfil para repelir o padrão Globo de qualidade. Ele negou, afirmando que era muita pretensão para uma pessoa que engatinhava na televisão. Por trás da insinuação de inevitáveis arestas com o esquema global, movia-se a contrariedade dos puristas com o ingresso de Henfil na Vênus platinada. A cobrança não passou despercebida, tanto que, em entrevista à *Interview,* ele levantou a ponta do novelo. "Tem gente achando que estou ali para dinamitar a Globo, para derrubar o padrão Globo. Ficam dizendo: 'Sabe, o Henfil, aquele cara sádico, sacana, esquerdista, ele vai dinamitar a Globo.' Daí assistem ao *TV Homem* e perguntam: 'Mas cadê a mensagem? Pô, ele não mandou a Globo pra puta que o pariu!' Então ficam meio decepcionados."

Alguma procedência existia na estranheza sobre o ingresso de Henfil na TV Globo. Afinal, poucos foram tão ácidos quanto ele a respeito dos mecanismos de controle ideológico exercidos pelas emissoras de televisão durante a época mais repressiva da ditadura. Mesmo no período da "distensão", denunciava redes de televisão que continuavam silenciando sobre arbitrariedades e omitindo temas que contrariavam os interesses políticos e estratégicos do regime.

O simples fato de a Globo convidá-lo a participar de um programa que corria solto como o *TV Mulher* desvelava fissuras numa fortaleza aparentemente invulnerável. Fissuras que vinham desde os anos 1970, quando intelectuais comunistas, como Dias Gomes e Oduvaldo Vianna Filho, renovaram a teledramaturgia, mesmo sob o tacão da censura. A Globo tratava de reciclar parte de sua programação, ajustando-a ao clima da "distensão", sem abrir mão, obviamente, de suas diretrizes editoriais e crivos políticos. Ora, então por que não apostar em Henfil? O vice-presidente de Operações da Globo, José Bonifácio de Oliveira Sobrinho, o Boni, deu carta branca a Nilton Travesso para inovar naquela espécie de "zona liberada" na grade.

Se o monolitismo de outros tempos continuasse prevalecendo, o nome de Henfil provavelmente não circularia nos créditos da emissora. Claro que a Globo calculou os riscos. Total ingenuidade supor que desconhecesse as posições públicas de Henfil. Três anos antes, ele escrevera no número 337 do *Pasquim* (2 a 18/12/1975): "A TV Globo de vez em quando parece até TV. Porque TV não é coisa ruim nem coisa do demônio, nem capitalista, nem socialista. TV é uma máquina cheia de válvulas e um tubão enorme. Ruim é a programação das emissoras."

Ao mesmo tempo que reconhecia as potencialidades da televisão como meio de massa, Henfil criticava a monopolização dos canais por grupos econômicos alinhados à ordem dominante e movidos por ambições lucrativas. Ele pregava a necessidade de se democratizar o sistema de concessão pública de canais: "Que as comunidades eclesiais de base, a UNE, os partidos e os sindicatos tenham seus canais de televisão e de rádio. Os patrões têm suas rádios e TVs. O que tem o Sílvio Santos que o Lula não tem?", declarou ao *Movimento* (10 a 17/3/1980).

O *Jornal da Lapa* (29/5/1981) indagou-lhe se a Globo controlava, direcionava ou censurava o *TV Homem*. "Eu nunca perguntei quais são as restrições. Eu faço o meu trabalho e nunca tive problema. A não ser no dia em que dei um pau no Paulo Maluf e ele reclamou com a Globo. Mas a Globo não veio em cima de mim", respondeu. Lúcia Lara confirmou que o marido desfrutou liberdade no *TV Homem:* "Ele fez o diabo, correu livre."

Henfil aprontou barbaridades. Simulou um psicodrama sobre as incompetências masculinas no dia a dia. Brincou de boneca, apareceu no vídeo de cueca samba-canção, dançou tango vestido de mulher e de peruca e ofereceu Dona Maria para pagar a dívida externa brasileira.

Ele não se desligava do *TV Homem,* responsabilizando-se integralmente pela produção do quadro. Escolhia à uma hora da madrugada a trilha sonora e de manhã cedo a mixava, junto com o sonoplasta. Desenhava o roteiro como se fosse *storyboard* de cinema.

Às sextas-feiras, o quadro se chamava "Quem tem mãe não tem medo". Henfil, sentado no chão ou na mesa do café, lia cartas a Dona Maria, malhando o arrocho salarial, a poluição, o estado precário dos hospitais públicos e a violência policial.

Até que encasquetou que Dona Maria deveria aparecer na telinha. A mãe ainda ponderou:

— Mas, Henriquinho, o que que eu vou fazer na televisão?

— No vídeo, mãe, seu retratinho não funciona. Tem que ser ao vivo. Olha como ele apresentou a *partner*:

— Esta aqui é a minha digníssima genitora, aquela das cartas da mãe. Respeito é bom e ela gosta!

Numa cadeira de balanço, Dona Maria aguardava quietinha a entrada em cena. Henfil explicava-lhe como devia se comportar — mas nem sempre seguia o *script*. Diante das câmeras, acomodou a cabeça no colo dela e abusou:

— Mãe, faz cafuné!

Henfil também conduzia uma entrevista-relâmpago. Em plena greve dos metalúrgicos do ABC, ousou levar Luiz Inácio Lula da Silva ao *TV Homem,* sem consulta prévia à direção da Globo. Os dois conversaram sobre os direitos da classe operária. Ninguém chiou. No entender de Lula, Henfil provou que, se bem utilizada, a televisão tem grande valia para as causas populares. "Em dois ou três minutos, ele traduzia o que não conseguíamos dizer em um discurso de uma hora. Fabuloso." Henfil citava o precedente aberto com o líder do PT para provar que não havia cinto de castidade. "É claro que existe uma orientação na TV Globo, mas as pessoas que trabalham lá levam isso muito a sério. Eu saquei que não existe uma barreira contra mudanças ou contra você ser humanamente viável. Então o padrão Globo está na cabeça das pessoas", assinalou no Boletim de Programação da Rede Globo (11 a 18/12/1980).

Ele sempre terminava os oito minutos de improvisação com a frase: "Indignem-se, homens!"

O crítico Artur da Távola saudou o *TV Homem* como agradável corpo estranho na Globo: "Em seus cinco minutos diários de TV em preto e branco, Henfil já começou a mostrar o que poderá fazer, sobretudo graças a um fato raro nos humoristas provindos do jornalismo: ele é pessoalmente engraçado e tem carisma de vídeo."

A perplexidade inicial com aquele quadro anti-Globo — ou melhor, antitudo — cedeu lugar a uma imprevista empatia com as telespectadoras. Henfil mordeu o fruto da fama na Globo. Meses na televisão bastaram para amealhar uma popularidade jamais vislumbrada em quase duas décadas de desenho.

Segundo Nilton Travesso, a fórmula inovadora de Henfil ajudou a consolidar o *TV Mulher.* "Naquela virada do programa, eu não tenho a menor dúvida de que o *TV Homem* atuou decisivamente a nosso favor. O talento multimídia do Henfil veio à tona: ele roteirizava, desenhava, bolava figurinos, entrevistava, representava e dirigia."

Ao completar um ano, *TV Mulher* pulara de 5 para 19 pontos no ibope. Henfil recebeu no Teatro Municipal de São Paulo o prêmio de revelação de 1981 na área de televisão, concedido pela Associação Paulista dos Críticos de Arte.

Na segunda fase do *TV Homem,* a partir de junho de 1981, levou o quadro às ruas. Escolhia com antecedência as locações. Com a costumeira cara de pau, oferecia o microfone para o cidadão do povo botar a boca no trombone. Gravavam semanalmente na praça Valdir Azevedo, no Alto da Lapa. Henfil subia nos bancos para discursar, telefonava de um orelhão para falar mal dos políticos corruptos com Carlito Maia e instruía o cinegrafista a registrar a poluição e o trânsito doido das Marginais.

A desenvoltura crítica de Henfil na TV Globo não passou despercebida do Serviço de Censura da Polícia Federal em São Paulo. Suas aparições no *TV Homem* eram monitoradas, tendo sido elaborados informes confidenciais, distribuídos ao SNI e demais órgãos de segurança.

O informe 243, de 22 de abril de 1981, analisou assim o programa levado ao ar em 15 de abril: "Henfil utiliza uma caixa com a etiqueta *'Export'* e chama personagens, denominados brasileiros e brasileiras, para colocarem na caixa tudo o que pudessem colocar. [...] Extraído tudo que possível dos brasileiros, apresenta-se uma personagem com traje e sotaque que lembra americanos ou ingleses, que leva a caixa, retirando-a para seu proveito."

A "mensagem principal", segundo a Polícia Federal, era que "o governo brasileiro, por meio da campanha da poupança, explora o povo brasileiro em proveito do imperialismo capitalista". A encenação de Henfil "ofende o governo e desmoraliza as intenções que movem todo um custoso trabalho de conscientização em torno da campanha sobre a poupança como arma de combate à inflação".

As acusações a Henfil correspondiam à obsessão dos agentes da ditadura de forjar pretextos para tentar incriminar opositores do regime, numa cabal demonstração de que continuavam operando com autonomia, e sempre sem escrúpulos, em plena "abertura" do general Figueiredo.

* * *

O êxito na televisão, como ele mesmo admitiu, ajudou a impulsionar as vendas de três de seus sucessos literários: *Henfil na China* (1980), *Cartas da mãe* (1981) e *Diário de um cucaracha* (1983), os dois primeiros editados pela Codecri e o último pela Record. Ele lançou as obras de norte a sul do país, sempre com longas filas nas livrarias. Elogiado pela crítica, *Henfil na China* (que incluía 99 cartuns e as fotos que sobraram da queima dos filmes em Hong Kong) foi um dos dez livros mais vendidos em 1980 e 1981, permanecendo 57 semanas na lista dos *best-sellers* da *Veja*. Entre abril e julho de 1981, teve dois livros no *ranking*, com a inclusão de *Cartas da mãe,* que vendeu bem, mas sem chegar perto de *Henfil na China.*

Com *Diário de um cucaracha,* ele não quis correr o risco de ficar no tombadilho contando estrelas, sem ver cor de direitos autorais. Queixava-se de ter recebido metade do que faria jus pela vendagem de *Henfil na China.* A Codecri vinha se equilibrando numa frágil corda bamba, entre a crise financeira e o declínio de vendas do *Pasquim.*[11]

Henfil transferiu-se para a Record, que lhe adiantou cerca de 8 mil dólares pelo *Diário de um cucaracha.* Ele bolou duas versões de capa: uma com a fotografia de uma barata (símbolo dos *cucarachas* latino-americanos), destinada aos homens, e outra sem o inseto, odiado pelas mulheres. "É a minha homenagem à luta pela libertação

---

[11] O declínio do Pasquim se acentuaria a partir de 1982, com uma cisão político-partidária entre Ziraldo e Jaguar: o primeiro apoiando o PMDB, e o segundo, o PDT. Com a vitória de Leonel Brizola para governador do Rio, Ziraldo perdeu a aposta e transferiu suas cotas para Jaguar. A dívida acumulada beirava 200 mil dólares. Com interrupções, o semanário resistiria até o número 1.072, publicado em 11 de novembro de 1991.

das mulheres. Elas que escolham a capa que quiserem", provocou. O plano de *marketing* funcionou magnificamente, pois as capas sem barata venderam como água. *Diário de um cucaracha* foi escolhido o livro do ano de 1983 pelo Museu da Imagem e do Som de São Paulo.

* * *

Por que o *TV Homem* durou apenas dois anos? Há versões conjugadas. A direção de programação da emissora propôs que ele produzisse um quadro semelhante no *Fantástico*. Henfil viu com bons olhos a mudança, assinalando a caneta um recorte sobre sua transferência para o horário nobre: "Eta, nóis!!"

Problemas de saúde teriam pesado na decisão de ir para o *Fantástico*. De acordo com Nilton Travesso, Henfil se desgastava excessivamente no quadro para o *TV Mulher*. "A certa altura, comecei a preocupar-me com ele. Parecia enfraquecido." Em fevereiro de 1981, teve uma hemorragia que o obrigou a tomar crio, afastando-se duas semanas das gravações. Em julho de 1982, quando terminou o *TV Homem*, exames médicos revelaram cálculos biliares na vesícula (até então, Henfil atribuía as dores a uma hérnia de hiato detectada em Natal).

A equipe do *TV Mulher* custou a absorver a saída de Henfil. Mas não havia o que discutir. Ele desfrutaria grande audiência e poderia dosar forças, pois o quadro seria semanal. Enquanto aguardava uma definição do *Fantástico*, ele fez cartum animado no recém-criado *Jornal da Globo*. A experiência durou apenas quatro meses.

E o *Fantástico?* Os ventos sopraram contra, e Henfil nunca teve o quadro prometido. Bem que tentou apurar os motivos, mas lhe faltaram faróis de milha para romper a neblina. Ouviu rumores de que a resistência se localizava na direção do programa.

O jornalista José-Itamar de Freitas, à época diretor-geral do *Fantástico,* esclareceu-me que a ideia era desenvolver cartuns animados, e não um quadro cômico. Segundo ele, dois fatores inviabilizaram a inclusão de Henfil: problemas de ordem técnica para executar o cartum animado; e como ajustar o seu estilo de humor ao perfil do programa — uma revista semanal de variedades.

De dezembro de 1982, quando parou de atuar no *Jornal da Globo,* a setembro de 1983, quando expirou o contrato com a emissora, Henfil recebeu pontualmente os salários (cerca de 1.600 dólares mensais) sem trabalhar. O que, diga-se logo, o deprimia tanto quanto a vã espera pelas noites de domingo. Amigos tentavam consolá-lo, dizendo que conseguira a façanha de ser pago para não fazer nada. "Não tem nada pior para um criador do que não poder criar. Foi uma fase muito ruim para o Henrique, que se chateava inclusive por ganhar sem trabalhar. Aquilo para ele era a morte", atestou Lúcia Lara.

O *TV Homem* era uma das grandes tribunas que Henfil perdia na mídia. Frustrou-se bastante com isso, como confessaria, meses depois, em bate-papo com Marília Gabriela no próprio *TV Mulher* (o programa sairia do ar, após reformulações, em junho de 1986).

— Trabalho 32 horas por dia e parece que estou desempregado. Porque a televisão é que era o trabalho. Os desenhos, por mais bonitos e felizes que sejam, morrem no papel. A televisão possibilita o contato direto, sem intermediários, com quem está do outro lado.

O MAGO

Com brilho de mistério nos olhos, Henfil costumava dizer que, vez por outra, "bruxos" e "bruxas" atravessavam a sua vida e a reviravam de pernas para o ar. Pessoas que, segundo ele, canalizavam energias transformadoras. Das fricções de destinos, emergiam amizades, projetos, vivências e crenças inesperados. Essa — chamemos assim — dimensão mágica da existência uniu Henfil a Thomaz Green Morton de Souza Coutinho, o paranormal de Pouso Alegre, sul de Minas Gerais. O homem do Rá.

Os caminhos percorridos por Henfil até frequentar os domínios de Thomaz — uma chácara de muros pintados de branco e azul, encravada num terreno de 24 mil metros quadrados, às margens de um lago com intensa luminosidade — entrecruzam-se com a guinada mística dos seus últimos seis anos de vida. O mineiro agnóstico e avesso a confessionários, terreiros e altares descobriria, na esfera espiritual, variantes para o que definiu como "compreensão mais profunda do sentido do mundo".

O lado místico de Henfil aflorou no *bunker* da Itacolomi. Nessa "fase cósmica" (a definição é do próprio Henfil), Ione Cirillo foi a sua interlocutora predileta. "Líamos Castañeda e passamos a ficar muito atentos à questão das energias positivas e negativas", contou Ione. "O lado místico era fruto de uma tentativa de alargar a percepção e expandir a consciência sobre os desafios vividos pelo homem no contato com as forças do universo. Éramos muito linha de frente para tudo o que acontecia na sociedade e, de repente, compreendemos que essas lutas não estavam separadas das vivências subjetivas e das energias cósmicas."

Dois livros sobre o Tao Te King — a milenar filosofia chinesa — ocuparam a cabeceira de Henfil. A leitura do Tao indica algo significativo: uma conexão espiritual que não se relaciona ao culto religioso. Isso, digamos, preservava a integridade anticlerical de Henrique de Souza Filho. Como ensinam os manuais, o Tao serve de orientação aos que desejam aproximar-se da religiosidade sem criar laços de dependência com os dogmas institucionalizados.

Essa espécie de "conversão" se vinculou à forma peculiar de religiosidade apontada por Lúcia Lara. Segundo ela, Henfil era religioso no sentido de ter crenças e convicções absolutas, de se devotar totalmente às causas, de dar tudo aos outros e pouco para si (o prazer teve um lugar muito pequeno na vida dele) e mesmo de antever coisas com extrema sensibilidade. "Raras vezes vi o Henrique se enganar em gênero, número e grau com alguém. Era um observador atentíssimo, milimétrico. Cético, é verdade, mas com percepção espantosa."

Dois episódios reforçaram a inclinação mística. O primeiro foi a morte, num acidente de carro no interior de Goiás, de frei Mateus Rocha, aos 62 anos. Henfil ficou arrasado. Um mês antes do desastre, encontrara-se no Rio com o provincial dos dominicanos, que lhe fizera um estranho pedido: dar um passeio de carro pelas praias de Niterói. "Por que Niterói?", pensou Henfil, intrigado, sem atrever-se a colocar-lhe a dúvida. Numa manhã ensolarada e com ventos brandos, foram até Piratininga. Vendo as espumas do mar escalarem as pedras, Mateus tirou a boina azul que sempre cobria a calvície avançada e não conteve o comentário:

— Se eu soubesse desta beleza há mais tempo, não sei se a minha vida teria sido a mesma.

Henfil sorriu tímido e guardou para si a interrogação que jamais soube responder: Mateus teria tido uma premonição e fora a Piratininga para se despedir da vida na intercalação com o mar?

O impacto da morte do grande guru de sua juventude esgarçou as fendas espirituais. Henfil contou a Humberto Pereira que, por intermédio de uma amiga kardecista, soubera que um médium estava recebendo mensagens de Mateus. Decidiu ir ao centro espírita. Teria ouvido, pela voz do médium, o frei dizer: "Eu não tive culpa alguma no acidente."

O segundo abalo alvoreceu no dia 22 de novembro de 1982, quando Henfil ligou a ignição da Belina e flanou, pela rodovia Fernão Dias, até Pouso Alegre, no sopé da serra da Mantiqueira. Sem que ele notasse, ao estacionar o carro em frente ao Hotel Fernandão, dois homens o observavam de uma mesa no restaurante. O forasteiro que se dirigia à portaria do Fernandão mancava acentuadamente de uma das pernas.

— Lélio, olha como esse cara se arrasta como o Corcunda de Notre Dame — observou Thomaz Green Morton.

Habituado com a molequice de Thomaz, Lélio Granado, dono do Hotel Fernandão e militante de esquerda na juventude, levantou os olhos do prato com uma calma tibetana. Arregalou os olhos com o que viu.

— Ô, seu doido, este aí é o Henfil!

Desligado, Thomaz replicou:

— E quem é Henfil?

— Não é possível que você nunca tenha ouvido falar no Henfil! É um cara famoso, um humorista maravilhoso, talentoso...

Por um momento, Thomaz conectou-se às coisas terrestres e lembrou-se de que, na véspera, autorizara seu sogro, Jair, a marcar a consulta solicitada por um "artista" de São Paulo. Sim, chamava-se Henfil, e nunca tinha visto um quadrinho sequer desenhado por ele.

Até ali, o que o nome Thomaz Green Morton significava para Henfil? O paranormal que entortava garfos e talheres, exalava perfumes, adivinhava números de carteiras de identidade, materializava objetos e transmutava areia em cânfora e, segundo testemunhos, aliviava dores de doentes terminais. Ele atraía astros do *show-biz*, *socialites*, políticos, ministros de Estado e pesquisadores de várias partes do planeta, dispostos a pagar alto pela consulta e a esperar horas e mesmo dias no hotel o momento de serem atendidos.

Ione Cirillo voltou de lá balançada e contou a Henfil que Thomaz, na sessão de mentalização cósmica, "projetou" na mão direita o que seria o coágulo cerebral do sogro, general Raul Cruz Lima. Ao regressar a São Paulo, o sogro já não sentia dores.

Ione abriu a bolsa e mostrou-lhe garfos e talheres entortados. A princípio cético, Henfil pensou no raio x que comprovara os cálculos biliares na vesícula. Armou-se de coragem e decidiu ir a Pouso Alegre.

Thomaz equilibrava a penúltima garfada de feijão-tropeiro quando o Corcunda de Notre Dame entrou no restaurante do Hotel Fernandão. Vinha em passos miúdos e acidentados, os joelhos não flexionavam direito, o corpo magro arfava depois de subir os degraus que conduziam ao salão de refeições. Observando-o de longe, Thomaz intuiu que ele mancava por artrose nos joelhos. Não sabia, porém, que o homem de barbicha era hemofílico.

Henfil mirou a grossa pupila daqueles olhos esverdeados.

— Preciso que você me dê uma aliviada nessa dor nos joelhos. As mãos doem até para desenhar. É uma artrose danada. Sou hemofílico, não posso tomar qualquer remédio. É difícil me tratar.

— Você tem mais alguma coisa? — Thomaz desconfiou.

— É, o médico me disse que estou com pedra na vesícula.

— Você espera que eu possa resolver o seu problema?

— Se você puder tentar, já valeu.

Conversaram até de tardinha. Thomaz olhou o relógio e disse que precisava se preparar para a mentalização cósmica, forma de culto que realizava todos os dias, não importando onde estivesse, às 18h. Com voz grave e poética, inexplicavelmente sem sotaque mineiro, Thomaz orava, e as pessoas, em rigoroso silêncio, buscavam mobilizar energias positivas para si e para os próximos.

Pediu a Henfil que aguardasse no hotel o chamado para ir a sua casa. No quarto, Henfil sentiu o cheiro de perfume silvestre no ar. Mas Thomaz não havia ido embora? O odor dominou o restaurante, a escada, o corredor, a portaria, o quarto em que se hospedava. Teria espalhado um vidro de essências pelo Fernandão? Henfil arrepiou-se e começou a achar tudo aquilo um labirinto de suspense.

Após a primeira sessão de energização com Thomaz, encantado e excitado, Henfil telefonou para Lúcia em São Paulo relatando o que se passara, como, por exemplo, as luzes coloridas que, de repente, espocavam durante o trabalho de mentalização. Pediu que ela fosse para Pouso Alegre. Lúcia o atendeu e não se arrependeu. O ambiente era a um só tempo místico e solto. "O engraçado é que um quebrou a expectativa do outro: eram dois moleques juntos!", ela recordou. "Foi um verdadeiro encontro das águas, apesar das diferenças: Henrique mais comedido e avesso a bebida alcoólica; Thomaz, um bruxinho, sábio, expansivo e que bebe muito. Gostaram-se à primeira vista."

No dia seguinte, Henfil acordou bem-disposto, embora não tivesse dormido mais do que três horas. À tarde, foi para a chácara, sendo recebido, como na véspera, por Teresa Esmeralda, a Lada, prima de Thomaz que ali vivia desde 1979. Ela cumpria uma função estratégica: transmitia às pessoas que o procuravam como era o trabalho dele, como havia começado, como se processavam os fenômenos etc. Dentro da possibilidade humana de explicar as ocorrências, as informações de Lada geralmente satisfaziam. No caso de Henfil, ela não só o tranquilizou como o aconselhou a confiar nos poderes energéticos de Thomaz.

A segunda sessão terapêutica ocorreu já na presença de Lúcia e de dois amigos de Thomaz, Duílio Cabral da Costa e a mulher. Os três foram para a sala de mentalização, forrada, do chão ao teto, com carpete verde para isolar o barulho. Henfil, queixando-se de cólicas na vesícula. Num vídeo, Thomaz mostra as mãos limpas e enfatiza que não faz truques, apenas se concentra e mentaliza para que as energias cósmicas atuem. Segundo ele, depois de energizar Henfil, as três pedras da vesícula foram expelidas.

As cólicas cederam, mas Henfil não se deu por satisfeito. Quando o joelho energizado iria desinchar? Thomaz o tranquilizou:

— O joelho vai melhorar. No dia em que as articulações estiverem reconstituídas, tudo normal, essa dor vai acabar. O importante é você vir aqui para completarmos o tratamento.

De volta a São Paulo, Henfil submeteu-se a um raio x, cujo laudo o desconcertou: os cálculos biliares estavam no mesmo lugar. Lembrou-se então da advertência de Thomaz: "Não posso curá-lo, posso amenizar as suas dores." De fato, as cólicas na vesícula praticamente tinham desaparecido. Mas, e as pedras que Thomaz exibira no vídeo após a psicocirurgia? Ouvido por *IstoÉ* (10/10/1984), Henfil não esmoreceu na crença: disse acreditar que o paranormal tinha o poder de duplicar objetos — o que elucidaria o enigma das pedras na vesícula.

Perguntei a Thomaz como ele justificava o fato de um cético como Henfil ter se persuadido sobre a validade dos fenômenos energéticos. Ele respondeu: "Só dão valor ao meu trabalho as pessoas que têm a sensibilidade de saber vivenciar esses fenômenos ditos parapsicológicos, metafísicos, metapsíquicos, ou sei lá o que mais. Por isso, não me importo quando pessoas insensíveis me chamam de charlatão, vigarista. O Henfil, que gostava demais do fenômeno da transmutação, teve essa sensibilidade. Era um homem de larga inteligência."

Apolítico, Thomaz acostumou-se às investidas de Henfil para conscientizá-lo.

— Precisamos plantar algumas sementes por aí — insistia com Thomaz. — Você vai ter que iluminar a cabeça de alguém para governar este país; se não, estamos perdidos. Sem uma luz que venha de outro plano, não sairemos do lugar.

Thomaz não esqueceu uma frase que certa vez Henfil pronunciou:

— Anote aí: o Lula ainda vai governar o Brasil.

O MENESTREL

Poucas figuras da vida pública cativaram tanto Henfil quanto o senador alagoano Teotônio Vilela. Desde a cruel Era Médici, Teotônio clamava pela liberalização política. Em pleno "milagre econômico", o senador da Arena defendia a redistribuição de renda e a volta ao Estado de Direito. Tinham-no na bancada governista como um ingênuo. A resposta veio em 1974: foi um dos raros arenistas reeleitos em meio a aluvião de votos no MDB. Teotônio agarrou-se à distensão prometida pelo general Geisel, mas deste se distanciou ao opor-se ao "pacote de abril", à Lei Falcão, à repressão às manifestações estudantis e aos descalabros do modelo econômico. Submissos senadores da Arena retiravam-se de fininho do plenário quando o grave sotaque nordestino arrestava o microfone para exigir a abertura.

Henfil chegou a duvidar da autenticidade de Teotônio, mas Tárik de Souza alertou:

— Fica de olho no Teotônio, que esse cara está fazendo coisas interessantes.

— Ele é da Arena. Será que não é jogo de cena?

A convite do deputado Ulysses Guimarães, Teotônio Vilela filiou-se ao MDB em 25 de abril de 1979. Dois meses depois, o MDB o indicou para presidir a Comissão Mista do Congresso que apreciaria a mensagem do Executivo sobre a anistia. Teotônio não se restringiu à batalha legislativa para ampliar a abrangência da anistia. Em companhia do deputado federal Marcello Cerqueira, iniciou uma jornada memorável pelo país, visitando, debaixo de sol ou chuva, todos os presos políticos.

A essa altura, Henfil já o incluía entre os "grandes campeões" da luta pela anistia. "Teotônio quebrou a virgindade de muitos presídios, num ato de audácia e de coragem inacreditável", declarou ao semanário alagoano *Opinião* (27/2/1983).

Teotônio realçou sua dimensão nacional na greve dos metalúrgicos do ABC, em 1980, quando se tornou o principal interlocutor dos operários. Ignorando as bombas de gás lacrimogêneo, os cassetetes, a cavalaria e os cães ferozes, dialogou com o comandante da Polícia Militar para impedir a repressão aos grevistas. Cobrou dos empresários e do general Figueiredo canais de negociação com os trabalhadores. O senador foi a estrela maior da convenção nacional do PT, em setembro de 1980. Quando Lula anunciou sua presença, uma enxurrada de aplausos varreu o plenário e as galerias. Henfil, na primeira fila de cadeiras, pôs-se de pé para reverenciar um político cuja comunhão de princípios democráticos prevalecia sobre os cálculos partidários.

Em campanha para a reeleição ao Senado, Teotônio esbarrou na fatalidade: um tumor no cérebro, diagnosticado em maio de 1982. Após uma cirurgia de emergência para extirpá-lo, os médicos deram-lhe no máximo quatro meses de vida, obrigando-o a desistir da candidatura. A saúde entrou em colapso; ressentia-se de dores insidiosas, a perna direita semiparalisada. Assim que recobrou parte de suas forças, desafiou o câncer e comoveu o país ao manter acesa a chama das eleições diretas para a Presidência da República, além de defender a moratória da dívida externa e a soberania. Viajou até de cadeira de rodas para cumprir compromissos.

Em fins de novembro de 1982, Henfil pediu a Thomaz Green Morton que energizasse Teotônio para tentar salvá-lo, embora soubesse que estava condenado. Vivendo ele próprio numa louca escapada da hemofilia, compreendeu a urgência de prorrogar a vida do senador. Como fazê-lo, se nunca trocara uma única palavra com ele?

Henfil almoçou no Rio com Marcello Cerqueira, íntimo de Teotônio, a quem falou longamente sobre os poderes energéticos de Thomaz Green Morton. Materialista formado na escola do PCB, Marcello ouviu com reservas o relato sobre os feitos do paranormal. Mas prometeu convencer Teotônio, sensibilizado pelo interesse de Henfil em ajudá-lo.

Dias depois, Henfil conversou por telefone com Teotônio, que o surpreendeu ao concordar na hora em ir a Pouso Alegre. Era o dedo de Marcello Cerqueira.

Henfil armou o esquema para proporcionar a Teotônio um atendimento classe A em Pouso Alegre. Lélio Granado olhava a todo momento o relógio, ansioso para apertar a mão do senador. A consulta fora marcada para as 14h. Quarenta minutos antes, Teotônio, de bengala, chegou acompanhado de Marcello Cerqueira. Lélio fez as honras da casa, porque Henfil, que vinha de São Paulo, se atrasou. O sol se escondia na Mantiqueira e nem sinal de Thomaz. À noitinha, Teotônio exasperou-se.

— Vamos embora, Marcello. Tenho mais o que fazer. Lélio correu ao avistar Thomaz no saguão do hotel.

— O senador está aqui e você vai atendê-lo agora. O homem quer voltar para o Rio, e eu não vou permitir.

Nesse ínterim, Henfil apareceu, abraçou Teotônio e apelou aos seus últimos resquícios de paciência.

Às 20h, Teotônio entrou na sala de energização com uma advertência a Thomaz:

— Olha lá o que o senhor vai me aprontar...

Sumamente ressabiado, respondeu com monossílabos às perguntas de Thomaz sobre seu estado de saúde. Mas, segundo o paranormal, o senador enlouqueceu quando os "*flashes* cósmicos" iluminaram o carpete verde. Após 40 minutos, Teotônio garantiu a Henfil e Marcello que se sentia melhor.

Thomaz chamou Henfil:

— O senador está muito carregado. Preciso que ele fique aqui pelo menos uma semana, porque, cada vez que dou uma energizada nele, me acabo.

Três dias depois, Teotônio aparentava progressos, as dores se atenuaram. "Curar, o Thomaz não curou, mas sem dúvida carregou a pilha do Teotônio", asseverou Marcello Cerqueira. Rejuvenescido, o senador podia ser visto numa prosa encarniçada com Henfil. "Falavam sobre tudo: literatura, eleições diretas, PMDB, política internacional... Teotônio realmente encantou o Henfil com a sua verve apaixonada pelo Brasil. Era um literato. Até nas análises de conjuntura e na definição de táticas de luta, ele conseguia dar um toque poético."

* * *.

Durante quase um ano, Henfil e Teotônio não se largaram. "Ele me nomeou seu secretário afetivo", brincava Henfil. A campanha pelas eleições diretas selou a confluência daqueles justiceiros rebeldes. Se as agendas não coincidissem, arranjavam uma maneira de se comunicar. Janio de Freitas, amigo dos dois, define a parceria Teotônio-Henfil como "o encontro das esperanças que as utopias acendem; o encontro de dois sofredores que se sabiam condenados; e, principalmente, o encontro de dois homens de coragem e de caráter".

Nas viagens, os dois iam a rodoviárias, universidades, mercados populares e calçadões; comiam pastel com caldo de cana em pés-sujos. Pessoas paravam o senador na rua para cumprimentá-lo ou perguntar por sua saúde. A cada discurso acalorado em praça pública, Teotônio parecia readquirir o combustível que vazara nas internações hospitalares ou nas drogas que ingeria.

No embalo das campanhas das diretas, Henfil elaborou o célebre desenho de Teotônio de chapéu-coco e com a bengala para o alto, reproduzido em camisetas vendidas pelo PT. Os xiitas tentaram queimá-lo: "Teotônio é usineiro, latifundiário, cacique do PMDB." Para não perder o juízo, Henfil telefonou para Lula.

— Qual é a desses caras?

— Não liga. O Teotônio é o símbolo das diretas. O velhinho é usineiro, do PMDB, mas nessa luta está à nossa frente.

O severo tratamento médico não inibiu a progressão do câncer no organismo de Teotônio. Em fevereiro de 1983, caiu de cama, anestesiado por uma bateria de remédios. Tentava ler e esbarrava num cansaço crônico. De dieta e sem apetite, emagrecia numa velocidade alarmante. A família o levou para o sítio no Cumbe, em Alagoas, às margens da Lagoa de Manguaba. Uma semana antes do Carnaval, Henfil inquietou-se com a fala desanimada de Teotônio ao telefone. Descobriu um jeito de ressuscitá-lo: aproveitando os quatro dias de Momo, viajou com Lúcia para Maceió a fim de entrevistá-lo para o *Pasquim*.

Foram nove horas de conversa! Henfil dividiu o depoimento em quatro capítulos, publicados pelo *Pasquim,* em edições sucessivas, em março daquele ano. Ao longo de 16 páginas, Teotônio expôs suas ideias para democratizar o Brasil, consubstanciadas no "Projeto Emergência": moratória da dívida externa, concordata da dívida pública interna, reforma tributária, incremento do emprego, programas sociais, fim das leis de exceção, controle de preços e das remessas de lucros, reorientação da política industrial e eleições diretas para presidente.

Ao copidescar a transcrição das fitas com a fala caudalosa de Teotônio, Henfil achou que precisava de uma frase de efeito para concluir a série de matérias. Acrescentou à caneta o *slogan* que, dentro em breve, contagiaria o país:

—Sem eleições diretas, o Brasil não sai do fundo do poço. *Diretas Já!*

Não foi a única interferência para reavivar Teotônio. Henfil sugeriu que Betinho, com apoio técnico do Ibase, coordenasse o "Projeto

Emergência". Teotônio não somente aceitou como estimulou Henfil a participar de reuniões com ele e Betinho.

Em junho de 1983, com o "Projeto Emergência" em fase de finalização, o deputado Ulysses Guimarães, à beira da estafa, licenciou-se da presidência do PMDB. Já doente, Teotônio Vilela, vice-presidente, assumiu o comando num momento particularmente difícil: pré-candidato à Presidência da República, Ulysses enfrentava a oposição de setores favoráveis à conciliação com o regime. Na breve interinidade, Teotônio procurou sacudir o partido, insistindo na pregação pelas eleições diretas.

Desde o primeiro ato público pelas diretas, realizado em 15 de junho de 1983 em Goiânia, presentes 5 mil pessoas, Ulysses comprometera-se com as eleições livres. Graças a uma articulação sua, o governo de São Paulo patrocinou o grande comício na Praça da Sé em 25 de janeiro de 1984. Daí para a frente, o "senhor Diretas" participou com ardor das principais concentrações pelo país — ardor jamais demonstrado por Tancredo Neves, por exemplo.

Após a tentativa de uma greve geral no país, a Executiva Nacional do PMDB reuniu-se para reempossar Ulysses Guimarães. Ao devolver-lhe o cargo, Teotônio reiterou a fé nas eleições diretas e criticou a ingerência do Fundo Monetário Internacional na economia brasileira. Para os "moderados", a prioridade era neutralizar a influência de Teotônio nas bases partidárias. Como se previa, Ulysses e os "progressistas" saíram enfraquecidos da pré-convenção, e com isso a tese das diretas entrava em duplo diapasão: perante o público externo (a sociedade), o PMDB permanecia defendendo a solução das urnas; internamente, porém, fortalecia-se a tendência liderada por Tancredo Neves — que apostava na transição via Colégio Eleitoral. Por último, o partido não encampou o "Projeto Emergência", apesar da simpatia das alas de esquerda.

Boicotado no PMDB, Teotônio desalentou-se e por pouco o câncer não o liquidou. Exames detectaram sinais de metástase óssea.

Henfil culpou "energias poderosamente negativas" pelo recrudescimento dos tumores: "Nós conhecemos o fenômeno de pessoas que matam as plantas com um simples comentário de que a luminosidade nas folhas é excessiva. Foi assim com o Teotônio: transmitiram-lhe uma carga negativa. É a chamada seca-pimenteira."

Os efeitos do revés reverberaram na saúde de Henfil. O joelho inchou, as dores nas juntas o forçaram a reduzir o ritmo de trabalho. Mas ele não sossegou enquanto não vislumbrou uma contraofensiva que amenizasse o golpe sofrido e mantivesse Teotônio vivo. Em entrevista ao *Correio Braziliense* (28/8/1983), lançou Teotônio candidato das oposições ao Palácio do Planalto. "Deem espaço a ele e nós veremos quem ganha eleição no Brasil. O Teotônio tem programa para governar, um programa de oposição."

Intimamente feliz, Teotônio reagiu com senso de realidade.

— Homem, pelo amor de Deus, não fale nisto. Eu não tenho mais condições.

A um mês da morte, Teotônio proclamava: "Não tenho mais forças para derrubar um boi de 20 arrobas pelo rabo. Mas ainda tenho forças para puxar a casaca dos ladrões e defender a nossa pátria."

Teotônio gemia de dor nas noites maldormidas. Ao visitá-lo em fins de outubro no Hospital Albert Einstein, em São Paulo, Henfil tentou encorajá-lo, lembrando que faltava receber títulos de cidadão honorário em mais de sessenta cidades. Teotônio já fora agraciado com outras cem comendas do gênero. E não paravam de chegar solicitações para que comparecesse a atos públicos e debates.

Depois de um ano e cinco meses de tenaz enfrentamento da doença, Teotônio manifestou o desejo de voltar a Maceió. Os médicos paulistas consideraram esgotados os recursos para salvá-lo.

Teotônio embarcou inconsciente para Maceió no dia 10 de novembro de 1983. Henfil acompanhou-o até Congonhas e chorou quando o avião partiu. A agonia do senador do Brasil durou 16 dias.

Na noite de 27 de novembro, em frente ao estádio do Pacaembu, o PT patrocinou o primeiro comício pelas diretas em São Paulo. A convite de Lula, Henfil subiu ao palanque montado na praça Charles Miller. Vestia uma camiseta com a figura destemida de Teotônio. Os 10 mil presentes souberam então da morte de Teotônio, ocorrida pouco antes.

Naquela madrugada, sob o impacto da perda do seu Dom Quixote, Henfil escreveu com raiva a carta para a mãe, publicada pela *IstoÉ* no dia seguinte ao enterro. O trecho final: "Teotônio, me alegro, exulto, folgo em dizer, não morreu."

Henfil pegou o primeiro avião para Maceió. Ao desembarcar no Aeroporto de Palmares, abordado por repórteres, não quis falar em morte: "Teotônio Vilela vive. As ideias dele continuam vivas. E ele viverá para sempre dentro de nós."

Confortou a família e esteve o tempo todo próximo ao esquife, junto a Lula e Fafá de Belém. Comoveu-se quando Ulysses Guimarães, à beira do túmulo, exortou os democratas a se espelharem na bravura do senador alagoano:

— Teotônio, você esvaziou os cárceres cheios de presos políticos. Teotônio, você esvaziou o AI-5 ao lado dos trabalhadores do ABC. Teotônio, você é o homem-síntese do Brasil!

A CÂMERA DE KUBANIN

Cinco anos e meio depois de aportar na cidade onde tudo acontecia, Henfil tingiu São Paulo com a inconstância dos ciganos. Nós já assistimos a este filme: enjoado de um lugar, ele inventava uma coleção de acrimônias para justificar a partida. Não renegava o dinamismo da capital e suas opções culturais. Mas estabeleceu uma distinção fatal: para a cabeça, o melhor lugar do mundo; para o corpo, uma tragédia grega. "A falta de sol aqui é um negócio dramático", queixou-se à *Folha de S.Paulo* (7/8/1983). O humorismo em Sampa? "O humor daqui é muito terno e gravata, meio tecnocrata. A cidade não motiva." Reclamava da desumanização da metrópole e da obsessão de se ganhar dinheiro.

Os amigos custaram a assimilar o desejo de Henfil de abandonar São Paulo. Humberto Pereira ponderou que o campo de trabalho lá era mais promissor. Lúcia Lara, a caminho do terceiro ano de psicologia na USP e iniciando um sonhado estágio, não chegou a comemorar a batida de martelo pelo Rio. Compreendeu, porém, que Henfil procurava uma saída profissional. Ele buscava novos horizontes criativos, como o haviam sido a televisão e a literatura.

O horizonte chamava-se cinema. Esta foi a verdadeira razão da mudança para o Rio.

O antigo namoro, iniciado na juventude quando assistia a filmes da *Nouvelle Vague* e do neorrealismo italiano no Cineclube do CEC, em Belo Horizonte, tomou ares sérios no início de agosto de 1983, quando foi homenageado no programa *Esta é a sua vida,* exibido

287

pelo SBT e apresentado por Sérgio Chapelin. Entre os convidados, Betinho, Dona Maria, José Eduardo Barbosa, os jornalistas Maurício Azêdo e Jayme Martins, o ex-deputado Francisco Julião, o advogado José Carlos Dias e o produtor cinematográfico Joffre Rodrigues.

Depois da gravação, foram todos jantar. Pela segunda vez, Joffre cruzaria a jornada de Henfil. Se em 1967 o trouxera para o Rio de Janeiro, agora a isca seria a sétima arte. A certo instante, Henfil caminhou até a outra extremidade da mesa do restaurante para conversar com Joffre.

— Tenho um filme na cabeça há dez anos. É sobre o poder de um jornal como o *New York Times* na vida das pessoas. Passa-se numa republiqueta do Caribe, onde quem manda é um ditador nazista.

— Eu topo produzir.

Joffre não blefava, embora não tivesse um níquel no bolso.

Em meio às andanças com Teotônio Vilela, Henfil discutia por telefone o projeto do filme com Joffre. Acertados os ponteiros, resolveu mudar-se para o Rio. No abrasante calor de janeiro de 1984, Henfil alugou um apartamento de temporada no Leme, onde se instalou com ideias para o roteiro e pilhas de xerox de suas páginas na *IstoÉ*. Seu amigo Jeferson de Andrade, então gerente da área nacional da editora Record, propôs-lhe publicar uma seleção de cartuns e cartas à mãe sobre o tema que, naquele momento, contagiava o país: as eleições diretas para presidente. Dos entendimentos com Jeferson resultaram o título do livro, *Diretas Já!,* e um acordo financeiro pelo qual a Record lhe anteciparia em direitos autorais o equivalente a 8 mil dólares — cifra significativa para o mercado editorial da época.

Henfil juntou esse dinheiro com a venda do carro e outras economias e investiu na compra de um apartamento num flat no Leblon. Lá moraria quatro meses, até alugar um imóvel mais amplo para trazer a mudança de São Paulo. De janeiro a junho, ele e Lúcia se revezaram na ponte rodoviária nos fins de semana, já que ela permanecera em São Paulo terminando o semestre letivo. Em julho, Lúcia transferiu-se para a PUC do Rio e juntou-se ao marido no apartamento recém-alugado imagine onde... no templo da alta burguesia carioca, a avenida Vieira Souto, em Ipanema.

Os apartamentos espaçosos custavam os tubos. Até que o presente caiu do céu. Henfil soube que a mãe de uma amiga de Leila Valente (com quem voltara a fazer fisioterapia) queria alugar um imóvel de fundos, no primeiro andar de um prédio antigo, no número 572 da Vieira Souto. Adoraram o 104: três quartos, sendo um com vista lateral para o mar, e preço de um conjugado (cerca de 250 dólares).

* * *

No dia 1º de março de 1984, Henfil e Joffre trancaram-se para iniciar o roteiro do filme, que consumiria cinco meses de trabalho. Se a imaginação encalhava, ele recorria a piadas rápidas para dar sequência aos diálogos. Delineado o texto, repetiu o tipo de *storyboard* que testara nos *scripts* do *TV Homem*. Ao lado dos diálogos, desenhou as cenas, indicando planos, enquadramentos, posições de câmera e letreiros, além de marcações de luz, ruídos e músicas. Esse processo de roteirização, usado em comerciais de televisão, estava longe de ser uma invenção. Federico Fellini, ex-desenhista de quadrinhos, rascunhava as cenas de suas obras-primas; Eisenstein rodou diversas sequências de *O encouraçado Potemkin* a partir de esboços no papel; e Alfred Hitchcock permitia-se boas cochiladas, porque ninguém se atrevia a dar um passo fora dos enquadramentos já desenhados. De todo modo, a iniciativa de Henfil merece registro. Ele "cartunizou" o filme, com nada menos que 1.600 desenhos em quatrocentas páginas.

Acontece que cinema não é cartum; os movimentos obedecem a outra gramática visual. O diretor de fotografia, Edgar Moura — que se iniciara como desenhista de humor no *Pasquim,* sob os auspícios de Henfil —, e o assistente de direção, Braz Chediak, depois de lerem atentamente o *storyboard*, observaram falhas sérias.

— As piadas são sutis demais para uma plateia de cinema — anotou Edgar.

— O público é inteligente, a gente não precisa dizer tudo ao pé da letra — refutou Henfil.

Batalha inglória convencê-lo de que o *storyboard* não correspondia à engenharia dos planos cinematográficos, nem se ajustava aos enquadramentos habituais. Edgar interferiu somente nas questões visuais mais complexas, respeitando a concepção original do diretor. "Henfil sabia o que queria, embora lhe faltasse domínio técnico. Eu intuía que algumas coisas não dariam certo, mas se tratava de um filme de autor."

O "cinema de humor" mesclava drama político, comédia de costumes, chanchada e surrealismo — não comportava etiquetas. Vale a pena ler um resumo da excêntrica sinopse.

Tanga é uma ilha imaginária no Caribe, onde 99% de seus 3 mil habitantes são analfabetos. É governada há 37 anos pelo ditador Herr Walkyria von Mariemblau, o único a ler o *New York Times*, comprado diariamente em Nova York por seu sobrinho Kubanin, representante do governo nos Estados Unidos. O efeminado ditador manda forjar atentados terroristas, para dar impressão de que a "democracia" está ameaçada pelo 'comunismo internacional'. Kubanin — um anagrama de Bakunin, o líder anarquista admirado por Henfil — descobre uma gráfica que imprime em clichês qualquer notícia, usando o cabeçalho do *New York Times*. De brincadeira, resolve mandar um exemplar falso do periódico, inventando um insólito processo revolucionário em Tanga. Sendo o *New York Times* a verdade absoluta, todos acreditam na edição forjada e tratam de dar cumprimento às notícias falsas, a começar pela deposição de Herr Walkyria.

A inspiração para o filme remontava ao período em que Henfil vivera em Nova York. Disse ter recebido apelos de pessoas ligadas a movimentos em prol dos direitos humanos para encontrar um jeito de encaminhar ao *New York Times* nomes de presos ou desaparecidos políticos no Brasil. Com os jornais brasileiros sob censura, restava denunciar no exterior as arbitrariedades do regime. De posse dos recortes do *NYT,* os advogados tentariam apurar o paradeiro dos perseguidos junto aos órgãos de segurança ou auditorias militares. Henfil nunca revelou o nome de seu contato no *New York Times,* limitando-se a informar que, na empreitada, contou com a ajuda de brasileiros nos EUA.

Durante nove meses, Joffre Rodrigues e Henfil perambularam atrás de dinheiro para executar o projeto. A Embrafilme suspendeu de uma hora para outra o pedido de financiamento, já aprovado. Pleitearam em vão patrocínios em vinte empresas privadas. Joffre detonou o último cartucho, requerendo financiamento ao Fundo Nacional para o Desenvolvimento da Educação (FNDE), órgão do Ministério da Educação.

Enquanto não se desfazia a interrogação financeira, Henfil e Joffre escolheram as locações em Quissamã, no litoral norte do Rio, onde descobriu o velho casarão, ladeado por palmeiras imperiais, que serve de fachada para o palácio do governo de Tanga. As cenas em estúdio foram rodadas num enorme galpão nos armazéns do Cais do Porto.

Rubens Corrêa, um dos atores mais brilhantes do teatro brasileiro, foi o escolhido para interpretar o ditador Herr Walkyria. O elenco de *Tanga* tinha quarenta atores e 150 figurantes. Para dar um molho especial ao *cast*, Henfil conseguiu a adesão de extras impagáveis: Jaguar, Chico Anysio (imitando Paulo Francis), Fausto Wolff, Hélio Pellegrino, Zózimo Barroso do Amaral, Daniel Filho e Alfredo Sirkis. A direção musical coube ao compositor e arranjador Wagner Tiso, um *expert* em trilhas sonoras que conhecera Henfil em 1980, durante a greve dos metalúrgicos do ABC.

Depois de obtido o financiamento do filme pelo FNDE, Henfil passava dias inspecionando a construção dos cenários no galpão do Cais do Porto. As filmagens iniciaram-se em fins de setembro de 1985.

Henfil baixou um decreto polêmico, proibindo bebida alcoólica no estúdio. Os atores acataram com profissionalismo. No elenco de apoio, houve um cataclismo. À boca miúda, os convidados especiais que representavam os generais americanos conspiraram para derrubar a medida. O estopim ocorreu na hora do almoço do feriado de 7 de setembro: refrigerantes escoltavam as quentinhas encomendadas pela produção. Fausto Wolff liderou a rebelião.

— Não sou lavanderia para trabalhar a seco!

Solidários, Hélio Pellegrino, Zózimo Barroso do Amaral e Ivan Labelle resolveram dar um basta àquele descalabro. Sem que Henfil notasse, os quatro escapuliram do galpão do Cais do Porto em direção às cervejas estupidamente geladas da praça Mauá. Na fuga, nem mudaram de roupa — foram fantasiados de oficiais americanos: calças, camisas e gravatas bege, condecorações no peito e cinco estrelas nos ombros. Wolff (no filme, o chefão do Pentágono) tramou com os colegas:

— Vou entrar no bar falando em inglês, para impressionar.

O botequim parou. Os quatro ETs, suando em bicas, ocuparam uma mesa. Wolff chamou o garçom e pediu em inglês cervejas e cachaça. No balcão, o dono do bar esfregou os olhos, não confiando no que via: generais americanos naquela espelunca?

Duas horas depois, trocando as pernas, os generais retornaram ao *set*. Henfil poderia ter dado um chilique, mas se contentou com uma meia dúzia de desaforos.

— Como é que eu posso filmar com esses irresponsáveis? — e desabou na gargalhada.

A QUEDA DO PALANQUE

A carreira jornalística de Henfil parecia morna; os espaços na mídia encurtavam. A TV Globo ficara para trás, as colaborações com as revistas da Abril sumiram do livro-caixa. Em janeiro de 1982, se desligara de *O Dia,* após nove anos ininterruptos. Continuava na *IstoÉ* e, sem regularidade, no *Pasquim.*

Para compensar, *O Globo* informava na primeira página de 1º de maio de 1983: "A partir de hoje, Henfil no *Globo.* O cartunista Henfil inicia hoje sua colaboração diária no *Globo.* Famoso pelo seu humor agudo e pelos personagens que criou — como os 'Fradinhos' e o 'Zeferino' — Henfil traz para *O Globo* o comentário irônico dos fatos do dia: é o 'Orelhão', na página 20." A série do Orelhão foi publicada daquela data até 8 de julho de 1987 (com interrupções causadas por complicações de saúde de Henfil). Quem consulta a coleção do jornal constata a variedade temática: da carestia do custo de vida à dívida externa, dos transportes coletivos à ecologia, do desemprego à segurança pública, da inflação à política, da educação ao Fundo Monetário Internacional, do trânsito ao mercado financeiro.

Assim como jornalistas engajados que caminhavam na corda bamba para exercer a profissão na grande imprensa, Henfil estava ciente de que poderia enfrentar, a qualquer tempo, problemas e limitações dentro do jornal. José Carlos Monteiro, que presidiu o Sindicato dos Jornalistas do Rio de Janeiro durante o governo do general Figueiredo e era um dos editores do noticiário internacional de *O Globo* à época em que Henfil lá trabalhou, definiu o clima na redação como "sufocante, um misto de perplexidade, desorientação, desalento e de uma grande disposição de resistência por parte de muitos de nós". E completou: "Não só a editoria política era visada pela censura. De forma geral e indiscriminada, os mecanismos de censura interna atingiam praticamente todos os setores da redação, até os de pesquisa e de arquivo." Segundo Monteiro, as estratégias para driblar as normas vigentes no jornal precisavam ser bastante sutis, pois os jornalistas não tinham liberdade de informar criteriosamente o leitor: "Nós, que trabalhávamos nas grandes empresas de comunicação, além da censura do regime, estávamos sujeitos às regras da empresa. Tínhamos que descobrir maneiras de burlar a censura. Por exemplo, escrevíamos matérias de apoio a movimentos literários, musicais, e que prestigiassem o teatro brasileiro, o cinema etc. Na hora da edição, colocávamos uma foto aqui, uma legenda ali. Mas os que exerciam a censura não eram burros e chamavam a atenção da gente."

Henfil teria que enfrentar o tortuoso dilema de tentar publicar desenhos críticos, no limite aceito ou tolerado pela direção da redação, ou amargar questionamentos internos ou charges recusadas quando conflitassem com diretrizes editoriais e alinhamentos político-ideológicos do jornal.

* * *

Nos sete anos e sete meses em que ocupou a última página da *IstoÉ,* apenas uma vez Henfil deixou de publicar cartuns ou cartas para a mãe: no número 127 (16/5/1979), durante a greve dos jornalistas de São Paulo.

Mesmo quando viajou à China (1977), ao México (1978) e à Alemanha (1980), adiantou a entrega dos materiais para não faltar com suas obrigações. Ao todo, produziu cerca de quatrocentas páginas na revista.

Henfil jamais teve carteira assinada na *IstoÉ*. Como colaborador, recebia um salário razoável para os padrões da época — entre 1.000 e 1.200 dólares por mês. Cumpria pontualmente os prazos e nunca gozou férias. A revista vinha passando por reformulações. A Editora Três negociou o título com a família Moreira Salles, proprietária do Unibanco, que cobriu o rombo de 2 milhões de dólares (ou, como calculou o jornalista Mino Carta, 5 ou 6 milhões de dólares) causado pelo insucesso do *Jornal da República*. No começo de 1984, o grupo Gazeta Mercantil assumiu o controle da publicação. Até outubro daquele ano, essas modificações não afetaram um milímetro a liberdade editorial que Henfil desfrutava. Sequer comunicava previamente o conteúdo da página aos editores. O vínculo parecia-lhe sólido o bastante para nem ao menos cogitar de perder a trincheira nas circunstâncias em que ela se evaporou.

O vértice da crise foi ideológico e centrou-se em uma estratégia política — a articulação da Aliança Democrática para derrotar o candidato oficial, Paulo Maluf, no Colégio Eleitoral — e em um nome — Tancredo de Almeida Neves.

Em janeiro de 1983, o deputado Dante de Oliveira apresentou emenda constitucional estabelecendo eleições diretas para a Presidência da República. As pesquisas de opinião não cessaram de confirmar a preferência popular pelas urnas. Manifestos e atos públicos se multiplicaram pelo país. Teotônio Vilela, escudado por Henfil, converteu-se em propagandista-mor. A ala à esquerda do bloco oposicionista encampou a tese. A ala moderada, para constar nos ensaios biográficos, concordou. Sem alarde, protegeu no cofre-forte o pergaminho que ensinava o caminho das pedras até "o candidato de união nacional".

No segundo semestre de 1983, as Diretas Já embicavam na pista de decolagem. Mas, da torre de comando, os chefes militares resistiam à mudança nas regras do jogo. Para esvaziar a Emenda Dante de Oliveira, o governo ultimou uma emenda que previa a escolha do sucessor de Figueiredo pelo Colégio Eleitoral e eleições diretas quatro anos depois. Mário Andreazza e Paulo Maluf prometiam bater chapa na convenção do PDS, apesar de o vice-presidente Aureliano Chaves aparecer em primeiro lugar nas sondagens. A retórica liberal e o seu desempenho nas interinidades na presidência o distinguiam no cotejo com Maluf e Andreazza — embora os três tivessem em comum serviços prestados ao regime de 1964.

À medida que se distanciava do esquema palaciano, Aureliano credenciava-se como opção para uma candidatura consensual. Henfil achou positivas as atitudes independentes do vice, chegando a declarar ao *Correio Braziliense* (28/8/1983) que não só ele daria "um bom ministro do Planejamento ou das Minas e Energia" como poderia ser a salvação para o sistema na peleja sucessória. Mas ressalvou que não estava raciocinando em função do projeto de sociedade que gostaria de ver implantado no país; apenas reconhecia que Aureliano tentava fugir à inércia dominante. No plano econômico, sob forte pressão do Fundo Monetário Internacional, o governo Figueiredo afundara o país na recessão, com salários achatados, aumento do desemprego, maxidesvalorização do cruzeiro e quebradeiras no mercado financeiro.

As referências a Aureliano causaram espanto em áreas de esquerda. Afinal, Aureliano era do PDS, apoiara o golpe de 1964, fora escolhido pelo general Geisel governador indireto de Minas e obtivera o beneplácito dos militares para integrar a chapa de Figueiredo. Até amigos íntimos estranharam a postura benevolente de Henfil em relação ao vice.

O ti-ti-ti generalizou-se na segunda quinzena de fevereiro de 1984, quando Henfil publicou na *IstoÉ* uma espécie de carta aberta com indisfarçável entusiasmo por Aureliano, que se pronunciara a favor das Diretas Já e cujo retrato 3x4 substituía o de Dona Maria naquele número. Depois de exortar o vice-presidente a cortar "a raiz do medo das alturas", Henfil conclamou-o a subir o palanque das diretas. Aureliano telefonou-lhe para uma longa conversa, ao término da qual o convidou a visitá-lo no Palácio Jaburu. Conforme *O Globo* (21/2/1984), Henfil teria respondido que iria vê-lo no Palácio da Alvorada, caso se elegesse presidente.

O aceno ao vice gerou reprovações a Henfil nas fileiras do PT e de partidos de esquerda. O caso Aureliano não prosperou após o cordial diálogo telefônico — até porque o vice, liderando a dissidência da Frente Liberal, acabou formando com o PMDB a Aliança Democrática, excomungada por Henfil e pelo PT. Mas o episódio vem à tona sempre que se tenta relativizar a coerência política de Henfil. Lúcia Lara esclareceu: "É uma completa besteira supor que Henrique pensasse em apoiar Aureliano. Nunca houve qualquer tipo de articulação política. A posição do Henrique era idêntica à do PT: se a emenda das diretas não fosse aprovada, a oposição não deveria participar do Colégio Eleitoral."

* * *

Poucas vezes Henfil acariciara tanto um objetivo como o das Diretas Já. Compareceu a comícios e reuniões. Só em São Paulo, o PT vendeu 350 mil camisetas, nas cores azul, verde e branco, com a figura por ele desenhada de Teotônio Vilela empunhando a bengala e a inscrição "Diretas Já!". Para a torcida do Flamengo, o cartunista idealizou o logotipo da "Fla-Diretas"; para a do Corinthians, o dos "Gaviões das Diretas".

O reexame da coleção da *IstoÉ*, entre o início da mobilização e a agonia das diretas, mostra que Henfil não somente clamou pelo voto popular como renegou todo e qualquer atalho que desvalorizasse o capital de civismo acumulado nas praças públicas. Ao longo dos meses, sua visão sobre o desenlace do processo sucessório não se dissociou do princípio de não negociar a aspiração por eleições livres em troca de acordos políticos.

Ele denunciou as falácias do Palácio do Planalto para enfraquecer a tese das diretas e impor o rolo compressor no Colégio Eleitoral. Charges suas denunciaram expedientes escusos para assegurar votos de parlamentares. Em uma delas, dois homens são rendidos por um político, que grita: "Isto é um assalto!" Uma das vítimas murmura: "Dá o dinheiro logo: é do Colégio Eleitoral..."

Ao mesmo tempo que o país se emocionava com a maior campanha popular da história republicana, correntes do PMDB próximas ao governador Tancredo Neves, cogitando a possibilidade de a emenda Dante de Oliveira afundar num Congresso dominado pelo clientelismo, trabalhavam com a expectativa do *day after*. "As diretas são uma ideia lírica", teria dito Tancredo a amigos. Com essa vertente no bolso, caciques peemedebistas — sobretudo mineiros e paulistas — passaram a arquitetar a parceria com dissidentes do PDS, a fim de derrotar Maluf.

Em que pese a mobilização pelas diretas, debatia-se se a oposição deveria ou não participar de uma eleição indireta na hipótese de derrota da emenda Dante de Oliveira. Se de um lado Henfil depositava esperanças na aprovação das diretas (desenhou o Cristo Redentor de braços abertos para o Rio, prometendo: "E no oitavo dia vou fazer as diretas..."), de outro se preocupava com a excessiva grandiosidade dos comícios patrocinados por governos estaduais de oposição. O clima de superprodução dos comícios, segundo ele, deturpava o espírito cívico que impulsionava a campanha, reforçando a supremacia dos esquemas político-partidários na condução das massas. Henfil receava que o vigor reivindicatório fosse apropriado por lideranças no fundo comprometidas com a tese do consenso. Os donos dos palanques estariam interessados em assenhorear-se de manifestações populares para aumentar seus cacifes no xadrez eleitoral.

— Eles querem institucionalizar os palanques para manobrar o povo e, no final, favorecer o Tancredo — comentou com amigos próximos.

O governo jogava pesado para garantir a falta de quórum no Congresso. Circulavam rumores de que as Forças Armadas não tolerariam o prosseguimento indefinido dos grandes comícios. Na edição de 24 de fevereiro de 1984 da *IstoÉ*, Henfil traduziu a atmosfera de resistência do regime militar contra as diretas. Diante de uma multidão que exibe faixas como "Queremos votar", "O voto é nosso" e "Diretas Já!", um soldado do Exército grita pelo megafone: "Isto é direito do Colégio Eleitoral! Voltem para suas casas! O povo é ilegal!"

Alheio às pressões, Henfil pregava que o papel da oposição era apostar o impossível nas diretas.

No dia 10 de abril de 1984, de camisa azul com a inscrição "Diretas Já!", Henfil foi ao comício da Candelária, no Rio, que reuniu 1 milhão de pessoas. Voltou de lá com a emoção diluída na desconfiança. O reluzente palanque partidário se lhe afigurou como um biombo, a ocultar desejos secretos de levar o páreo ao Colégio Eleitoral. A *IstoÉ* publicou uma foto panorâmica da avenida Presidente Vargas tomada pela multidão, com a chamada certeira: "O dia em que o país falou." A página de Henfil exibia mais desconsolo do que empolgação. O povo, portando faixas de "Diretas Já", curvava-se, resignado, a um palanque pequenininho, onde um político reinava: "povo brasileiro, eu..."

No dia 25 de abril, com Brasília sob estado de emergência e o Exército nas ruas, a emenda Dante de Oliveira foi derrotada por falta de quórum: 298 votos a favor, 65 contra, três abstenções e 112 ausências em plenário. Uma onda de frustração varreu o país. Henfil tomou a derrota das diretas quase como uma derrota pessoal:

— Vão largar tudo nas mãos do Tancredo.

Ele decidiu não largar, rejeitando visceralmente o acordo que originou a Aliança Democrática — uma questão fechada igualmente para o PT. Henfil cuspiu chamas em Tancredo. "Ele é tão sem posições, sem convicções, sem alma, sem pulmão, espinha, rins, fígado, esôfago, enfim, um vampiro", escreveu à mãe em 8 de agosto.

De maio a outubro, a última página da *IstoÉ* se transformou em bastião contra a "transição por consenso". Henfil apelou a Ulysses Guimarães e a Lula para que mantivessem acesas as tochas das diretas, "sem palanques e sem crachás". Mas as semanas seguintes o obrigaram a mudar de tática. Os partidos de oposição, à exceção do PT, aceleraram as conversações para definir a ida ao Colégio Eleitoral. A mídia passou a mencionar, nessa ordem, Tancredo e Fernando Henrique como os candidatos capazes de unir as oposições, atrair os ex-governistas agrupados na Frente Liberal e tranquilizar o meio militar.

A vários amigos, Henfil revelou sua decepção com a trajetória recente de FHC:

— Tancredo Neves não é traidor. Basta olhar o passado dele: sempre conciliou com as elites. Traidor é o Fernando Henrique, que se dizia a favor das diretas e articulava nos bastidores para o Tancredo.

Justo ou não, o anátema a Fernando Henrique resumia o desencanto com o campo oposicionista de maneira geral.

Henfil se chocou com a rapidez com que os políticos se esqueceram das multidões ansiosas por votar e se dispunham a encampar o antagônico "voto por procuração". Quando governadores de oposição divulgaram documento apoiando uma chapa com Tancredo na cabeça e um candidato a vice (José Sarney) indicado pela Frente Liberal, a sucessão deslanchou. Tancredo renunciou ao governo de Minas Gerais para disputar o pleito indireto.

Enquanto PCB, PCdoB e PSB apoiavam a Aliança, os petistas eram acusados de favorecer os malufistas e de retardar o reencontro com a democracia. O quartel-general do PT, por seu turno, condenava as agremiações que acorreram ao porta-aviões de Tancredo

Neves como botes salva-vidas, sem exigências prévias ou compromissos programáticos.

À medida que a Aliança Democrática expandia adesões e conquistava a opinião pública, Henfil e o PT elevavam o tom de suas imprecações contra a "transição transada", conforme a clássica definição do cientista político argentino Guillermo O'Donnell. Ou seja, um pacto entre as elites para tutelar a transição, excluindo as classes subalternas do centro decisório real.

Todavia, no segundo semestre de 1984, a recusa da "transição transada" era uma posição dificílima de se sustentar. No ambiente plebiscitário que substituiu o clamor pelas diretas, Tancredo se consolidou como uma quase unanimidade nacional. Havia a certeza de que, perdidas as diretas, a luta antiditatorial deveria continuar no Colégio Eleitoral — o ringue da revanche.

A imagem liberal de Tancredo contrapunha-se à de um adversário acusado de adotar métodos reprováveis tanto na administração pública como para angariar votos. O candidato da Aliança encarnava a perspectiva de uma transição democrática sem retrocessos, de combate à corrupção e à inflação. Além do mais, Tancredo esforçava-se para contornar tensões com a área militar, recomendando até que não se desfraldassem nos atos públicos bandeiras vermelhas com a foice e o martelo.

As vozes refratárias à Aliança perdiam interlocutores, isolavam-se. "Foram meses muito complicados para nós que rejeitamos a solução do Colégio Eleitoral. Ficar isolado nunca é fácil", relembrou o ex-deputado Plínio de Arruda Sampaio. "A nossa grande mágoa era constatar que a Aliança retirara a massa da rua."

Henfil repetiu até a rouquidão que Tancredo *versus* Maluf equivalia a um falso dilema. Se Tancredo vencesse, ele raciocinava, seu governo seria uma colcha de retalhos em face do loteamento do ministério entre correntes políticas e ideológicas heterogêneas.

Na reta final, Henfil detonou balaços contra a Aliança Democrática. Na charge de 10 de outubro, um homem vem andando e vê duas pessoas praticando relações sexuais. Ao chegar perto, exclama: "Zé! O que você tá fazendo aí pelado com este baita crioulo?" Zé responde: "Pô, qualé? É isto ou o Maluf..."

Os ataques alvoroçaram os bastidores da esquerda. "O Henfil extrapolou", comentavam tancredistas de esquerda. Dogmático? Xiita? Henfil zombava do falatório contra ele. "Sou daqueles poucos radicais, anarquistas, esquerdistas, malufistas úteis, incendiários infantis que ainda não aderiram à Frente da Família com Deus pela Democracia. [...] Juro por Deus, não sei mais o que falar para ajudar a tornar o dr. Tancredo de Almeida Neves mais confiável ao sistema."

Entre os poucos prodígios mineiros que negaram taxativamente a Aliança, estavam quatro amigos de Henfil: Wagner Tiso, Jeferson de Andrade, Ricardo Gontijo e Nilson Adelino Azevedo. "Considerávamos a Nova República, pregada por Tancredo e Sarney, uma grande jogada das elites para alijar e iludir o povo. No meio artístico, fomos praticamente os únicos a manter essa posição", observou Wagner.

Tancredo quis saber de Ronaldo Costa Couto, um de seus fiéis assessores, quem era Henfil. Ronaldo falou de sua amizade com o Henriquinho dos anos 1960 e do prestígio por ele alcançado como cartunista. Tancredo o localizou prontamente:

— É aquele menino que desenha a Graúna?

— Exatamente. Poucas vezes conheci alguém com um senso tão agudo de justiça social. E também com tanta coragem — respondeu Costa Couto.

— Eu li um livro dele — revelou o então governador de Minas. — São cartas que enviou de Nova York. Interessante. Ele é socialista, não é?

Alguns amigos dissentiram da ojeriza de Henfil por Tancredo. O jornalista Paulo Romeu, por exemplo, acha que ele exagerou na aspereza contra o candidato da Aliança Democrática: "No auge da discussão, não dava para aceitar a intransigência dele. Pela primeira vez, não vi clareza no raciocínio do Henfil. Se não fosse o Tancredo, quem seria? Depois de vinte anos de ditadura, deveríamos aceitar o Maluf? Tancredo, naquele instante, significava um ponto de passagem fundamental para reconquistarmos a democracia plena."

* * *

Na última semana de outubro de 1984, um fato inesperado estancou a carreira de Henfil na *IstoÉ*. A direção da revista decidiu conter a ofensiva antiTancredo, recusando-se a publicar a carta para a mãe por ele encaminhada à redação. O texto, dessa vez, era endereçado à "mãe-pátria" e assinado por Henfil Vilela, expressando comunhão de pensamento com o senador Teotônio Vilela sobre as Diretas Já.

"Mãe-pátria,

Por mais que hoje me irritem, são pessoas que um dia foram solidárias com o povo e até sofreram exílios e prisões. Por isso, em reconhecimento, foram eleitos deputados e até senadores. Eram professores, eram advogados, eram jovens. Maduros, trocaram as roupas e os objetivos. O Povo no Poder foi substituído por Nós no Poder pelo Povo para o Povo! A última façanha dos nossos professores e nossos advogados foi desarmar a maior mobilização popular jamais vista em 484 anos deste país. Do alto dos seus sapatos de solas eternamente rosas, nossos professores e nossos advogados assumiram a nossa perplexidade e nos comandaram como se comanda 130 milhões de alunos: — Vão pra casa, xá conosco!

A nação estava literalmente mergulhada em suas bases, o povo quase dono do seu destino e os nossos professores e nossos advogados nos tiraram da rua, nos colocaram pra dormir.

E nós fomos! NÓS abandonamos de graça 9 milhões de km² de praças públicas conquistadas! Nós abandonamos as Diretas Já! Nós passamos uma procuração em branco para nossos professores e nossos advogados. Que, de posse dessa gigantesca representação, abandonaram a claridade das avenidas e mergulharam nos subterrâneos do Cassino Eleitoral.

Feito aquele irmão mais velho que, logo que surge o primeiro fio de barba, assume ares seguros de quem sabe tudo da zona, os procuradores da nação propuseram aliança aos crupiês do cassino. Para nosso constrangimento e embaraço, apresentaram um novo tutor moral, nosso padrasto democrático: Dr. Tancredo de Almeida Neves! É a esta figura, que parece mastigar eternamente uma folha de fumo, que nós temos de beijar o anel de bispo e mostrar nosso boletim de notas. E o vice-padrasto? Nossos procuradores riram superiores do nosso susto e temor. — Aqui está o Dr. Sarney. Beija a mão, menino!

Dr. Sarney compreendeu muito bem a nossa natural rejeição e até nos consolou: — Chega de amadores! Vocês precisam é de profissionais!

Impotentes, presos em casa, sabemos pelos jornais e pela televisão das conquistas e dos ganhos dos nossos professores, nossos advogados e seus profissionais.

Profissionais?

Ora, ora, ora.

E qual a escalação do time Inimigos da Nação e do Povo em Particular?

Paulo Salim Maluf, Golbery, Heitor de Aquino e Abi-Ackel. No meio de campo os generais Walter Pires, Newton Cruz e, meu Deus, brigadeiro Délio. No ataque temos a picareta do Amoral Neto, o dedo-duro do Aguinaldo, os poderes de presidente do Flávio Marcilio e Moacyr Dalla. O juiz é um cidadão acima de qualquer suspeita: João Baptista Figueiredo. O massagista? Delfim Netto. E olha quem está chegando com as mãos no bolso: Jânio da Silva Quadros...

Isto sim! Se era para contratar profissionais, devíamos contratar logo os 15 cavaleiros do apocalipse.

Só nesta semana, na Operação Maranhão, tiraram as cuecas do nosso profissional Sarney. Assim. Enfiaram um tal de Teóplistes num jato federal, levaram ele a Brasília para ver os olhos do João, e, de 'tancredista, graças a Deus', a delegação do Maranhão acordou malufista, de papel (2 bi?) passado e engomado No Rio, vimos gente do PDT pulando janelas e ateando fogo às vestes. E vimos, quanta impiedade, a mesa de bacará do Senado decidindo que a eleição de delegados é secreta. Ou seja, quem era homem vai virar lobisomem. E bate o bumbo que até lá a votação do Cassino Eleitoral será também secreta, sem voz alta e rádio nem galena.

Isto é: companheiros, estamos f!

Para evitar vergonha maior temos que estourar o ponto, explodir este Cassino Eleitoral (como em Monte Cassino) e tentar resgatar os nossos desastrados advogados e professores.

Povo de pijamas! Rasguemos esta infeliz procuração em branco: ÀS RUAS, CIDADÃOS![12]

Henfil não admitiu o veto, a empresa não recuou. "Henrique tinha por política não repor censura", salientou Lúcia Lara. O cartunista apresentou sua versão à *Folha de S.Paulo* (20/2/1985). "Escrevi uma daquelas cartas para minha mãe na *IstoÉ*, convocando o povão a voltar às ruas, exigindo as diretas, passando por cima do Colégio Eleitoral e do Tancredo. Ela não foi publicada e eu fui advertido pelo chefão da revista para só fazer humor e deixar a política de lado. Aí suspendi a seção."

Magoado, tornou a abordar o assunto no *Diário de Minas* (8/6/1986): "Tive que sair porque um jornalista chamado Milton Coelho da Graça — a quem eu até ajudei com dinheiro para pagar o advogado que o libertou; ele foi torturadíssimo, perdeu todos os dentes na tortura — forçou minha demissão."

Um dos mais expressivos jornalistas de sua geração, Milton Coelho da Graça era, desde fevereiro de 1984, diretor de revistas do grupo Gazeta Mercantil. Militante histórico do PCB, Milton se

---

[12] O texto vetado pela *IstoÉ* consta das páginas 296 a 298 da dissertação de Mestrado em Ciências da Comunicação de Maurício Maia de Souza — Henfil e a censura: o papel dos jornalistas —, defendida e aprovada em 1999 na Escola de Comunicações e Artes da Universidade de São Paulo.

disse "extremamente reconhecido" pela solidariedade demonstrada por Henfil em seu último período de cárcere (havia sido preso outras duas vezes pela repressão). Com base na Lei de Segurança Nacional, a Auditoria Militar de São Paulo o condenou a seis meses de prisão, em dezembro de 1975, sob a acusação de editar o jornal clandestino *Notícias Censuradas*. Cumpriu a pena no presídio do Hipódromo. "Henfil telefonava à minha mulher e a amigos querendo saber de mim e se mostrando disposto a ajudar no que pudesse." Milton classificou de "sempre fraternal" a relação com o cartunista, apesar de eventuais discordâncias políticas, como na greve dos jornalistas de São Paulo em 1979, quando Milton e o PCB foram contra e Henfil e o embrião do PT, a favor (no final, 1.200 participantes da assembleia votaram pela paralisação e apenas oitenta contra).

Henfil e Milton Coelho reencontraram-se profissionalmente na *IstoÉ*. Segundo Milton, a revista participou ativamente da campanha pelas Diretas Já. Por ocasião da derrota da Emenda Dante de Oliveira, a capa da edição seguinte reiterava o compromisso democrático com o *slogan* "A luta continua". A partir daí, a *IstoÉ* apoiou a engenharia política que viabilizou a candidatura de Tancredo no Colégio Eleitoral.

No diálogo com Henfil, Milton teria sido taxativo:

— Eu te pago para fazer humor, não para fazer política.

Henfil ofendeu-se com a frase.

Eis a versão de Milton:

"Henfil visivelmente não concordava com a linha política definida pela empresa para a *IstoÉ* — apoiar a luta do dr. Tancredo por uma transição democrática. Nós tínhamos a responsabilidade de executar essa orientação. Henfil começou a fazer uma série de cartuns contra isso. Tudo bem, era a opinião dele e saía. Mas aí ele apresentou um texto que o diretor de redação, Mário Alberto de Almeida, julgou uma manifestação política de mau gosto. Consultou-me e eu achei que Mário estava absolutamente certo. Chamamos o Henfil e eu falei: 'Henfil, isso aqui não pode sair, é de mau gosto, é ofensivo ao dr. Tancredo. Por favor, faça outro.' Ele rejeitou: 'Não, eu não faço outro. Vocês têm que publicar este, porque não mando outro no lugar.' Nós não publicamos, mas continuamos esperando pelo novo cartum. Na semana seguinte, Henfil recusou-se a mandá-lo. E assim sucessivamente, por várias semanas, ele disse que não mandaria outro enquanto não publicássemos aquele. Mário Alberto teve encontros com ele, inclusive fraternais, discutindo a possibilidade de um acordo. Já que ele fazia questão absoluta daquele texto, Mário Alberto propôs publicá-lo pequenininho, num canto de página, mas não numa seção fixa da revista. Henfil se recusou e nunca mais quis colaborar com a *IstoÉ*. Quero deixar claro que não o demitimos. Ele abandonou a revista, em função de nossa decisão de não publicar algo ofensivo ao dr. Tancredo. Não quis fazer concessão alguma; simplesmente foi embora."

No número 829 do *Pasquim* (29/5 a 3/6/1985), Henfil esclareceu por que não houve clima para prosseguir na revista: "Claro que pedi meu Fundo de Dignidade por Tempo de Serviço e pulei fora da Cúria Cuecona. Evidente que a revista da Nova República bancária não poderia permitir que eu continuasse duvidando do dogma da virgindade da Nossa Senhora das Gerais, ou simplesmente o avô do Aecinho. Me feria a vaidade profissional ser liberado para fazer justamente aquilo que eu pensava ser minha arma mais contundente, o cartum."

Chefe da sucursal da *IstoÉ* no Rio e amigo de Henfil e Milton Coelho, Zuenir Ventura tentou intermediar a crise. Henfil ouviu as ponderações, mas permaneceu irredutível. "Não consegui reverter a decisão dele de deixar a revista. Não havia papo. Ele transferiu ao Milton todos os ódios, mesmo que fossem ódios passageiros. Coração generoso, Henfil não era homem de guardar rancores."

A recusa à solução Tancredo Neves, segundo Zuenir, constituía um descompasso político, pois Henfil propunha "uma coisa ideal, mas politicamente impossível: a transição com ruptura". E completou: "Eu mesmo desejava uma transição mais rápida, como a que ocorrera em Portugal com a Revolução dos Cravos. Mas o horizonte ao nosso alcance era o Tancredo. Não descarto a ideia de que circunstâncias pessoais, além das políticas, influíram nessa radicalização que isolou o Henfil: dada a proximidade de todo hemofílico com a morte, ele tinha pressa de viver. Uma transição negociada demoraria muito, como, aliás, demorou. Sem contar a religiosidade profunda do Henfil: era um puro e ansiava pela pureza; a Aliança Democrática significava uma impureza, uma mistura inaceitável."

Para Milton Coelho, os últimos anos de Henfil caracterizaram-se por "uma trajetória rumo à emoção pura, caminho oposto ao da maioria das pessoas, que, à medida que envelhecem, ponderam mais". Talvez por ser humorista, acentuou o jornalista, Henfil não se importava em refletir sobre "a sabedoria da velhice", preferindo ficar até o final com "a sabedoria da juventude, sempre mais irreverente". Milton concluiu: "O que menos interessa é avaliar se a opção dele foi a melhor ou a pior. Era uma pessoa autêntica, incrivelmente diferente. Aliava ao extraordinário talento para o humor um coração maravilhoso, uma ternura impressionante, uma capacidade infinita de amar."

Dois anos e cinco meses depois do desentendimento na *IstoÉ,* as artérias dos corações foram desobstruídas graças a um gesto de incomparável grandeza de Henfil. Em 1987, ele e Milton Coelho trabalhavam em uma mesma empresa, o jornal *O Globo*, embora sem ligações diretas. Ao regressar do Kuwait, onde cobrira a Conferência Muçulmana, Milton, então editor-chefe, encontrou sob sua mesa um bilhete de Henfil, datado de 27 de março: "Milton Coelho. Não consigo sobreviver com rancor no coração." Embaixo, a Graúna sorria e desejava-lhe bom-dia. "Chorei três dias seguidos", relembrou Milton, ao exibir o bilhete com lágrimas nos olhos. As contingências da vida foram ingratas, e os dois jamais se reviram pessoalmente.

Antes de licenciar-se do jornal, por dois meses, para tratamento de saúde, Milton tentou em vão localizar Henfil. Restabelecido, aceitou ser correspondente em Londres. Ligou para o apartamento de Henfil e soube que fora internado, em estado grave. "Uma notícia terrível para mim, pois queria me reencontrar com ele", frisou Milton. "Pedi, então, à pessoa que anotasse o seguinte recado: 'Henfil. Recebi seu bilhete e também não guardo rancor'."

* * *

O desligamento da *IstoÉ* estremeceu as vigas de sustentação de Henfil. Não se esvaía um mero emprego, mas a sua grande tribuna, o lugar de interlocução não apenas com os leitores, mas sobretudo com os formadores de opinião, com a esquerda e com a sociedade civil. A saída da *IstoÉ,* opinou Betinho, foi um divisor de águas na vida do irmão: "Era um momento em que ele só tinha a revista como canal — estava trombado na mídia. Todo mundo sabia que as pessoas compravam a *IstoÉ* para ler a página do Henfil. A demissão fez com que ele esfriasse politicamente. Começou ali uma crise muito séria. Ele acabou perdendo a referência e os espaços."

Humberto Pereira — que situa o desentendimento de Henfil com a revista como um prolongamento, no meio jornalístico, das querelas entre PCB e PT — reforçou a percepção de Betinho: "Ele se desgostou muito, algo irrecuperável." Luiz Inácio Lula da Silva nunca entendeu como a *IstoÉ* dispensou um colaborador daquele quilate: "A demissão marcou muito o Henfil. Ficou desiludido e amargo."

Com quase toda a imprensa apoiando Tancredo Neves na reta de chegada do Colégio Eleitoral, as portas se fecharam para Henfil. "O Henrique caiu numa depressão monumental, uma barra pesada", lembrou Lúcia Lara. Restou-lhe o cartum diário em *O Globo.* Durante meses, sua renda limitou-se ao salário pago pelo jornal (cerca de 1.300 dólares) e aos depósitos regulares feitos por Humberto Pereira pela compra do terreno em Sarapuí. Mais tarde, resolveu alugar o *flat* do Leblon para ajudar nas despesas. Conseguiu algum desafogo entre agosto e novembro daquele ano, quando recebeu, da JN Filmes, parcelas mensais pela direção de *Tanga*.

O INIMIGO NO RADAR

O réveillon de 1984 antecipou a ressaca pela virtual vitória de Tancredo Neves na eleição indireta. Para Henfil e para o PT, os dias que antecederam a votação foram marcados por intermináveis debates sobre a conveniência de a bancada do partido participar da sessão do Colégio Eleitoral. Os segmentos progressistas que compunham a Aliança Democrática advertiam para o perigo de faltarem votos a Tancredo. Encostaram o PT no paredão: e se Maluf vencesse por pequena margem? Henfil não arredou pé de sua rejeição à Aliança, alegando que os votos do partido não seriam necessários. Alas moderadas do PT defenderam a ida ao Colégio, com uma declaração da bancada de que não endossava o programa da Aliança, não aceitaria participar do futuro ministério, mas votaria em Tancredo para derrubar o candidato oficial. A Executiva Nacional, porém, fechou questão: os parlamentares não deveriam comparecer.

Por 480 votos, contra 180 dados a Maluf e 26 abstenções, o Colégio Eleitoral elegeu, em 15 de janeiro de 1985, Tancredo Neves para a presidência da República. Dois deputados do PT — José Eudes e Bete Mendes — ignoraram a recomendação da Executiva e sufragaram Tancredo. O partido expulsou-os, Henfil assinou embaixo. Mais de dez anos depois, dialoguei com Luiz Inácio Lula da Silva sobre as posições do PT e de Henfil em 1985. Para ele, o partido acertou ao rechaçar o "acordo das elites" em torno de Tancredo.

Mas o PT e Henfil não teriam se ilhado da sociedade ao recusar a Aliança Democrática?

Lula respondeu:

"Nunca suportei a ideia de que era melhor pingar do que secar. Que conformismo absurdo você aceitar: 'se não se tem dez, contente-se com um.' Se eu mereço cinco, então quero cinco. Não havia sentido em compactuar com aquele acordo das elites brasileiras, que colocou o Maluf de cobaia no Colégio Eleitoral — onde o dinheiro correu solto —, para inviabilizar as eleições diretas. O Henfil era um dos mais radicais entre os que achavam que não podíamos participar do Colégio. É verdade que o Brasil, de 1985 para cá, já teve uma Constituição e, no campo institucional, alcançamos estágios democráticos importantes. Mas, no fundo, o que conquistamos em nível de democracia? O direito de gritar que estamos com fome. Ainda não conquistamos o direito de comer. A História não é feita só por quem é a favor, mas também por quem é contra. E quem é contra demora mais a aparecer nos livros de História."

Com a perna inchada e dores na região abdominal, Henfil assistiu pela televisão às comemorações pela vitória de Tancredo, prenúncio do fim do regime militar. Desiludiu-se com a facilidade com que a população aderiu à Aliança Democrática. "Cento e vinte milhões de brasileiros renunciaram à cidadania", proclamou ao semanário *Já*, de Maceió. Sintoma de uma crise interior que o atordoaria pelo resto de seus dias: descobria-se sem fé no povo — logo ele que um dia se autodefinira como "a mão do povo que desenha".

Pela primeira vez, Henfil apartava-se do sentimento supremo da esperança. Podia até ser uma esperança vã confiar no ideário da Nova República, mas a euforia daquele janeiro de 1985 expunha com dramaticidade o anseio geral de respirar, de expelir os últimos caroços do ciclo de 21 anos de repressão, de desmandos e de supressão das liberdades.

A equilibrada avaliação de Lúcia Lara confere a chave para compreendermos melhor a tristeza de Henfil. Para ela, após a campanha das diretas, Henfil perdeu o que não poderia ter perdido: a crença soberana no povo. "Rompeu-se uma convicção absoluta, e o Henrique não conseguiu lidar com isso. O seu grande desgosto foi perceber que o povo havia abaixado a cabeça e saído das ruas para se entregar a Tancredo."

Por que a fratura da crença na soberania popular desestruturou Henfil, física e emocionalmente? No entender de Lúcia, o marido não soube contornar o "lado messiânico" que influía em sua atitude perante o mundo: "Henrique procurou dar o máximo de si para salvar os outros e o país, sem muitas vezes medir as consequências. A crença suprema no povo tem a ver com esse traço de caráter que defino como messiânico, no sentido de mártir, de salvador da pátria. Lembro que tivemos brigas, porque eu via a depressão e dizia para ele: 'Você tem que sair dessa história, não está correto isso. Não fique assim por causa dos outros.' Ele relutava, e eu insistia: 'Você vai morrer de câncer, cara, se não fizer alguma coisa.' O messianismo era um sintoma de que ele buscava se preencher pelo lado de fora. Como se pensasse: 'Eu sou o bom porque faço por onde.' Henrique não soube construir outro caminho pessoal e dar a volta no narcisismo."

Lúcia prosseguiu:

"Na época, eu era muito jovem, sem vivência para poder conversar com ele dessa maneira. Eu o ouvia e pressentia algo estranho, mas não sabia direito o que fazer. Só insistia: 'Você está errado, não pode perder a vida porque as pessoas o abandonaram.' Tivemos milhares de conversas nessa linha, mas ele não se convenceu — e acabou adoecendo. Encaro quase como uma derrota pessoal não ter conseguido segurar na mão do Henrique e tirá-lo daquela situação. Mas não há como alguém de 20 anos ter esse grau de enfrentamento com a realidade. Hoje, poderia ajudá-lo muito mais. Penso, por outro lado, como teria sido importante o Henrique continuar a análise. Questões que não foram alcançadas até ele ter alta, em 1980, provavelmente viriam à tona num processo terapêutico regular, como a dificuldade de entrega afetiva e o narcisismo. Com o prosseguimento da análise, as coisas poderiam ter sido diferentes."

* * *

Em meio à decepção política, a saúde emitiu sinal preocupante. As dores abdominais tornaram-se insuportáveis. Henfil procurou o clínico Pedro Henrique de Paiva, que estava viajando. Ligou então para o assistente dele, Jaime Rabacov, de 30 anos. Aluno brilhante na Faculdade de Medicina, Jaime despontava como um dos mais capacitados profissionais de sua geração. Quando o paciente se identificou ao telefone, ele mal acreditou, pois era fã de Henfil desde o *Pasquim*. Para separar o paciente do mito, o recurso foi tratá-lo sempre por Henrique.

Jaime constatou cálculos na vesícula e não hesitou: cirurgia. Henfil empalideceu. Achava-se livre das pedras desde a psicocirurgia feita por Thomaz Green Morton em Pouso Alegre. Thomaz não as exibira na palma da mão? Ele sabia como ninguém o que representava a operação para quem não poderia sofrer uma hemorragia. Não corria propriamente risco de vida, mas o aguardava um quadro pós-operatório complicado, com inevitáveis sangramentos.

Informado de que Henfil não possuía seguro-saúde, Jaime providenciou exames na ABBR. Depois recorreu ao Instituto de Hematologia Santa Catarina, na Tijuca, especializado no tratamento de hemofílicos, portanto habilitado a proceder às avaliações pré--operatórias.

Os hematólogos do Santa Catarina comprovaram que o organismo de Henfil desenvolvia um anticorpo que inibia a ação do fator 8 de coagulação contido no crio. Ou seja: o plasma sanguíneo perdia parte de sua eficácia como coagulante. Segundo o médico Carlos

Bonecker, a equipe do Instituto de Hematologia resolveu optar por "um procedimento tradicional no mundo inteiro" em situações de emergência como aquela: testar outro método de coagulação. Decidiu-se aplicar o chamado crio porcino, um concentrado obtido a partir do sangue de porcos.

Foi um desastre. Henfil sofreu choques anafiláticos — reações alérgicas que o levavam a tremer todo, a debater-se no leito. Vendo o marido padecer e com receio de alguma experiência científica ou até de imperícia, Lúcia Lara exigiu que fosse interrompida a aplicação do crio porcino.

De acordo com Carlos Bonecker, era indispensável recorrer a um outro tipo de crio, "pois se tratava de um hemofílico de alto risco às vésperas de se submeter a uma cirurgia". Doses maciças do crio tradicional garantiriam de três a cinco dias de coagulação no pós-operatório, já que o anticorpo que inibia o fator 8 tinha baixa intensidade. O crio porcino ampliaria em cinco dias o período de coagulação. Bonecker asseverou que o fator 8 porcino era usado internacionalmente, com trabalhos publicados em congressos científicos.

Henfil foi removido para o Hospital São Vicente de Paulo, na Tijuca. Os exames indicavam certa urgência na cirurgia, pois apresentava um quadro de colecistite aguda (inflamação da vesícula biliar), com possibilidade de o canal da vesícula, dilatado, perfurar, provocando infecção generalizada.

No dia 5 de fevereiro de 1985, quando completava 41 anos, Henfil entrou amedrontado no centro cirúrgico. Se um corte pequeno sangrava horas sem parar, que dirá uma incisão de 15 centímetros.

— Nessa eu vou-me embora — ele murmurou para Chico Mário, que nem esperou o resultado da cirurgia: pegou o violão em casa e compôs a linda música "Ressurreição", em homenagem ao irmão.

O cirurgião Gabriel Gonzalez chefiou a equipe que o operou, durante cinco horas. A vesícula apodrecera. A equipe de hematologia monitorou a coagulação com doses cavalares de plasma sanguíneo, evitando sangramentos anormais. O pós-operatório só não transcorreu melhor porque foi preciso utilizar o crio porcino (importado da Inglaterra a um custo altíssimo) para neutralizar os anticorpos e prorrogar a coagulação. Henfil voltou a sofrer tremores, e por pouco não se caracterizou um choque pirogênico (a temperatura sobe violentamente, provocando um calafrio terrível).

Na convalescença, Jaime e Gabriel perceberam uma curiosa ambivalência: Henfil acatava as prescrições médicas sem duvidar das condutas adotadas, mas se insurgia contra a doença, contra o hospital e contra o mundo. Dizia palavrões, xingava. "Essa rebeldia o mantinha vivo", interpretou Jaime Rabacov. "Ele não aceitava em hipótese alguma a hemofilia. E brigava o tempo todo, uma forma peculiar de enfrentar a moléstia. Notei que, sempre que explodia, ele ressurgia das cinzas".

Num dado momento, Henfil insistiu em sair do Hospital São Vicente de Paulo.

— Não aguento mais. Se ficar aqui, vou morrer.

— Henrique, não dá. Você tem que continuar tomando os fatores de coagulação — ponderou Jaime.

— Por favor, me dê alta.

Por pura sensibilidade, Jaime Rabacov apostou que o organismo de Henfil responderia bem se o lado psicológico fosse aliviado das pressões impostas pela internação. E bancou a alta médica. A recuperação em casa fluía razoavelmente. A única anormalidade fora um sangramento abdominal, detectado numa ultrassonografia e logo contido. Até que, na manhã de 6 de março, um mês depois de deixar o São Vicente de Paulo, Lúcia chamou Jaime às pressas porque Henfil se queixava de náuseas, vômitos e fortes dores à volta do abdômen. Estava amarelo como uma gema de ovo, quadro típico de pancreatite. Jaime o internou na Clínica Bambina, em Botafogo, para uma endoscopia. No que o técnico injetou o contraste para estudar a árvore pancreática, o diagnóstico desconcertou: Henfil estava com sangramento das vias biliares, problema tão raro que um cirurgião experiente como Gabriel Gonzalez tinha visto um caso na vida, em doente de câncer.

Na mesma hora, Jaime se debruçou nos livros de medicina para estudar hemofilia. O tratamento possível seria a correção das falhas de coagulação e antibióticos para controlar a infecção e evitar que o sangue acumulado contaminasse o intestino. Uma microcirurgia facilitaria o escoamento, através de um pequeno corte numa válvula chamada papila, que deságua no duodeno. Mas, em função da hemofilia, considerou-se prudente dispensar a intervenção e mantê-lo sob cuidados clínicos.

Jaime nada escondia de Henfil, que somente perguntava se iria ficar bom. No mais, a qualquer pretexto extravasava a revolta. Repetia que o crio porcino piorara o seu estado, daí seu rompimento com o Centro de Hematologia Santa Catarina. Segundo o médico, não havia dados técnicos que comprovassem ter o choque pirogênico, no pós-operatório, predisposto o organismo ao quadro de hemofilia. Eram suposições, mas a elas Henfil se apegava.

Com apoio de Lúcia e concordância de Jaime, Carlito Maia articulou a transferência de Henfil para o Hospital Brigadeiro, em São Paulo. Os custos de internação seriam muito mais baixos e se poderia dispor de um hematologista de confiança. Para saldar as despesas hospitalares no Rio, Henfil raspou a poupança e contou com a providencial ajuda de João Carlos Magaldi para obter um empréstimo junto à direção das Organizações Globo. "Fiquei falido com as duas primeiras internações", revelou Henfil, que quitou em parcelas o adiantamento obtido.

Em 14 de março, com soro na veia, ele viajou para São Paulo acompanhado por Lúcia e Jaime, que retornou ao Rio em seguida. Carlito Maia se encarregou do comitê de recepção no aeroporto. Lula e o Eduardo Suplicy o visitaram no Brigadeiro. "O PT vivia um momento difícil, incompreendido pela opinião pública, e Henfil, mesmo acamado, nos transmitiu força para que continuássemos na luta democrática", sublinhou Suplicy.

No mesmo dia, véspera de sua posse na Presidência da República, Tancredo Neves fora internado às pressas no Hospital de Base de Brasília, com processo infeccioso no abdômen. Ele teve complicações pós-operatórias que o levariam novamente à mesa de cirurgia no dia 20. Removido, em estado grave, para o Hospital das Clínicas, em São Paulo, morreu em 21 de abril de 1985, após sete cirurgias e 38 dias de agonia.

Uma série de estranhas coincidências ligou os casos de Henfil e Tancredo. Ambos internados em hospitais paulistas, a poucos quilômetros de distância entre si. Ambos com problemas abdominais. Ambos atendidos pelo mesmo endoscopista e até visitados por pessoas comuns, como o então ministro da Cultura, José Aparecido de Oliveira, e Frei Betto. Ambos energizados por Thomaz Green Morton.

Na sexta-feira da semana santa, uma ultrassonografia em Henfil acusou poucos progressos no tratamento da pancreatite, além de sinais persistentes de hemofilia. Voltaram as náuseas, os vômitos e as pontadas de dor. Configurava-se um quadro de icterícia (síndrome caracterizada pelo excesso de bilirrubina no sangue e deposição de pigmento biliar e membranas mucosas, do que resulta a coloração amarela apresentada pelo doente). Não havia saída senão operá-lo, com os riscos previsíveis. Como era semana santa, marcou-se a cirurgia para segunda-feira.

No fim da manhã de sábado, Thomaz Green Morton irrompeu à porta do quarto de Henfil, que autorizara a visita. Durante uma hora e meia a sós, Thomaz o energizou.

O mais intrigante estava por vir. Na segunda-feira, antes de encaminhá-lo ao centro cirúrgico, os médicos pediram novas radiografias do abdômen. O resultado os abalou. Nas chapas, o pâncreas aparecia desinchado, sem coágulos, limpo. Henfil e Lúcia Lara não duvidaram: Thomaz. A equipe médica preferiu não explicar o inexplicável, até porque o paciente discretamente atribuía o alívio à mentalização cósmica. Mas, entre os defeitos de Henfil, não se computava a ingratidão. Ele escreveu um bilhete de estremecer uma estátua de bronze, dirigido a médicos e enfermeiros: "Por solidariedade a gente não agradece, a gente se comove."

Fez questão de mandar uma passagem aérea para que Jaime Rabacov se juntasse a ele e a Lúcia no regresso ao Rio. Ainda em São Paulo, Henfil quis almoçar numa churrascaria, onde comeu um bifão de dois dedos de altura. Tomou até caipirinha.

Como era possível Henfil sair do hospital proclamando que Thomaz o salvara? Jaime especulou: "Foi uma forma de ridicularizar a medicina, de não aceitar a assistência médica e, por consequência, de rejeitar a própria doença."

Reerguendo-se de quase três meses de hospitalização, Henfil acompanhou o calvário de Tancredo Neves no Hospital das Clínicas. Morto Tancredo, assistiu pela televisão às multidões ao longo do cortejo fúnebre.

* * *

Nos meses seguintes, Henfil compareceu às reuniões do Clube Mário Pedrosa, na casa do psicanalista Carlos Alberto Barreto, na rua Mário de Andrade, 31, Humaitá. Dia e horário sagrados: sextas-feiras, 21h. Um clube diferente de tudo o que conhecemos com esse nome: ninguém mandava em ninguém; os "sócios" não pagavam mensalidades nem recebiam carteirinhas — compareciam por ato de consciência e prazer. Os encontros independiam de pautas, e se você não suportasse o aroma de malte do uísque, podia tomar um porre de água tônica sem ser patrulhado.

O Mário Pedrosa era o QG sem paredes que atraía jornalistas, escritores, artistas, profissionais liberais e pensadores com o traço comum de militarem ou simpatizarem com o Partido dos Trabalhadores.

O clube não surgiu como clube. O psicanalista Hélio Pellegrino sugeriu o nome do crítico de arte Mário Pedrosa para o núcleo de cultura do PT do Rio, organizado por ele, Carlos Alberto Barreto e amigos. Rapidamente o núcleo encorpou, com as adesões do ator Osmar Prado, do cantor e compositor Sérgio Ricardo, do jornalista Nelson Rodrigues Filho, do físico Luiz Pinguelli Rosa, da socióloga Miriam Limoeiro, dos músicos Magro e Aquiles (do MPB-4), do poeta e artista plástico Pedro Pellegrino, do médico Francisco Caminha e dos professores universitários Adair Rocha, Eliane Falcão e Regina Toscano, entre outros. A ideia básica era convidar semanalmente personalidades, filiadas ou não ao partido, para discussões sobre as conjunturas política e cultural. Nas listas de convidados, figuraram os jornalistas Janio de Freitas e Washington Novaes, o cineasta Sílvio Tendler, o escritor Frei Betto e o ex-deputado Vladimir Palmeira.

Hélio Pellegrino e Carlos Alberto Barreto resolveram imprimir aos encontros um clima mais amistoso, de confraternização. Numa noitada no bar Razão Social, em Botafogo, que pertencia ao MPB-4, rebatizou-se o compenetrado núcleo de Clube Mário Pedrosa. Fórmula sem mistério: a "agremiação" se dedicaria ao exame de problemas regionais, nacionais e internacionais, substituindo pilhas de relatórios em suaves bate-papos. As atas foram a única concessão ao formalismo. Nem assim se acatou o protocolo: no lugar do grosso livro de capa preta, as míseras anotações eram feitas em caderninhos de colégio.

Na passagem de núcleo para clube, permaneceram Barreto, Pellegrino, Osmar Prado, Sérgio Ricardo, Magro e Aquiles, Apolônio de Carvalho, Pinguelli Rosa e Nelsinho Rodrigues. Vieram os reforços do teatrólogo Augusto Boal, do compositor e arranjador Wagner Tiso, da atriz Lucélia Santos e de Henfil.

As reuniões só tinham hora para começar — e não se cobrava presença. Quando pressentia que se estenderiam madrugada adentro, Carlos Alberto, ritualmente, adiantava a mesa do café da manhã.

O dia para os notívagos iniciava-se com olheiras, mas compensado pelo café fresco e as bisnagas recém-saídas do forno que a empregada comprava na padaria em frente.

Acomodados no sofá e nas poltronas da aconchegante sala no andar térreo da casa de Carlos Alberto Barreto, cercados de telas de pintores brasileiros e objetos rústicos, os associados diziam não às tramas da política convencional. Falavam o que pensavam, não se cingiam às normas partidárias, por mais leais que fossem ao PT.

Henfil ajustou-se de imediato ao espírito libertário do clube. Os assuntos políticos o sugavam como ímã. Não dissimulava divergências: convencido da validade de seus pontos de vista, apegava-se a eles. Segundo Adair Rocha, Henfil enriqueceu os debates ao indicar que artistas e intelectuais deveriam servir à causa libertária sem se submeterem aos grilhões dos esquemas político-partidários.

* * *

O Clube Mário Pedrosa desafogava Henfil, mas não o bastante para derreter os desenganos que lhe advinham da indigesta salada mista da Nova República. Continuava se julgando excluído da mídia e dos centros de discussão: "Porque não compactuo com acordos espúrios, querem decretar a minha morte civil."

Abalava-o a sensação de isolamento a um só tempo profissional e político. Para um artista militante, que pior desalento do que a obstrução da voz? Henfil acusou a grande imprensa de estar "mancomunada com um lado ou outro, com Tancredo ou Maluf" e de alijar de suas páginas "quem é de oposição para valer ao regime". O estigma de radical afugentava câmeras, microfones, canetas e laudas. "Isso acontece desde que me posicionei contra a renúncia do povo após a derrota das diretas", declarou ao *Globo-Ipanema* (20/1/1986). "Pago um preço alto por isso. Sofro muito: além do isolamento humano, tem o isolamento do mercado de trabalho, com exceção de

O Globo. Nunca dei tantas entrevistas e também nunca recebi tantos convites, logo seguidos de desconvites. Me isolaram."

O joelho inchado, o local da cirurgia dolorido, Henfil prosseguia desiludido com a política brasileira. Com a morte de Tancredo, havia sido empossado na Presidência da República José Sarney, antigo prócer do PDS e da Arena, partidos de sustentação da ditadura militar.

Henfil sucumbiu ao feitiço do radicalismo ao publicar, no número 828 do *Pasquim* (22 a 28/5/1985), o seguinte cartum: no enterro de Tancredo, cinco Baixinhos festejam aos gritos de "A vida continua! A vida continua! A vida continua!" A capa trazia uma esplêndida caricatura, feita por Chico Caruso, com Henfil cuspindo fogo.

Semanas depois, ele lançou *Fradim de libertação,* um livrinho (formato 11x15cm) de 174 páginas em papel-jornal. Assinava-o como Henfil do Bofe (uma maneira de se solidarizar com o então frei Leonardo Boff, que fora punido pelo Vaticano com um ano de silêncio público, por pregar a Teologia da Libertação). Os Fradinhos retornavam à linha de frente das blasfêmias, após seis anos de recolhimento. Engolida pelo ceticismo que permeava o livro, havia uma piada genuinamente henfiliana. Cumprido discursa: "Meu papel histórico é estancar o pus dos sofredores, absorver o sangue dos injustiçados." Baixinho vira-lhe as costas, rebatendo: "Isto não é um papel histórico, isto é um *Modess...*"

* * *

Os arranhões trocados, em agosto de 1985, com os humoristas do jornal *Planeta Diário* de certo modo expunham o Henfil de riso travado, queixoso, sem a implicância travessa de outrora. Um choque de gerações inevitável: os editores Reinaldo, Hubert e Cláudio Paiva, ex-colaboradores do *Pasquim,* tinham, em média, 30 anos menos que Millôr Fernandes, 20 que Ziraldo e 10 que Henfil. Lançado em dezembro de 1984, o *Planeta Diário* fazia sucesso entre os jovens, com um humor que já não se detinha exclusivamente na política e se voltava para a crítica de comportamento e de costumes.

Na edição de 21 de julho, a revista *Domingo*, do *Jornal do Brasil*, dedicou ao fenômeno *Planeta Diário* a capa e três páginas. Reinaldo, Hubert e Cláudio Paiva analisaram, individualmente, os quatro monstros sagrados Millôr, Jaguar, Ziraldo e Henfil. Para Cláudio, Henfil ainda não encontrara um caminho para os novos tempos. "Tem bons *insights*, mas, quando ele faz panfletagem, é um lixo." Hubert achava-o mais engraçado canalizando para o humor sua indignação. Reinaldo controlou-se: "Ele é um cartunista militante. O humor, aí, talvez não seja importante. Ele usa o desenho de humor como veículo."

Sem ideia do conteúdo da matéria, Henfil opinou, a pedido da revista, sobre o *Planeta Diário*. Para ele, o jornal era "muito bom", com "herança genética" do Barão de Itararé, de Ivan Lessa, de Stanislaw Ponte Preta e do *Pasquim*.

Ao ler a reportagem, Henfil perdeu o apetite para o domingo, julgando-se vítima de uma armadilha, pois fora generoso com o *Planeta Diário* sem saber que o criticavam na mesma edição.

Na segunda-feira, durante entrevista à amiga Leilane Neubarth no *Jornal da Globo*, ele criticou a ditadura do riso, "que está levando todo mundo a rir por qualquer bobagem". Torpedeou o *Planeta Diário*: "Esse pessoal pensa que está fazendo humor. Não está. Eles apelam para o besteirol, com piadas preconceituosas até contra deficientes físicos."

O Caderno B do *Jornal do Brasil* escancarou a polêmica em sua capa de domingo, 2 de agosto de 1985. Diante da "síndrome do riso que grassava no país", Henfil declarou-se em greve! Desenhou o Baixinho com a boca lacrada e, ao lado, escreveu: "Abaixo o riso!" Não poupou o "humor preconceituoso" do *Planeta Diário*, que, a seu ver, favorecia o "linchamento" moral das minorias: "O meu humor será sempre preocupado com a denúncia. No momento quero denunciar a utilização do humor para reforçar a opressão, que é a posição mais impopular, pois tenho que denunciar o povo inteiro e meus colegas."

Para além da polêmica, Henfil não ocultava o desânimo. Até o desejo sexual não era mais igual: "Sexualmente, confesso publicamente o meu total desinteresse. E olha que eu sempre fui um tarado. Mas não consigo ter tesão por sinteco. Acho que todo mundo perdeu o gosto, o sal, a humanidade."

* * *

Em outubro de 1985, durante as filmagens de *Tanga*, uma febre renitente levou ao diagnóstico de princípio de pneumonia, estancada por antibióticos. Dois meses depois, os médicos Jaime Rabacov e Gabriel Gonzalez não suspeitavam para valer de que Henfil estivesse contaminado pelo HIV.

Portanto, não deixa de ser perturbador que em junho ou julho de 1983, durante almoço com o cunhado Gildásio Cosenza na Barra da Tijuca, no Rio, Henfil tenha tirado do bolso um recorte sobre a morte, por Aids, do costureiro Markito, ocorrida em 4 de junho. A seguir, comentou que nos Estados Unidos já havia muitos casos de contaminação do vírus HIV por transfusões.

— O crio que eu às vezes tomo é tirado de vários doadores. E ninguém verifica o sangue. Se um deles tiver o vírus, estou frito — acentuou.

— Para de falar besteira, rapaz. Não se conhece direito essa doença — Gildásio tentou refrescar.

— Não sei, não. Acho que vou morrer de Aids.

A GUERRA DOS 56 DIAS

Identificado nos Estados Unidos em 1978, o vírus que provoca a Aids matava na África desde a década de 1950. A sua proliferação na América, na virada dos anos 1980, perturbava a comunidade científica. As sucessivas ocorrências envolvendo homossexuais nos Estados Unidos — sobretudo na comunidade gay de Fire Island, ilha perto de Nova York — produziram o diagnóstico não oficial de "câncer gay".

Coube à equipe do pesquisador francês Luc Montagnier, do Instituto Pasteur, isolar, em um paciente internado em Paris, o retrovírus denominado de LAV (vírus da linfadenopatia associada), posteriormente chamado de HTLV-III pelo Instituto Nacional de Saúde dos EUA e, mais tarde, rebatizado de HIV (vírus da imuno-deficiência adquirida). No paciente com Aids, verifica-se o gradativo desaparecimento, no organismo, dos linfócitos, elementos essenciais nas respostas imunológicas às infecções em geral. Ao debilitar as defesas orgânicas, a infecção por HIV se alastra.

Os primeiros casos de Aids no Brasil foram registrados em 1982 ou 1983 (a imprecisão consta dos relatórios do Ministério da Saúde). A doença, a princípio não percebida como epidemia, era tida como moléstia de ricos, artistas devassos, homossexuais e hemofílicos. Com o aumento assustador dos casos e das mortes, afinal percebeu-se a Aids com a gravidade que ela requer. Porém, a desinformação sobre as formas de contágio agudizava o estigma da doença. Na onda de boatos, dizia-se que o vírus se transmitia em apertos de mão, beijos, gotas de suor e até por papéis e objetos pessoais. Diante desse quadro alarmante, ultimavam-se intercâmbios científicos com núcleos avançados de pesquisa no exterior que investigavam o HIV e as implicações da Aids.

O número de hemofílicos infectados em transfusões de sangue nos Estados Unidos estarreceu os hematólogos brasileiros, visto que nosso país sempre se caracterizou por excessiva dependência de concentrados sanguíneos importados. O risco de receber estoques eventualmente contaminados crescia em escala geométrica, do mesmo modo que poderia acontecer com doações de sangue feitas aqui. Os Institutos de Hematologia precisariam, o quanto antes, reciclar os sistemas de prevenção e de assistência a infectados e soropositivos.

Henfil ruminou alguma coisa sobre a proliferação da Aids com Thomaz Green Morton durante o *réveillon* de 1985, na chácara de Pouso Alegre, presentes quarenta convidados, entre os quais os cantores Pepeu Gomes, Baby Consuelo e Simone. De volta ao Rio, deixou-se fotografar sorridente, de bermuda e camisa do Flamengo para uma entrevista ao *Jornal do Comércio* (19 e 20/1/1986). A expressão arejada confrontava-se com a fisionomia precocemente envelhecida, cabelos e barba grisalhos.

Em fevereiro de 1986, foi a São Paulo fechar contrato com *O Estado de S.Paulo*. Publicaria cartuns no Caderno 2, o suplemento de artes e espetáculos prestes a ser lançado, com salário mensal equivalente a 1.200 dólares. A editoria do Caderno 2, sob o comando do jornalista mineiro Luiz Fernando Emediato, tinha liberdade para formar a equipe com colaboradores de várias tendências. Emediato definiu o encontro com Henfil como "uma tarde inesquecível, cheia de descobertas recíprocas". Até então, sem que tivesse havido qualquer rusga entre eles, um não simpatizava com o outro: "Henfil sentou-se à minha frente, coração aberto, comovido e solitário na sua dor, e escolheu — cheio de alegria, ele que tanto sofria — o espaço que ocuparia no jornal. Parecia uma criança."

Sinal dos tempos: os dois jornais mais criticados por áreas de esquerda — *O Globo* e o *Estadão* — asseguravam, agora, empregos a Henfil. Não pense que isso o confortava. Confidenciou à amiga Iza Guerra que se encontrava num beco sem saída, ganhando o sustento em veículos que, política e ideologicamente, eram a sua antítese.

A despeito das diferenças, Henfil desenhou e escreveu o que bem quis no Caderno 2. Estreou em 6 de abril com um texto meio baixo--astral sobre doenças, entre elas a Aids: "Prometi a mim mesmo ser apaixonadamente positivo. [...] Temos aí meningite, tuberculose, hepatite, chagas, esquistossomose, sífilis, gastroenterite, sarampo, brucelose e Aids... Mas o que os eternos derrotistas não enxergam é que conseguimos erradicar o Ministério da Saúde!"

As tiras criticavam a corrupção, a impunidade, a violência no trânsito, as mutretas dos cartolas do futebol, os eleitores fantasmas e os desmandos governamentais. Com um ano de mandato, o governo Sarney persistia trôpego, ora sitiado pelas disputas entre PMDB e PFL, ora engolfado por sua própria tibieza. O dado positivo fora a remoção do entulho autoritário, com o fim da censura e o amplo direito de organização partidária, com a legalização dos partidos comunistas.

Em junho, Henfil viajou a Belo Horizonte para a festa dos 80 anos de Dona Maria. A família o achou um tanto sem viço. Os amigos não reconheceram a vitalidade de um ano antes, quando comparecera ao almoço comemorativo dos 30 anos do *Diário de Minas*. No Rio, recolhia-se em casa. Ia eventualmente ao cinema, almoçava fora aos domingos e comparecia a reuniões do Clube Mário Pedrosa.

* * *

Em agosto de 1986, Henfil, Joffre Rodrigues, Edgar Moura e um assistente viajaram para uma semana de filmagens de *Tanga* em Nova York. As locações foram escolhidas pelo próprio Henfil, que conhecia a cidade. Ele socorreu-se com a amiga Marlete Coelho para obter permissão para filmagens numa série de lugares e providenciar o aluguel da limusine e a contratação de figurantes.

Ao regressar ao Rio, marcas estranhas apareceram na pele de Henfil: perebas, manchas. Lúcia Lara se preocupou. Nem ele imaginava o que fosse.

— Acho que isso é de família, porque o Betinho e o Chico também têm — disse.

A medicação para dermatite seborreica não resolveu: as perebas teimavam em incomodá-lo. Leila Valente não gostou daquilo e lutou para apagar da memória quatro letras — Aids. Henfil tergiversava:

— Está vendo o que os mosquitos de Nova York me fizeram?

— Isso é mosquito, Henrique? — insistiu Leila.

— É mosquito, sim. São os mosquitos do Primeiro Mundo — e passou a falar do término das filmagens nos Estados Unidos.

Uma segunda anormalidade pronunciou-se: rejeição a leite. A língua enchia-se de sapinhos. Queixava-se de que as comidas tinham o mesmo gosto. Com o paladar afetado, era um custo cozinhar para ele. Nem variar os pratos adiantava muito.

Para Lúcia, ficou claro que disfunções orgânicas sérias se somavam à prolongada depressão de Henfil. Ela fez dessas apreensões objeto de análise. Sua terapeuta, na ocasião, interpretou as ocorrências como sintoma de que algo sério estava por acontecer.

A Aids amedrontava Henfil. Mas, no seu estilo de não dar o braço a torcer, espantava o abismo para longe dele. Quando assistiu, no *Fantástico,* a uma das primeiras reportagens especiais sobre a síndrome, ele exclamou:

— Que merda, mais esse pesadelo!

Cada vez que lia algo a respeito, ele coçava a cabeça e, invariavelmente, comentava, sombrio:

— É a peste do século.

Em meados de 1986, a Organização Mundial de Saúde já incluía o Brasil entre os países com maior incidência de Aids. Os estudos disponíveis demonstravam que a contaminação entre os hemofílicos nunca era inferior a 10% dos casos notificados. Estimava-se que ao menos 75% dos 1.200 hemofílicos do estado do Rio de Janeiro estivessem infectados, contra 55% em São Paulo.

O fantasma da Aids materializava-se na sucessão de mortes chocantes, como as do filósofo Michel Foucault e do ator Rock Hudson. Em 1987, morreriam o cineasta Leon Hirszman, o cenógrafo Flávio Império, os pintores Darcy Penteado e Jorge Guinle Filho, e o grafiteiro Alex Vallauri, entre outros. O pânico se alastrava na medida em que se ia comprovando cientificamente que não apenas os homossexuais, os hemofílicos e os viciados em drogas corriam perigo; a transmissão poderia ocorrer em relações heterossexuais ou através de uma agulha não esterilizada.

Nessa ambiência pesada e sinistra, chegou a hora de Henfil. Em fins de novembro de 1986, Jaime Rabacov foi chamado ao apartamento da Vieira Souto e o encontrou com um abcesso na região do períneo. Os antibióticos não produziram efeito, e o furúnculo se avolumou. Jaime recorreu a Gabriel Gonzalez, pois seria necessária uma cirurgia.

Gabriel, que participara de um congresso nos Estados Unidos em que se avaliaram as implicações da Aids, levantou a questão com Jaime: Henfil não estaria infectado pelo HIV? Alguns cirurgiões já se negavam a trabalhar em prontos-socorros pelo perigo de contaminação. Jaime achou plausível, mas restava a possibilidade de não ser o vírus, pouco conhecido.

Henfil internou-se na ABBR para uma limpeza cirúrgica do abcesso. Mesmo considerando o fato de o paciente ser hemofílico, os médicos não faziam ideia da extensão do problema. No dia 9 de dezembro de 1986, Gabriel Gonzalez realizou uma das operações mais complexas de sua carreira. Durou 12 horas. Os pontos de sangramento multiplicavam-se, obrigando a equipe a se superar para salvar a vida de Henfil.

O furúnculo escondia um agudo processo infeccioso. Face à gravidade do quadro, Jaime e Gabriel decidiram transferi-lo para a Clínica Bambina, dotada de mais recursos. Após uma bateria de exames, foram necessárias sucessivas drenagens no períneo. O ponto nevrálgico era conter a infecção para evitar uma septicemia. Testaram-se todos os antibióticos — inclusive importados —, pomadas e substâncias tópicas disponíveis, com efeitos parciais, pois a bactéria resistia.

Havia o elemento complicador: a hemofilia. Quando percebia que a ferida começava a sangrar, Henfil se alarmava, pensando que ia morrer. Os lençóis ensopavam de sangue, o que exigia imediatas transfusões para repor o fator de coagulação. Na maratona cirúrgica, travavam-se batalhas de horas para estancar a hemorragia "extensa e profusa", segundo Gabriel Gonzalez.

Ao retornar ao quarto, Henfil indagava se a hemorragia havia sido contida e se corria perigo. Os médicos o tranquilizavam, sem criar falsas expectativas. Queriam poupá-lo porque não sabiam o que viria pela frente.

No dia 14 de dezembro, o que os médicos lutaram tenazmente para evitar aconteceu — a infecção degenerou numa septicemia. O desfecho parecia incontornável, mas, contrariando os prognósticos, às 6h30 do dia seguinte Henfil melhorou — sem dor, sem febre, com boa frequência cardíaca. O estado clínico, porém entrou num vaivém desorientador, alternando quadros de septicemia com períodos de relativa calmaria.

Quando começaram as diarreias e exames laboratoriais revelaram a existência de fungos na urina e nas fezes, Jaime já não tinha a mínima dúvida de que o mal de Henfil era a Aids — como Gabriel desconfiara. A conduta médica seguida até ali compatibilizava-se com o possível diagnóstico. Mesmo sem o atestado da doença, desde o primeiro dia de internação as equipes clínica e cirúrgica vinham adotando medidas de segurança relativas à Aids — da rígida esterilização de equipamentos ao uso obrigatório de luvas, uniformes especiais e máscaras.

Jaime solicitou o teste de HIV para Henfil, a fim de confirmar a orientação clínica e definir outras medidas de profilaxia. No fundo, o exame apenas atestaria o que ele e Gabriel, infelizmente, já sabiam. O material colhido teve que ser enviado a São Paulo, pois no Rio não havia laboratório de ponta que executasse o exame, incluindo pesquisa de fungos. No dia 21, veio a sentença: soropositivo.

O laudo derrubou a família e os amigos. O drama familiar se acentuaria porque, na mesma ocasião, os testes imunológicos de Betinho e Chico Mário (com pneumonia) revelaram HIV positivo. Os três irmãos infectados. Betinho era o único a conhecer o resultado dos testes — e Henfil o único já com sintomas claros de Aids.

Lúcia, que acompanhava o marido dia e noite na Bambina, sentiu "um mar de água gelada" no corpo ao ser informada do veredicto. Era o dia de sua formatura em psicologia na Puc. Depois de notificá-la sobre a catástrofe, Jaime pensou um instante como Henfil fora intuitivamente sábio ao criar, nos últimos meses, um distanciamento sexual. Quis preservar a mulher. A pedido de Jaime, Lúcia fez exames de HIV, todos negativos. O próprio clínico, durante três anos, submeteu-se a testes (também negativos) em função do contato prolongado com Henfil e pela circunstância de uma pinça usada na mesa cirúrgica ter, acidentalmente, caído da bandeja e se cravado no dorso de sua mão.

Henfil contaminou-se em transfusões — quanto a isso, nenhuma dúvida. Impossível, porém, determinar em que época contraíra o vírus. Jaime Rabacov esclareceu: "Ao longo da vida, ele tomou muitas vezes sangue e o fator 8 de coagulação. Não há a mínima hipótese de se definir onde e quando se contaminou. [...] Seguramente, o Henfil se contaminou por via transfusional, seja por sangue ou por fator 8. Como hemofílico, infelizmente, era uma vítima potencial. E nada impede que ele fosse portador do HIV há anos, sem manifestação da Aids."

Nos dias que se seguiram ao teste de HIV, as súbitas alternâncias na saúde de Henfil deixaram os médicos zonzos. Ele entrava e saía de estados de pré-coma e de coma. O estágio adiantado da infecção transtornava o sistema imunológico e descompensava o funcionamento orgânico.

As prescrições de Jaime Rabacov ocupavam páginas inteiras no prontuário. Em 23 de dezembro de 1986, foram relacionados 31 itens, entre cuidados com sonda, remédios, tomografia abdominal etc. O quadro infeccioso era gravíssimo. Após examinar os laudos, o dr. Adrelírio Rios, especialista em doenças infectocontagiosas, foi categórico: "Jaime, você fez o possível. Não há mais o que fazer."

Contra todas as expectativas, dois dias depois Henfil reagiu a partir de 26 de dezembro. Mas, já em 1º de janeiro de 1987, houve sensível piora do estado geral. Nos dias seguintes, Henfil esteve entre a vida e a morte. Jaime chegou a pensar que ele não resistiria. Mas em 5 de janeiro o quadro se inverteu, com o paciente apresentando melhoras.

O esgotamento físico e mental de Henfil acentuava-se, mas ele nunca perguntou a Jaime Rabacov ou a Gabriel Gonzalez se estava com Aids. Na dúvida, os médicos decidiram não lhe comunicar a verdade. Jaime tentou abordar o assunto, mas Henfil saiu pela tangente. O médico não insistiu porque percebeu que ele não desejava ouvir o que já pressentia.

Durante a internação, houve uma comovente cadeia de solidariedade em torno dele, a começar pela dedicação de Lúcia Lara. "Ela não teve medo de cuidar do Henrique, sequer de ter contato com o suor dele. E ainda existiam dúvidas quanto às formas de contágio", testemunhou Jaime.

Os amigos revezavam-se nos plantões noturnos, provando que, em cada parada de seu périplo de cigano utópico, o exigente Henfil soubera cativar afetos e fidelidades. As atendentes da Bambina listavam telefonemas de vários estados e de Nova York. A sala de espera no último andar vivia repleta, apesar de as visitas estarem proibidas.

Preocupado em resguardar a privacidade, Henfil tentava descobrir atalhos para informar-se sobre seu estado de saúde. Certa noite, mandou que Ricardo Gontijo trancasse a porta do quarto.

— O que está acontecendo comigo?

— Você está com uma doença grave, que os médicos não sabem muito bem o que é. Precisa tomar doses cavalares de antibióticos para poder se curar. Agora, não há nenhum diagnóstico fatal, e espero que não haja.

Por aperto semelhante passou Rita Luz em um de seus plantões.

— Os médicos não descobrem o que eu tenho?

— Ninguém sabe direito.

* * *

Em 9 de janeiro de 1987, o quadro tornou a agravar-se. Jaime Rabacov suspendeu a medicação para o coração e reiniciou a coleta de sangue para novos exames bacteriológicos e hemoculturas. Para intervir a cada oscilação no organismo de Henfil, ele atravessava o dia na Bambina. Seu consultório particular ficou entregue à secretária. Ele dormia algumas horas em casa e, não raro, às 4 ou 5 horas da manhã estava subindo no elevador da clínica.

Em 13 de janeiro, houve uma melhora que não perdurou por 24 horas. A equipe percebia que Henfil iria piorar quando evidenciava desorientação. Outra anomalia eram os delírios durante as crises convulsivas. Ele relatava histórias fantásticas a quem estivesse por perto. Segundo Jaime Rabacov, as toxinas no sangue afetam a oxigenação do cérebro, e com isso os pacientes costumam delirar.

Nessa ocasião, um forte cheiro de perfume invadiu a recepção, o elevador, os corredores e a sala de estar da Clínica Bambina — Thomaz Green Morton acabara de chegar. As visitas continuavam proibidas, mas Henfil fez questão de que o amigo entrasse. Ao vê-lo tão mal, Thomaz achou que não adiantaria energizá-lo, mesmo assim tentou.

Dois dias após a sessão de energização (16 de janeiro), uma reviravolta alentou a equipe médica: Henfil amanheceu sem febre e urinando espontaneamente. Persistiam problemas de pressão e o edema na região operada, mas, perto do sufoco vivido 48 horas antes, havia motivo para respirar. Recostado na cama, ele pediu lápis, caneta e papel para desenhar caricaturas de Jaime Rabacov e de Gabriel Gonzalez.

Ele confidenciou a Jaime que seu maior sonho era ter alta para terminar *Tanga,* já dublado.

— Você tem que me ajudar a sair vivo daqui — apelou em tom quase dramático.

Em condições normais, nenhum médico do planeta endossaria esperança num doente tão debilitado. Mas falou mais alto a solidariedade humana, e Jaime profetizou:

— Você vai fazer o filme, cara.

O mesmo desejo Henfil expressou a Gabriel Gonzalez.

— No que depender de nós, você termina o filme. Não se desespere — respondeu o cirurgião.

Para fortalecer-lhe o ânimo, Jaime autorizou que Wagner Tiso o visitasse para discutir detalhes da trilha sonora de *Tanga.* Sensível ao drama do amigo, Wagner preparou-lhe uma surpresa: pôs para tocar, em pequeno gravador, as músicas já compostas. Henfil ria igual a uma criança, de felicidade, ouvindo a trilha.

Prever a sorte de Henfil era uma temeridade, pois as oscilações não cessavam. Em 22 de janeiro, ele apresentava febre, o que retardava a perspectiva de alta. Vê-lo saindo do hospital constituía um desafio para os médicos. "Ficamos cativados por ele", afirmou Gabriel Gonzalez. "Uma pessoa muito energética, com pensamento aguçado e vivo. Naquele sofrimento todo, estava sempre disposto a dialogar conosco. Até desenhos para nossos filhos ele fez."

Particularmente para Jaime Rabacov, assinar a alta hospitalar representava uma obsessão. Sabia que Henfil não teria vida longa, dada a virulência da Aids. Mas nem que fosse por dias apenas, ele se prometeu tirar Henfil da Bambina. Nesse sentido, não poderia ser mais afim a dupla com Gabriel Gonzalez, outro obstinado em batalhar até por casos estatisticamente perdidos.

Em 23 de janeiro, 45º dia de internação, a febre cedeu e Henfil apresentava novamente um quadro estável. Nos três dias seguintes, melhorou substancialmente, alimentando-se e conversando bastante. Ele atribuía o seu restabelecimento à "dedicação espantosa" dos médicos e às energizações que Thomaz voltara a lhe ministrar. Jaime suspendeu as sessões depois de flagrar Thomaz — o desligado em pessoa — de calça *jeans*, boné e fumando charuto dentro do quarto, onde só se entrava com uniforme especial, máscara e luvas.

Na verdade, os médicos contrariavam-se com a agitação que cada visita de Thomaz despertava. Além do cheiro intermitente de essência no ar e das saudações com os gritos de "Rá!", ele entortava talheres na cantina da Bambina e energizava moedas, a pedido de funcionários e visitantes. Enfim, tornou-se uma atração. E claro que havia outro incômodo: dia e noite a equipe médica se superava para manter Henfil vivo, e agora as energias cósmicas surgiam como suposta tábua de salvação.

Jaime cogitou de dar alta a Henfil em 27 de janeiro, à tarde. Às 23h do mesmo dia, mudou de ideia diante de uma crise convulsiva. No dia 31, Jaime anotou, com uma ponta de felicidade: "Paciente apresentando boa evolução. Lúcido, relativamente bem orientado, terceiro dia sem febre."

O panorama de estabilidade se prolongou até 2 de fevereiro, quando o diagnóstico confirmava a iminência da alta: "Paciente febril, sem mudanças. Alta hospitalar para amanhã à tarde!!!" Jaime colocou três exclamações, como se comemorasse por antecipação a palavra empenhada de tirar Henfil vivo da Bambina, evitando, por tabela, o risco de infecções hospitalares.

Ao meio-dia de 3 de fevereiro, caminhando com alguma dificuldade, vários quilos a menos e uma lesão no córtex cerebral, sequela da Aids, Henfil voltou para casa. Encerrava-se o martírio de 56 dias. O prontuário médico arquivado na Clínica Bambina parece um compêndio: mais de cem laudas de meticuloso acompanhamento clínico.

No raio de dois meses, Henfil sofrera nada menos que sete septicemias. Uma já seria linha divisória entre a vida e a morte, como ocorrera com Tancredo Neves. Para se avaliar a extenuante guerra contra os efeitos toxêmicos da Aids, no final da internação a equipe médica considerava café-pequeno administrar a hemofilia.

Os médicos não alimentavam ilusões. Henfil teria uma vida limitada, sujeito a convulsões, surtos infecciosos e enfraquecimento físico. Mas, com a pressa própria dos que enlaçam os sonhos, certamente concluiria o filme.

O TUFÃO NA GAIOLA

Ninguém conseguiu dialogar em profundidade com Henfil sobre a Aids. Nem os médicos. Nem Lúcia Lara. Nem Betinho. Nem os amigos íntimos. Negava a Aids como se não tivesse sido infectado, ou como se aquilo não fosse com ele. As pessoas podiam até desconhecer a barreira, mas ele se retraía como um caramujo e a questão se esfarelava. Betinho diz que só conversou com o irmão sobre a Aids em geral. "Desisti de tocar no caso dele por absoluta falta de espaço." O espantoso é que Henfil lia e arquivava o que se publicava a respeito.

Lúcia preferiu respeitar o fechamento do marido. Para ela, restavam duas alternativas: tentar de todos os modos dialogar, chorar muito e morrer de dor junto com ele, ou cuidar dele. "Eu não tinha força para fazer as duas coisas. Resolvi cuidar dele."

Após a alta na Bambina, Henfil e Humberto Pereira foram jantar num restaurante japonês em Botafogo. Henfil pediu sushi — uma das raras comidas que lhe apeteciam. No meio da refeição, levantou os olhos do prato:

— Humberto, eu não estou bem. Não sei se é algum resto de Aids...

A frase ficou no ar e não houve jeito de prosperar.

Iza Guerra notou o bloqueio à Aids numa das noites em que o assistia na Bambina. Henfil melhorara um pouco e ouvia música num CD portátil. Vestida com roupas especiais, ela sentou-se na beira da cama.

— Estou com a malvada, né, Iza? Por isso vocês se vestem assim como extraterrestres, para não se contaminarem.

Sensibilizada, ela tirou a máscara e o abraçou.

— Não, Henfil, é que a gente vem com a poeira de fora e você está com essas fístulas no corpo. É perigoso para você...

Iza pensou que ele fosse se abrir sobre a doença, mas logo se recompôs e mudou o rumo da prosa.

Por que negava a Aids? Por revolta? Por horror a um mal invencível? Para guardar para si a aflição? Para afastar ao máximo os efeitos colaterais da discriminação e do preconceito? Para se refugiar numa derradeira esperança? Por não suportar o peso da morte?

Interrogações insolúveis. Betinho admitiu a possibilidade de o irmão ter se programado para não assumir a doença — como não assumia com facilidade a hemofilia. A recusa total, segundo Betinho, acarretava o perigo de a Aids dominá-lo violentamente, já que a atitude do paciente costuma determinar o desenvolvimento mais ou menos acelerado da infecção. Ele lamentou que a índole guerreira de Henfil não tenha se contraposto à Aids, como de certo modo se contrapunha à hemofilia. "Quem sabe ele não retardaria a progressão do vírus e aumentaria as suas defesas?" Betinho e Chico Mário tiveram posturas diferentes às de Henfil. O primeiro declarou publicamente a condição de portador do vírus, canalizando o inconformismo para uma campanha de esclarecimento da doença, de assistência aos portadores e de pressão para o poder público coibir o comércio do sangue e realizar exames de HIV nos doadores. "A forma que encontrei de suportar a dor de conviver com o vírus foi contar para todo mundo e convencer a sociedade a encarar o problema da Aids. Elaborei a seguinte equação: toda doença começa incurável; depois, encontram uma fórmula para matar o vírus."

Chico Mário, preocupado com a Aids, compareceu a reuniões no Instituto de Hematologia Santa Catarina. Mesmo sem acesso ao teste de soropositivo, deduziu que estava com o HIV. Num dia de maior impaciência, perguntou à mulher, Nívia Souza:

— Estou com Aids ou não? O que eu tenho, afinal?

Sem coragem de dizer a verdade, Nívia desconversou:

— Chico, o que você quer hoje de almoço?

Ao ter certeza da Aids, Nívia pediu ao psicanalista Hélio Pellegrino que conversasse com seu marido. Quatro horas depois, Pellegrino despediu-se e Nívia indagou a Chico o que acontecera entre quatro paredes.

— Nós falamos sobre a vida — respondeu.

Com Henfil, Chico jamais abordou a Aids. Na medida do possível, acompanhava do leito o que se passava com o irmão. Com Betinho, discutia francamente, até se aproximarem do ponto de discordância.

— Quero viver até a última gota — insistia Chico.

— Eu não. O sofrimento tem limite — replicava Betinho.

Daí em diante, o diálogo se esvaziava.

A certeza silenciosa de que viveria pouco devastou Henfil. Ficou quieto e desmotivado durante a festa por sua reabilitação organizada por Leila Valente na clínica de fisioterapia em que o atendia. A cunhada Gilse Maria ofereceu-lhe um jantar no apartamento da irmã Gilda. Só preparou comidas de que ele gostava. Acabrunhado, Henfil praticamente não comeu nada. Para sacudi-lo, Gilse tentou reviver as célebres discussões sobre as formas de luta para se chegar ao socialismo — que, em outras épocas, valiam horas de tira-teima verbal. Ele deixou-a falar e arriscou uma frase:

— Hoje, a única realidade do mundo é a Aids.

Num domingo em que Lúcia precisou ir a São Paulo, Henfil ligou para Iza Guerra pedindo que fosse até seu apartamento, pois se sentia mal e febril. Iza nunca o vira tão vulnerável. Deitou a cabeça dele em seu colo e o afagou. Henfil não provou a comida japonesa que ela encomendara por telefone. Ficaram até a noitinha naquele sofá, ele simplesmente querendo calor humano.

Paralelamente, Lúcia Lara mobilizava recursos de várias fontes para pagar a quilométrica conta pela internação na Bambina e a importação do fator 8. Henfil não dispunha de meios para amortizar a dívida. Cumpre registrar que, por todo o envolvimento afetivo e humanitário, Jaime Rabacov e Gabriel Gonzalez cobraram honorários em proporção infinitamente menor do que aqueles a que fariam jus. Entre os que contribuíram para saldar as despesas, incluíam-se o pai de Lúcia e as Organizações Globo, por intermédio de Roberto Irineu Marinho. A própria Lúcia vendeu a bancada e as ferramentas que comprara para dividir uma oficina de joalheria com Caio Mourão. Houve demonstrações de fraternidade como a campanha "Ajude a Graúna a sair dessa", organizada em São Paulo pela atriz Ruthinéia de Moraes, que consistia na doação da bilheteria de uma noite de vários espetáculos teatrais. Mais tarde, Henfil requereu ao extinto Inamps reembolso das despesas com o tratamento na Bambina, concedido sem a devida correção monetária.

Outro auxílio veio da Legião Brasileira de Assistência (LBA). Henfil desenharia cartazes para programas sociais da instituição. Em abril de 1987, entregou o primeiro deles para uma campanha de combate à mortalidade infantil, mas não chegou a concluir o segundo, em função do agravamento de seu estado de saúde. A LBA pagou-lhe integralmente o valor combinado, equivalente a 15 mil dólares. Com esse dinheiro, Henfil saldou o empréstimo concedido pelas Organizações Globo, um débito remanescente com a Bambina e exames médicos. Não sobrou um centavo.

Em março de 1987, Henfil quis ir a Pouso Alegre energizar-se com Thomaz Green Morton. Imagens de um vídeo mostram o cartunista com a barba praticamente branca, calvície acentuada, cabelos bem grisalhos e em desalinho. Na ampla sala da chácara, saudou Thomaz:

— Vagabundo!

E o paranormal retribuiu sorridente:

— Safado!

Lélio Granado acomodou-o no quarto mais confortável. Henfil jantou (ou se esforçou para, porque os alimentos lhe pareciam realmente insossos) com Lélio e a mulher Marli, sua fã incondicional. Introspectivo, Henfil verbalizava apenas o essencial. Na despedida, presenteou Marli com um livro de poemas de Cecília Meireles e um exemplar da revista *Fradim,* com a dedicatória: "O homem está condenado à liberdade e à luta."

Dez dias depois, Henfil retornou ao Rio, dizendo-se mais disposto. Mas o pique para o desenho reduziu-se a olhos vistos. Além dos cartazes para a LBA, retomou, por mera obrigação profissional, o Orelhão em *O Globo*. Na falta de ânimo, reciclava antigos cartuns da série. Luiz Fernando Emediato concordou em republicar tiras de Zeferino, Graúna e Bode Orelana no Caderno 2 de O *Estado de S. Paulo* até que o cartunista se restabelecesse plenamente — o que jamais ocorreria.

No dia 28 de maio, foi ao Congresso Nacional, em Brasília, a convite do senador Teotônio Vilela Filho, participar do lançamento do livro *Tributo a Teotônio.* Num brevíssimo discurso, Henfil enalteceu o espírito patriótico do Menestrel das Alagoas durante as campanhas pela anistia e pelas Diretas Já. De regresso a Ipanema, fez, no dia 1° de junho, o último registro no livro-caixa da Henfil Produções Limitada. As letras e os números tremidos, a conta bancária praticamente zerada.

Mesmo debilitado, Henfil supervisionou a finalização de *Tanga*. Corria para o estúdio com Wagner Tiso, modificava uma coisa e outra da trilha sonora, nervoso para acertar a pontaria. Quis alterar partes da montagem, mas o relógio impediu — as cópias tinham que ser feitas a tempo de inscrever o filme no Festival de Cinema de Natal e no Rio-Cine Festival.

Em 26 de junho, aconteceu a pré-estreia na cabine do Hotel Méridien, presentes os atores, a equipe técnica e convidados. Quem presenciara o fogaréu de Henfil nas filmagens estranhou a expressão sobrecarregada, os ossos salientes no rosto. Ele confidenciou a Wagner Tiso que o filme ficara a léguas do que sua autocrítica impunha.

Tanga conquistou seis prêmios no 3º Rio-Cine Festival, realizado em outubro de 1987: o *Sol de Ouro* de melhor filme na opinião do júri popular, melhor atriz (Cristina Pereira), melhor trilha sonora (Wagner Tiso), melhores cenários e figurinos (Maria Helena Salles, com colaboração de Henfil) e melhor fotografia (Edgar Moura). Hospitalizado em estado grave, Henfil não pôde comparecer à premiação. Joffre Rodrigues encaminhou-lhe a estatueta por intermédio de Betinho.[13]

Jaguar e Jeferson de Andrade tramaram um jantar na churrascaria Plataforma para tirar Henfil da fossa, inclusive encomendando uma porção tripla de pães de queijo. Ele só não aceitou chope, preferindo água mineral. Os casos engraçados do *Pasquim,* lembrados por Jaguar, divertiram Henfil, que reforçou o anedotário sobre os talentosos desvairados que revolucionaram a imprensa brasileira em plena ditadura. Cada palavra pontuada pela nostalgia. Tarde da noite, Jeferson deixou-o na portaria da Vieira Souto. Henfil mancava da perna, macérrimo e curvo.

* * *

As últimas entrevistas de Henfil são extremamente reveladoras. Do ponto de vista político, prosseguia cético quanto à chamada Nova República e sequer aliviava a esquerda que a apoiava. "O que se nota é uma mudança de posições políticas por parte da esquerda, onde muita

---

[13] O lançamento do filme *Tanga* nos cinemas aconteceu em 3 de fevereiro de 1988, um mês após a morte de Henfil. O filme foi mal recebido por boa parte da crítica, que apontou falta de domínio da linguagem cinematográfica, roteiro desestruturado e interpretações caricaturais. Segundo Joffre Rodrigues — que frisou o "orgulho artístico" de tê-lo produzido —, o filme foi exibido apenas em três cinemas de São Paulo e um no Rio, durante quatro semanas, com bilheterias fraquíssimas. A extinta Embrafilme não se interessou em distribuí-lo em outras capitais e no interior do país — apesar de arcar com o custo de nove cópias. O único retorno financeiro veio da comercialização em vídeo.

gente está em franco casamento com o poder — e , na minha cabeça, o poder é sempre a direita", declarou ao *Globo-Ipanema* (13/4/1987).

No tocante à saúde, abordou os riscos de contaminação nas transfusões de sangue em entrevista a *O Estado de S.Paulo* (20/6/1987). Reconheceu, pela primeira e única vez em público, estar infectado pelo vírus da Aids. Na qualidade de hemofílico, denunciou "as verdadeiras loucuras" que se praticavam nos bancos de sangue brasileiros, "onde qualquer pessoa aceita doar em troca de sanduíche". Reclamou dos entraves para a importação de concentrados estrangeiros confiáveis. Até que, referindo-se à ameaça de o vírus HIV se transmitir em relações sexuais, citou, francamente, o seu caso: "Minha vida sexual parou. Tenho receio de contaminar minha mulher com Aids. Não aceito expô-la a esse risco. E não acredito na camisinha. Deixei de ser um marido de risco. É uma atitude leal com minha companheira. Não posso ser um revólver na vida dela."

A derradeira entrevista de Henfil chegou às bancas no número de agosto de 1987 da revista *Ele & Ela*. Renato Sérgio a gravara nos últimos dias de junho, após a pré-estreia de *Tanga*. Henfil divagou e não respondeu se tinha Aids (ignorou a palavra).

Explicou por que perdera o estímulo para mobilizar as pessoas:

"Há uma crise de esperança, de interesse, generalizada. As mobilizações aqui duram o tempo de quem as está pregando. Se você resolver lutar, vai lutar sozinho. [...] A experiência de participação comunitária no Brasil é desastrosa e desastrada."

Mas reafirmou a profissão de fé humanista, apesar de todas as vicissitudes: "A salvação de qualquer ser humano está exatamente nos outros. A gente não pode sobreviver a não ser no coletivo."

* * *

A Editoria Rio de *O Globo* divulgou o último cartum de Henfil em 8 de julho de 1987. Diante da manchete "Notas falsas de 50 cruzados" afixada numa banca de jornal, um homem põe a nota contra o sol e diz para o outro: "É fácil saber! Se desvalorizar, é a verdadeira!" Desaconselhável qualquer comparação com o humor genial de outrora. A saúde voltara a se complicar, obrigando-o a se afastar de vez da prancheta.

Na segunda semana de julho, Jaime Rabacov o examinou pela última vez, diagnosticando hemorragia no estômago. Henfil foi internado numa enfermaria para soropositivos, no quinto andar do Hospital Universitário do Fundão. Uma semana depois, contida a hemorragia, quis, a todo custo, deixar o hospital.

— Quero morrer em Pouso Alegre, com o Thomaz — expressou a Lúcia Lara.

Infrutífero ponderar sobre o risco de uma viagem de 400 quilômetros. Lélio Granado alugou um táxi e mandou o motorista buscá-lo no Rio. Faltavam dez minutos para as 6 horas da tarde de 28 de julho de 1987 quando o carro apontou na curva que separa a serra da Mantiqueira de Pouso Alegre. A viagem foi um pesadelo. O motorista Nei pensou que não chegariam a Pouso Alegre. Henfil vomitou a serra inteira. Na parada, em Itajubá, Nei o levou até um bar para lavar o rosto, respirar um pouco e tomar um gole de água mineral.

Na chácara, Henfil arriscou um pálido sorriso para Thomaz e presenteou-o com um exemplar autografado do *Fradim de libertação*. Thomaz percebeu palavras desconexas na dedicatória, próprias de quem tinha o cérebro afetado. Mas, na chegada, o sensitivo não deu chance à doença, conduzindo Henfil à mentalização cósmica na sala de energização. Fazia tanto frio que Henfil dormiu aquela noite com sete grossos cobertores de lã. Alarmado com a sua fragilidade física, no dia seguinte Lélio pediu à mulher, Marli, que o ajudasse a dar banho nele.

Balançando-se na rede da varanda da chácara, Henfil passava os dias em silêncio tibetano, desligado de tudo e de todos.

— Se você quiser conversar, estou sempre por perto — dizia-lhe Lada. Mas ele não a chamou uma vez sequer.

Lúcia encontrou-o completamente aéreo em Pouso Alegre. Esforçou-se para levá-lo de volta, mas ele teimou em ficar. Apreensiva, ela retornou sozinha ao Rio.

A última sessão de energização de Henfil ocorreu em 29 de julho. A data está assinalada na fita de vídeo que a registrou. Thomaz filmou Henfil deitado no sofá, cadavérico, ofegante. Procurou ajudá-lo e reanimá-lo ao máximo.

No terceiro dia em Pouso Alegre, Henfil atropelou a dieta alimentar e pediu para comer tutu de feijão com linguiça, preparado pela cozinheira de Thomaz. Até um cálice de caipirinha se arriscou a beber. Terminado o almoço, sentou-se numa espreguiçadeira do jardim. Pausadamente, para driblar o cansaço que o aniquilava, disse a Thomaz e Lada:

— Aqui não tem proibição. A vantagem é essa. Lá no hospital me proíbem de comer feijão, torresmo, carne de porco, não posso fazer nada. Porra, já não estou vivendo, sei que não vou resistir muito tempo, e por isso quero passar os últimos momentos de minha vida com você. Aqui é liberdade pura, vejo as energias...

Bastaram alguns dias para Thomaz concluir que as energias não conseguiriam romper a barreira mental que a Aids cimentara. Em dado momento, Henfil entrava em órbita, embaralhava nomes e lugares, nem se reconhecia em Pouso Alegre. Sem apetite, alimentava-se pouco, e os vômitos o definhavam. Thomaz pegava-o no colo para dar-lhe banho, tal a fraqueza.

Na noite de 6 de agosto, Thomaz persuadiu-se do inevitável — o agravamento da doença impunha a Henfil voltar para o Rio de Janeiro. Para a última refeição no Hotel Fernandão, Lélio Granado programou um dos pratos favoritos do cartunista: frango caipira. Ele mastigou lentamente, o olhar retido no garfo e na faca. À mesa, Lada puxou em vão por ele. Lélio amparou-o até o quarto, no segundo andar. Antes de alcançar o primeiro degrau da escada, Henfil esboçou um sorriso enigmático para Lada, que vinha logo atrás.

— Estou subindo...

Lélio deu-lhe um banho rápido e deitou-o na cama. Procurando agradá-lo, perfumou o ambiente com essência de eucalipto. Olhos cerrados, Henfil não se movia.

Do telefone do quarto, Lélio ligou para Lúcia.

— O Henfil não está nada bem. Acho melhor ele voltar para casa — não contava que Henfil estivesse consciente.

— Você está me mandando embora?

— Não, mas acho que não é mais hora de você ficar aqui. Você precisa de cuidados. Em Pouso Alegre, nem o Thomaz tem condições de fazer mais alguma coisa por você.

Lélio convenceu-o a partir. Quando se encaminhava para a porta, Henfil o chamou com ternura:

— Meu irmão, sei que você não tem preconceito... Mas não vou lhe dar um beijo nem um abraço. Vem aqui perto de mim.

Acanhado, Lélio aproximou-se. Como gesto de despedida, Henfil encostou sua testa na testa de Lélio, por alguns segundos, em completa comunhão.

Às 2 horas da tarde, recostado no banco traseiro do táxi alugado por Lélio, foi levado para o Rio. Menos de um quilômetro de viagem, Henfil estendeu o pescoço para enxergar a margem direita da estrada. De relance, viu o lago e a chácara de Thomaz, com os muros pintados de branco e azul. O carro dobrou na curva da Mantiqueira, e Pouso Alegre sumiu para sempre no retrovisor. Às 18h, o táxi estacionou na avenida Vieira Souto, em Ipanema. Lúcia telefonou para Betinho pedindo que fosse até lá, pois algo de grave estava acontecendo.

Naquela madrugada, Henfil entrou em convulsão. Betinho coordenou a remoção para o Hospital São Vicente de Paulo, na Tijuca, onde o irmão se internou, com hemorragia no estômago e desidratação, às 6 horas da manhã de 8 de agosto.

De acordo com o médico Carlos Bonecker, que o atendeu no Hospital São Vicente de Paulo, o quadro de Henfil era quase terminal. Havia alguma esperança de debelar o processo infeccioso, mas, com as complicações ocorridas nos primeiros trinta dias, a equipe médica verificou que pouca coisa poderia ser feita. Alternava períodos de consciência e de inconsciência.

A exemplo do que sucedera na Clínica Bambina, insistia para as enfermeiras — irmãs vicentinas — trabalharem de luvas e não tocarem em material descartável.

Diariamente, Henfil rogava que lhe dessem alta:

— Estou melhor, já posso ir embora. Fale com o médico que quero passar o fim de semana em casa.

— Mas você não está em condições — respondia a enfermeira.

Thomaz Green Morton esteve três vezes no São Vicente de Paulo para energizações. Como de hábito, sua presença suscitou controvérsias — Betinho, incomodado, retirava-se. Os médicos desaconselharam a entrada de Thomaz, mas Henfil (enquanto pôde) e pessoas da família fincaram pé.

No encontro derradeiro, Thomaz trancou-se uma hora no quarto com um Henfil aéreo e atordoado. Após a sessão, as enfermeiras observaram agitação no doente, e os médicos proibiram novas visitas.

No limite, Henfil confessou a Iza Guerra:

— Eu queria morrer logo, terminar com isso.

Ainda lhe restava um grau de consciência para pedir a presença de Juliana — a filha de Gilse Maria que ele e Gilda haviam criado com amor durante a clandestinidade e a prisão da mãe. Gilda, que o visitava com frequência, entrou em contato com Gilse, que providenciou a ida de Juliana ao Rio.

Nesse ínterim, uma toxoplasmose no sistema nervoso central lhe retirou a capacidade motora e a fala. A única e temporária possibilidade de expressão se concentrava nos olhos, sempre vivos.

— Se você quiser receber Fulano, feche os olhos; se não, deixe os olhos abertos.

Lentamente mexia as pálpebras na direção desejada.

Betinho foi a última pessoa a quem Henfil dirigiu uma palavra. No dia 3 de novembro, Betinho disse-lhe que desejava ser cumprimentado pela passagem do seu aniversário. Os olhos de Henfil devassaram algum entendimento — mas Betinho não se contentou. Durante três dias seguidos, reiterou o pedido. Com enorme esforço, Henfil conseguiu levantar ligeiramente a cabeça e balbuciar:

— Parabéns...

Quando Juliana, 17 anos, entrou no quarto, seu segundo pai não falava mais. Ao vê-la, os olhos dele brilharam. Juliana, comovida, acariciou-lhe as mãos e chorou.

Berenice de Carvalho Batella Ribeiro, a Bê, visitou-o numa tarde em que Henfil estava sem conexão. Fitou-o longamente, muito emocionada.

Na busca de alívio, tentou-se de tudo: rezas, ervas medicinais e medicamentos de todo tipo. Se melhoras houve, foram muito passageiras. Injeções de morfina detinham por algum tempo as dores atrozes. A pele de Henfil não suportava mais hematomas provocados por agulhas nas veias.

O AZT, droga antiviral de alta potência, que costuma prolongar a sobrevida dos portadores do vírus, chegou tarde demais para Henfil. Somente em setembro de 1987, por pressão de entidades da sociedade civil, o Ministério da Saúde permitiu a importação do medicamento, sem contudo se comprometer a financiar estoques. Uma junta médica avaliou que, dado a estágio adiantadíssimo da doença, o AZT não reverteria a situação de Henfil. Chico Mário tomou doses do remédio, adquirido por cotização entre parentes e amigos.

Não faltaram laços solidários a Henfil: visitas, telefonemas, eventos em Belo Horizonte e Brasília com rendas revertidas ao seu tratamento. Dona Maria veio de Belo Horizonte para acompanhar

Henfil e Chico. A serenidade não escondia o sofrimento pelos filhos. Ia aos hospitais para confortá-los.

Em meados de novembro, as reações de Henfil desapareceram. Até o olhar permaneceu fora de sintonia.

Dilacerante paradoxo: um homem que viveu para se comunicar via-se impossibilitado de transmitir, de se fazer ouvir e compreender.

Nos dias que precederam o desfecho, o Brasil que Henfil amava perdidamente prosseguia na sua sina de república dos arranjos de cúpula, do clientelismo político e dos conchavos entre as elites — condenado à miragem de país do futuro. Fracassados os Planos Cruzado, Cruzado 2 e Bresser, o economista Mailson Ferreira da Nóbrega preparava-se para assumir o Ministério da Fazenda, prometendo — sob aplausos dos pesos pesados do empresariado e do mercado financeiro — uma política econômica no estilo "feijão com arroz". Receita simples com a qual o governo remanescente da Nova República atolaria o país numa deprimente hiperinflação. Na Assembleia Nacional Constituinte, o Centrão — agrupamento conservador montado para enfrentar as esquerdas nas questões centrais — antecipava sua oposição a uma reforma agrária ampla.

Se examinasse a conjuntura, Henfil balançaria a cabeça, em sinal de desaprovação. Como saldo positivo, possivelmente destacaria a consolidação do PT em vários estados. Mas, no limiar de 1988, Henfil sequer distinguia o cheiro doce das laranjeiras nem a fragrância dos cravos vermelhos. Inconsciente e tomando oxigênio para respirar (o processo infeccioso se alastrara pelos pulmões e pelas vias respiratórias), nem soube que o irmão Chico Mário fora internado, com Aids, em outro quarto do São Vicente de Paulo e de lá transferido para o Hospital Universitário do Fundão, sempre assistido pela mulher, Nívia.

Betinho, no extremo da amargura, dividia as preocupações entre Henfil e Chico Mário. Ligava de manhã cedo para saber dos dois. Com Chico, conversava. No caso de Henfil, precisava recorrer a

Lúcia ou a familiares. Cada vez que o telefone tocava em sua casa, Betinho sobressaltava-se — podia ser o pior. Mais tarde, ia vê-los pessoalmente; o percurso começava no São Vicente de Paulo e terminava no Fundão. "Um martírio diário", definiu o sociólogo. "Eu tinha que estar presente, e estava, mas meu impulso era sempre chorar. O sofrimento de meus irmãos foi indescritível. No caso do Henfil, a Aids se apoderou dele com uma violência brutal. Não me lembro de ter visto uma pessoa padecer tanto quanto ele."

Na tarde de verão de 3 de janeiro de 1988, o boletim médico informava que o estado de Henfil era gravíssimo, com infecções disseminadas, a principal delas no sistema nervoso central, pneumonia e hemorragia intestinal. Faltavam poucos dias para se completarem cinco meses de calvário. Henfil pesava menos de 40 quilos.

O bispo de Duque de Caxias, dom Mauro Morelli, amigo de Henfil (que carinhosamente o chamava de "o nosso bispo"), deixou o Hospital São Vicente de Paulo com saudade no peito. Ao chegar à Diocese, fixou o olhar no cartaz do Movimento Nacional Constituinte, idealizado por Henfil: a Bandeira Nacional formada em mutirão, nas cores verde, amarelo, azul e branco. Uma obra de construção da solidariedade, da igualdade e de formas participativas de vida, radicalmente fundamentada no combate à ganância, às desigualdades e às injustiças.

O último boletim saiu às 10h30 de 4 de janeiro de 1988, uma segunda-feira. Em coma profundo, Henfil já não respondia aos medicamentos. À noite, um grupo de humoristas promoveu, em sua homenagem, o show *Bomba H,* no auditório do projeto Leste 1, em São Paulo, com renda revertida para o Grupo de Apoio e Prevenção à Aids (Gapa). Jô Soares, Ronald Golias, Luis Fernando Verissimo, Paulo Caruso, Serginho Leite e Carlos Moreno, entre outros, prestigiaram o evento.

Às 20h50, a terrível agonia de Henfil cessou.

Carlito Maia, consternado, sugeriu que só se transmitisse a notícia da morte às 4.500 pessoas presentes no final do espetáculo. Coube ao apresentador Osmar Santos fazê-lo. A plateia emudeceu, todos puseram-se de pé. O show terminou com o auditório entoando a música "O bêbado e a equilibrista".

A cena de despedida no hospital durara segundos. Junto ao leito, duas enfermeiras notaram algo estranho no corpo imóvel: as pálpebras piscavam seguidamente, como se faíscas lhe turvassem a visão. Betinho, com os olhos inchados de chorar, entrou no quarto a tempo de ver o chamado.

As pálpebras serenaram, a gaiola se abriu e Henfil se foi.

EPÍLOGO

Uma multidão compareceu ao velório na capela 3 do Cemitério São João Batista, em Botafogo. Amigos, parentes, artistas, intelectuais, políticos, sindicalistas, fãs, a turma do *Pasquim,* o prefeito do Rio de Janeiro, Roberto Saturnino Braga, a cúpula do PT liderada por Luiz Inácio Lula da Silva, companheiros do Clube Mário Pedrosa, o líder comunista Luiz Carlos Prestes, o presidente da Academia Brasileira de Letras, Austregésilo de Athayde, e o governador do Distrito Federal, José Aparecido de Oliveira. A Central Única dos Trabalhadores (CUT) enviou telegrama de condolências à família: "Os 15 milhões de trabalhadores que representamos estão de luto. Perdemos Henfil, mas o seu trabalho, voltado sempre contra a injustiça e a opressão, jamais morrerá." Hélio Pellegrino singularizou o legado do cartunista, em artigo publicado pelo *Jornal do Brasil* horas após a morte: "O humor de Henfil é nossa vingança, nossa forma de soberania incorruptível, que nos faz livres, incondicionais, acima de dilacerações e rancores sem saída."

Dona Maria, abalada, permaneceu todo o tempo ao lado do caixão. O corpo foi encomendado por dom Mauro Morelli. Durante a cerimônia, frei Marcos, dominicano e amigo da família, leu o telegrama no qual o cardeal dom Paulo Evaristo Arns lamentava profundamente "a perda de um símbolo da resistência contra o regime opressor, que sempre denunciou injustiças e anunciou esperança". Um instante de comoção: numa cadeira de rodas empurrada pela mulher Nívia, Chico Mário, muito magro e abatido, chegou do Hospital Universitário do Fundão, onde estava internado, para acompanhar o sepultamento. Com os olhos vermelhos, ele protestou:

— Meu irmão foi assassinado, como eu também serei. (Chico Mário morreu de Aids 68 dias depois, aos 39 anos.)

O clima era de revolta contra a falta de controle governamental nos bancos de sangue. Na porta do cemitério, Ziraldo Alves Pinto colocou uma enorme faixa, por ele pintada, com os dizeres: "Salve o sangue do povo brasileiro." Funcionários da Fundação Oswaldo Cruz estenderam outra faixa: "Henfil não pode morrer em vão. Pelo controle estatal do sangue."

Betinho acusou o governo federal de responsável pela morte de Henfil. "Um governo sem vontade política de fiscalizar os bancos de sangue. Um governo que constrói usinas nucleares e não é capaz de se responsabilizar pela saúde da população. Essa morte não pode permanecer impune, porque, neste momento em que o Henfil está morto, muitos outros cidadãos estão contraindo a mesma doença, sem que ninguém tome uma providência." (Betinho morreu de Aids em 9 de agosto de 1997, aos 61 anos.)

Ao som do Hino Nacional e de "O bêbado e a equilibrista", cantados pelos presentes, a urna de madeira envernizada baixou à sepultura 33 da quadra 1 às 16h10m do dia 5 de janeiro de 1988, coberta pelas bandeiras do Brasil, do Partido dos Trabalhadores e do Flamengo. Com a voz embargada, Eduardo Suplicy gritou:

— Viva Henfil!

O vento suave fez ecoar por Botafogo uma calorosa salva de palmas.

* * *

Já muito doente, Henfil pediu a Humberto Pereira que contratasse Ricardo Gontijo para a equipe do *Globo Rural,* na Rede Globo de Televisão. Editor-chefe do programa, Humberto empenhou-se para atender o pedido, com o aval de Otto Lara Resende, então integrante da direção da emissora. Na última semana de 1988, Ricardo apresentou-se em São Paulo e Humberto o levou a conhecer as dependências da TV Globo, na praça Marechal Deodoro.

Quando passavam pela área envidraçada do Núcleo de Engenharia (ENG) — centro controlador de operações —, um dos monitores exibia imagens selecionadas para a retrospectiva do ano. Humberto e Ricardo extasiaram-se com a cena de 20 segundos fisgada por seus olhos.

— Você está vendo o que estou vendo? É aquele moleque! — exclamou Humberto.

— Não é possível! — espantou-se Ricardo.

Eram imagens de arquivo de Henfil, com a cidade de São Paulo ao fundo. O *zoom* da câmera foi se fechando até enquadrá-lo em primeiro plano. Com o belo sorriso nos lábios, Henfil acenava com a mão direita um insolente até breve.

Agradecimentos

Meus agradecimentos e gratidão aos 147 amigos, parentes, artistas, intelectuais e companheiros de geração (citados nas fontes consultadas) que generosamente prestaram depoimentos sobre o convívio com Henfil.

Agradeço o carinho e a paciência de Lúcia Hunold Lara, companheira de Henfil em seus últimos nove anos de vida. Dela vieram lembranças emocionadas, uma caixa de fotos, documentos, agendas, contatos, o fabuloso livro-caixa da Henfil Produções Limitada e até uma fita cassete com as músicas favoritas do marido.

Sou grato a Ivan Cosenza de Souza, filho único de Henfil. Atento à preservação da memória do pai, franqueou-me para consulta o arquivo pessoal que lhe coube como herança.

Obrigado aos amigos de Henfil que me cederam materiais documentais diversos, fotos, cartas e cartuns inéditos: Adair Rocha, Caio Mourão, Cândida e Fernando Bezerra, Edgar Moura, Enoch Domingos, Ignez Abreu, Ivanir Yazbeck, Jaime Rabacov, José Eduardo Barbosa, Leila Valente, Margarida Araújo Seabra de Moura, Marlete Coelho, Milton Coelho da Graça, Moacy Cirne, Nilson Adelino Azevedo, Nívia Souza, Rita Luz, Thomas Green Morton de Souza Coutinho e Woden Madruga.

Pelos estímulos e cooperações recebidos, sou muito grato a Carla Chaves Xavier, Fábio Lucas, Henrique Alberto de Medeiros Filho, José Carlos Monteiro, José Carlos Tedesco, Luiz Carlos Taveira (Luca), Maria Amélia Melo, Maria Carolina Bissoto, Francisco Pimenta de Moraes (meu pai, em memória), René Dreifus (em memória), Ricardo da Gama Rosa Costa e Simone Assad.

Agradeço, em especial, a Elisa Rosa, gerente editorial da José Olympio, que teve papel fundamental para que a nova edição chegasse aos leitores.

Este livro também é dedicado, afetuosamente, às minhas filhas Júlia Moraes de Oliveira e Lívia Assad de Moraes.

D. M.

Cronologia

1944
— Nasce Henrique de Souza Filho na família Souza, em Ribeirão das Neves, MG.

1949
— Vai morar na rua Ceará, próximo à Santa Casa da Misericórdia em Belo Horizonte. Nesse momento, o pai se dedica ao serviço funerário.

Década de 1950
— Ativismo em instituições católicas ligadas à Teologia da Libertação.

1960
— Começa a trabalhar fazendo entregas na loja de queijos do cunhado e posteriormente como office-boy.

1961
— Falece o pai de Henfil em decorrência de derrames cerebrais.

1962
— Vota pela primeira vez em eleições parlamentares.

1962

— Primeiro namorico com a colega de escola, Sara.

1962

— Estreou profissionalmente como cartunista na revista *Alterosa*.

1963

— Conclui o ginásio no Colégio Estadual Central de Minas Gerais, aos 19 anos.

1964

— Estreia dos personagens Os Fradinhos na revista *Alterosa*.

1964

— Fim da revista *Alterosa*.

1965

— Estreia no Segundo Caderno do *Diário de Minas*.

1965

— Ganha o troféu Cid Rebelo Horta de melhor cartunista do ano.

1966

— Lança *Hiroshima, meu humor*, na Livraria do Estudante.

1966

— Betinho é preso no Rio de Janeiro.

1968

— Demite-se do *Diário de Minas* e passa a colaborar no *Diário da Tarde* e na *Última Hora*.

1967

— Transfere-se para o *Jornal dos Sports*, na coluna Dois Toques, cujo tema deveria limitar-se ao futebol.

1967

— Muda-se para o Rio de Janeiro para trabalhar como cartunista no *Jornal dos Sports* e em *O Sol*.

1968

— Fim do jornal *O Sol*.

1968

— Casa-se com Gilda na Igreja de Santo Antônio, em Belo Horizonte.

1968

— Desenha para a revista *Pais e Filhos*, para o suplemento *O Centavo* (caderno humorístico de *O Cruzeiro*) e no suplemento semanal *O Manequinho* (criado pelo *Correio da Manhã*) e *O Paiz*.

1969

— Estoura como cartunista de projeção nacional, criando personagens como Urubu, Bacalhau, Pó de Arroz, Gato Pingado , Cri-Cri;
— Estreia *O Pasquim*;
— Nasce seu único filho Ivan Cosenza de Souza.

1970

— Publica em *O Pasquim* as famosas "Cartas para a mãe";
— Recebe o Troféu Velho Guerreiro, na *Discoteca do Chacrinha*, como melhor cartunista do ano;
— Estreia no *Jornal do Brasil*.

1971

— Em parceria com Caio Mourão Inventa o "Urubu de Prata" conferindo-o a personalidades da MPB.

1972

— Enterra a si mesmo no "Cemitério dos Mortos-Vivos";
— Cria Zeferino, Graúna e Bode Francisco Orelana;
— Criada a editora Codecri;
— Separa-se de Gilda.

1973

— Henfil se desliga da Codecri e muda-se com Berenice para os Estados Unidos;
— Circula a primeira edição da revista *Fradim*.

1974

— Decide interromper no número 6 a revista *Fradim*, prometendo só retornar quando pudesse desenhar com liberdade;
— Viaja a Toronto com a mãe para rever o irmão Betinho;
— Os Fradinhos estreiam no jornal *Philadelphia Inquirer*.

1975

— Retorna ao Brasil e ao Caderno B do *Jornal do Brasil*.

1976

— É lançado no *Pasquim* o personagem Ubaldo, o paranoico;
— Muda-se para Natal, no Rio Grande do Norte.

1977

— Assume a última página da *IstoÉ*;
— Visita a China para produzir uma série de reportagens;
— Ruth Escobar propõe ao diretor Fauzi Arap roteirizar e dirigir uma peça baseada nos quadrinhos de Henfil;
— Decide se mudar para São Paulo.

1978

— Fim do casamento de 7 anos com Berenice;

— Visita o México;

— Começam a sair na *Última Hora* as "Cartas para o primo Figuei-redo";

— Estreia o espetáculo *Revista do Henfil*, no teatro Galpão;

— Estreia na Oboré no número 31 (agosto de 1978) de *O Trabalhador Químico*, informativo do Sindicato dos Trabalhadores em Indústrias Químicas e Farmacêuticas de São Paulo.

1979

— Inicia a publicação das reportagens produzidas sobre a China;

— Começa o namoro com Lúcia Hunolt Lara;

— O *Jornal de Brasília* interrompe as "Cartas ao primo Figueiredo";

— O núcleo mineiro do Comitê Brasileiro pela Anistia concede a Henfil a Medalha Vladimir Herzog por seu empenho em favor dos direitos humanos;

— É promulgada a Lei da Anistia;

— Betinho retorna ao Brasil.

1980

— Lança pela Codecri o livro *Henfil na China*;

— Solidariza-se com os metalúrgicos, coordenando as doações entre artistas e intelectuais;

— Assina o manifesto de fundação do PT;

— Estreia em preto e branco o quadro *TV Homem*, parte do programa *TV Mulher*, na Rede Globo;

— Visita a Alemanha.

1981

— Publica, pela Codecri, *Cartas da mãe*;

1982

— Henfil e Lúcia casam-se;

— Termina seu quadro no *Tv Mulher*;

— Conhece o paranormal Thomas Green Morthon.

1983

— Publica pela Editora Record *Diário de um cucaracha*;

— Começa a colaboração diária para *O Globo*.

1984

— Inicia o roteiro do filme *Tanga*;

— Participa do Diretas Já.

1985

— Começam as filmagens de *Tanga*;

— É internado para uma cirurgia delicada na região abdominal assistido pelo cirurgião Jaime Rabacov, que acompanharia seu tratamento a partir de então;

— Fecha contrato com *O Estado de S. Paulo*. Publicaria cartuns no Caderno 2, o suplemento de artes e espetáculos prestes a ser lançado;

— Lança *Fradim de libertação*.

1986

— Passa por uma cirurgia de 12 horas para limpeza de um abcesso. Para o médico Gabriel Gonçalez, uma das operações mais complexas de sua carreira;

— É diagnosticado com HIV.

1987

— Vai a Pouso Alegre energizar-se com Thomaz Green Morton;

— *Tanga* conquista seis prêmios no 3º Rio-Cine Festival;

— A derradeira entrevista de Henfil chega às bancas na edição de agosto da revista *Ele & Ela*.

1988
— Falece em 4 de janeiro, no Hospital São Vicente de Paulo, no Rio de Janeiro.

Fontes consultadas

Depoimentos

Achilles Chirol; Adair Rocha; Affonso Romano de Sant'Anna; Alberto Dines; Albino Pinheiro; Aldir Blanc; Alex Nascimento; Alexandre Braz; Ana Arruda Callado; Angeli; Antonio A. Serra; Argemiro Ferreira; Arnaldo de Oliveira; Audálio Dantas; Berenice de Carvalho Batella Ribeiro; Bruna Lombardi; Cândida Bezerra; Caio Mourão; Carlito Maia; Carlos Alberto Afonso; Carlos Alberto Barreto; Carlos Bonecker; Carlos Vital de Magalhães Gomes; Cássio Loredano; Cecília Braga de Azevedo; Chico Caruso; Cláudio Paiva; dom Mauro Morelli; dom Paulo Evaristo Arns; Domingos Meirelles; Edgar Moura; Eduardo Matarazzo Suplicy; Elke Maravilha; Enoch Domingos; Ernâni Diniz Guerra (Nani); Expedito Rolla Guerra; Fábio Penna Lacombe; Fábio Lucas; Fausto Wolff; Fernando Bezerra; Fernando Gabeira; Ferreira Gullar; Fortuna; Francisco Julião; Frei Betto; Gabriel Gonzalez; Germana Travassos; Gilberto Mansur; Gildásio Westin Cosenza; Gilse Maria Westin Cosenza; Glauco; Graça Salgado; Herbert José de Souza (Betinho); Humberto Pereira; Ignez Abreu; Ilze Scamparini; Ione Cirilo; irmã Celeste; Ivan Cosenza de Souza; Ivanir Yazbeck; Iza Guerra; Jaguar; Jaime Rabacov; Janio de Freitas; Jayme Martins; Jeferson de Andrade; Joel Silveira; Joffre

Rodrigues; José Américo Dias; José Carlos Monteiro; José Carlos (Zeca) Passos; José Eduardo Barbosa; José-Itamar de Freitas; José Maria Mayrink; Laerte Coutinho; Lanfranco Vaselli (Lan); Leila Valente; Lélio Braga Granado; Lucas Mendes; Lúcia Hunold Lara; Lúcia Sweet; Luiz Inácio Lula da Silva; Marcello Cerqueira; Marcelo Monteiro; Márcio Rubens Prado; Margarida Araújo Seabra de Moura; Maria Cândida de Oliveira; Maria Christina Pinheiro; Maria da Glória Figueiredo de Souza; Marlete Coelho; Marly Granado; Martha Alencar; Maurício Azêdo; Mauro Borja Lopes (Borjalo); Miguel Paiva; Milton Coelho da Graça; Mino Carta; Moacy Cirne; Muniz Sodré; Nélio Dias; Nélio Rodrigues; Nilson Adelino Azevedo; Nilton Travesso; Nívia Souza; Osair Vasconcelos; Oswaldo Mendes; padre Jan Stasz; Paulo César Santos Teixeira; Paulo Francis; Paulo Nogueira; Paulo Romeu; Plínio de Arruda Sampaio; Ricardo Gontijo; Rita Luz; Robério Seabra de Moura; Roberto Drummond; Rogério de Souza Oliveira; Ronaldo Costa Couto; Ronaldo Mansur; Rosemary; Rossana Oliveira Baccarin; Rubens Corrêa; Ruy Castro; Sérgio Augusto; Sérgio Braga; Sérgio Cabral; Sérgio Gomes da Silva; Sérgio Motta Mello; Sérgio Ricardo; Sílvio Bezerra; Tárik de Souza; Teotônio Vilela Filho; Teresa Esmeralda (Lada); Theotonio dos Santos; Thomaz Green Morton de Souza Coutinho; Tomaz Aroldo da Mota Santos; Toni Campos; Venício A. de Lima; Vladimir Carvalho; Wagner Tiso; Walter Fontoura; Wanda Figueiredo de Souza; Woden Madruga; Zélia Maria Resende; Ziraldo Alves Pinto; Zuenir Ventura.

Acervos pesquisados

Arquivo da Clínica Bambina
Arquivo Digital da *Folha de S.Paulo*
Arquivo Digital de *O Estado de S.Paulo*
Arquivo Digital de *O Globo*

Arquivo Digital de *Veja*

Arquivo Digital do *Jornal do Brasil*

Arquivo da *Tribuna do Norte* (Natal — RN)

Arquivo da TV Brasil (Rio de Janeiro)

Arquivo de *O Dia*

Arquivo do Colégio Arnaldo (Belo Horizonte — MG)

Arquivo do *Jornal dos Sports*

Arquivo Nacional (Rio de Janeiro e Brasília)

Arquivo pessoal de Henfil

Arquivo Público do Estado de São Paulo

Arquivo Público do Estado do Rio de Janeiro

Arquivo Público Mineiro

Arquivo Sonoro da Rádio Jornal do Brasil

Biblioteca Bastos Tigre/Associação Brasileira de Imprensa

Biblioteca Central do Gragoatá/Universidade Federal Fluminense

Biblioteca Pública do Estado do Rio de Janeiro

Biblioteca do Centro Cultural Banco do Brasil

Biblioteca Nacional

Centro Cultural São Paulo/ Divisão de Pesquisas/Arquivo Multimeios

Centro de Documentação da Funarte

Centro de Documentação da Rede Globo de Televisão

Centro de Documentação e Memória (Cedem) da Universidade Estadual Paulista (Unesp)

Centro de Imprensa Alternativa e Cultura Popular do Instituto Municipal de Arte e Cultura do Rio de Janeiro (RioArte)

Centro de Pesquisa e Documentação de História Contemporânea do Brasil (CPDOC)/ Fundação Getúlio Vargas

Hemeroteca Digital Brasileira

Instituto Brasileiro de Análises Sociais e Econômicas (Ibase)

Museu da Imagem e do Som do Rio de Janeiro

Referências bibliográficas

Obras de Henfil (de acordo com as edições consultadas)

Publicadas em vida

Almanaque dos Fradinhos. 1ª ed. Rio de Janeiro: Codecri, 1971; 2ª ed., 1980.

Cartas da mãe. 3ª ed. Rio de Janeiro: Codecri, 1981.

Como se faz humor político. Depoimento a Tárik de Souza. Petrópolis: Vozes, 1984.

Diário de um cucaracha. 4ª ed. Rio de Janeiro: Record, 1983.

Diretas Já! Rio de Janeiro: Record, 1984.

Fradim. Rio de Janeiro: Codecri, 1973/1980. Números 1 a 31.

Fradim de libertação. Rio de Janeiro: Record, 1984.

Henfil na China (antes da Coca-Cola). 10ª ed. Rio de Janeiro: Codecri, 1981.

Hiroshima, meu humor. 3ª ed. São Paulo: Geração Editorial, 1994.

O sapo que queria beber leite! Rio de Janeiro: Livros do Maço, 1986.

Póstumas (de acordo com as edições consultadas)

A volta da Graúna. São Paulo: Geração Editorial, 1993.

A volta de Ubaldo, o Paranoico. São Paulo: Geração Editorial, 1994.

A volta do Fradim. 3ª ed. São Paulo: Geração Editorial, 1993.

Agenda do cidadão. Rio de Janeiro: Ibase, 1993.

Graúna ataca outra vez. São Paulo: Geração Editorial, 1994.

Henfil no Amazonas. Manaus: Superintendência de Cultura do Amazonas, 1996.

Henfil nas eleições. Rio de Janeiro: Ibase, 1994.

Urubu e o Flamengo. Organização de Ivan Cosenza de Souza. São Paulo: Editora 34, 1996.

A volta da Graúna. São Paulo: Geração Editorial, 2003.

A volta do Fradim: uma antologia histórica. São Paulo: Geração Editorial, 2003.

A volta de Ubaldo, o Paranoico: uma antologia histórica. São Paulo: Geração Editorial, 2003.

O melhor do Flamengo nas tiras de Henfil. Rio de Janeiro: Desiderata, 2007.

Urubu. Organização de Ivan Cosenza de Souza. Rio de Janeiro: Desiderata, 2007.

Sapo Ivan (série com vários títulos). Organização de Ivan Cosenza de Souza. Rio de Janeiro: Nova Fronteira.

Fradim (coleção com os 31 números da revista). Organização de Ivan Cosenza de Souza. Rio de Janeiro, Henfil — Educação e Sustentabilidade, 2013.

Obras coletivas

As anedotinhas do Pasquim. Rio de Janeiro: Codecri, 1979.

Catálogo da Feira de Humor. Rio de Janeiro: Museu da Imagem e do Som/ Sharp, 1979.

Dez em humor. Rio de Janeiro: Expressão e Cultura, s.d.

O Pasquim — Edição comemorativa dos 40 anos. Organização de Sérgio Augusto e Jaguar. Rio de Janeiro: Desiderata, 2009.

Pasquim: antologia, v. 1 (1969-1971), vol. 2 (1972-1973) e vol. 3 (1973-1974). Organização de Sérgio Augusto e Jaguar. Rio de Janeiro: Desiderata, 2006, 2007 e 2008.

Livros, artigos e teses

ALBUQUERQUE, Manoel Maurício de. *Pequena história da formação social brasileira.* Rio de Janeiro: Graal, 1981.

ALVES, Maria Helena Moreira. *Estado e oposição no Brasil (1964-1984).* 4ª ed. Petrópolis: Vozes, 1987.

ANTOLOGIA PRÊMIO TORQUATO NETO (ano I). Diversas manifestações da cultura alternativa nas décadas de 60-70. Rio de Janeiro: RioArte, 1984.

ANTOLOGIA PRÊMIO TORQUATO NETO (ano II). O poder da imprensa alternativa pós-64 — histórico e desdobramentos. Rio de Janeiro: RioArte, 1985.

AQUINO, Maria Aparecida. *Censura, Estado autoritário, imprensa (1968-1978). O exercício cotidiano da dominação e da resistência: O Estado de São Paulo e Movimento.* São Paulo: Edusc, 1999.

AUGUSTO, Sérgio. "Henfil (1944-1988). Que país foi este?" *Piauí*, Rio de Janeiro, nº 85, outubro de 2013.

BETTO, Frei. *Batismo de sangue: guerrilha e morte de Carlos Marighella.* 14ª ed. Rio de Janeiro: Rocco, 2006.

_____. *Lula: biografia política de um operário.* São Paulo: Estação Liberdade, 1989.

BOTAS, Paulo Cezar Loureiro. *A bênção de abril: memória e engajamento católico (1963-1964).* Petrópolis: Vozes, 1983.

BRAGA, José Luiz. *O Pasquim e os anos 70.* Brasília: Editora UnB, 1991.

CARVALHO, Ricardo (org.). *Resistir é preciso... : a imprensa alternativa no período 1964-1979.* São Paulo: Instituto Vladimir Herzog, 2010.

CAVALCANTI, Pedro Celso Uchoa; RAMOS, Jovelino (orgs.). *Memórias do exílio.* São Paulo: Livramento, 1978.

CECCON, Claudius. "Henfil, a alegria do povo", *Piracema.* Rio de Janeiro: Funarte, n. 3, 1994.

CHINEM, Rivaldo. *Imprensa alternativa: jornalismo de oposição e de inovação.* São Paulo: Ática, 1995.

CIRNE, Moacy. *História e crítica dos quadrinhos brasileiros.* Rio de Janeiro: Europa/ Funarte, 1990.

_____. *Quadrinhos, sedução e paixão.* Petrópolis: Vozes, 2001.

COUTO, Ronaldo Costa. *Tancredo vivo: casos e acaso.* Rio de Janeiro: Record, 1995.

DREIFUSS, René. *O jogo da direita.* Petrópolis: Vozes, 1989.

ECHEVERRIA, Regina. *Furacão Elis.* 2ª ed. São Paulo: Globo, 1994.

FERNANDES, Florestan. *A contestação necessária: retratos intelectuais de inconformistas e revolucionários.* São Paulo: Ática, 1995.

GONTIJO, Ricardo. *Sem-vergonha da utopia: conversas com Betinho*. Petrópolis: Vozes, 1988.

GORENDER, Jacob. *Combate nas trevas. A esquerda brasileira: das ilusões perdidas à luta armada*. 2ª ed. São Paulo: Ática, 1987

HOLLANDA, Heloísa Buarque de; PEREIRA, Carlos Alberto M. *Patrulhas ideológicas: arte e engajamento em debate*. São Paulo: Brasiliense, 1980.

KUCINSKI, Bernardo. *Jornalistas e revolucionários; nos tempos da imprensa alternativa*. 2ª ed. São Paulo: Edusp, 2003.

KUSHNIR, Beatriz. *Cães de guarda: jornalistas e censores, do AI-5 à Constituição de 1988*. 2ª ed. São Paulo: Boitempo, 2012.

MALTA, Márcio (Nico). *Diretas jaz, o cartunista Henfil e a redemocratização através das "Cartas da mãe"*. Niterói: Muiraquitã, 2012.

_____. *Henfil: o humor subversivo*. São Paulo: Expressão Popular, 2008.

MARCONI, Paolo. *A censura política na imprensa brasileira (1968- 1978)*. São Paulo: Global, 1980.

MELLO, Maria Amélia (org.). *20 anos de resistência: alternativas da cultura no regime militar*. Rio de Janeiro: Espaço e Tempo, 1986.

MORAES, Dênis de. *A esquerda e o golpe de 64*. 3ª ed. São Paulo: Expressão Popular, 2011.

NAPOLITANO, Marcos; CZAJKA, Rodrigo; MOTTA, Rodrigo Patto Sá (orgs.). *Comunistas brasileiros: cultura política e produção cultural*. Belo Horizonte: Editora UFMG, 2013.

RIDENTI, Marcelo. *Em busca do povo brasileiro: artistas da revolução, do CPC à era da TV*. 2ª ed. São Paulo: Editora Unesp, 2014.

RODRIGUES, Carla. *Betinho: sertanejo, mineiro, brasileiro*. Rio de Janeiro: Planeta, Planeta, 2007.

SOUZA, Maurício Maia de. *Henfil e a censura: o papel dos jornalistas*. Dissertação de mestrado em Ciências da Comunicação na Escola de Comunicações e Artes da Universidade de São Paulo, 1999

Índice onomástico

I Semana de Cultura Nordestina, 169
III Olimpíada do Exército de 1972, 92
V Salão de Humor de Piracicaba, 180, 245
XI Congresso do PC, 164

Abel Rodrigues Avelár, 65
Ação Católica, 10, 29
Ação Libertadora Nacional (ALN), 57
Ação Popular (AP), 34, 44, 115, 162
Adail (desenhista), 62,68
Adair Rocha, 320-321, 357
Ademar Guerra, 181-182, 185
Adolpho Bloch, 91
Adrelírio Rios, 332
Affonso Romano de Sant'Anna, 42, 51
Alberto Dines, 99
Alberto Eça, 73
Albino Pinheiro, 85
Alcindo (desenhista), 62
Aldir Blanc, 214, 217
Aldo Arantes, 34

Alemanha, 49, 67, 261, 294, 363
Alex Vallauri, 329
Alexandre Braz, 31
Alfa Publicidade, 33
Alfredo Ceschiatti, 23
Aliança Democrática, 295, 297, 299, 301-302, 308, 311-312
Alípio de Freitas, 38-39, 41-42, 47-49, 104, 360
Almanaque dos Fradinhos, 104, 261, 371
Altair de Souza, 73-75
Alterosa (revista), 375
Amaral Neto, 91, 94, 304
Amintas Barros, 154
Ana Arruda, 62, 86
Anderson Campos, 68
André Carvalho, 51
Angeli, 190, 192, 201-202, 205-206, 227-228, 230, 243
Antonio Callado, 85
Antonio Candido, 255Antônio de Pádua Chagas Freitas, 72

Antônio Otávio Cintra, 52
Apolônio de Carvalho, 255, 320
Aquiles (do MPB-4), 320
Argentina, 46, 117, 159
Arnaldo (cunhado), 19-20, 26, 33, 72, 128, 203, 231
Arotxarena, 261
Assembleia Constituinte, 19, 181
Associação Brasileira Beneficente de Reabilitação (ABBR), 107, 314, 329
Associação dos Artistas Gráficos de São Paulo (Agraf), 218
Associação dos Hemofílicos de Nova York, 129
Atlético Mineiro, 41, 70
Ato institucional nº 05 (AI 5), 68
Auditoria Militar de Juiz de Fora, 113
Augusto Boal, 320
Aureliano Chaves, 296
Austregésilo de Athayde, 353
Automóvel Clube, 43

Baby Consuelo, 326
Bacalhau (Vasco), 70-71, 101, 361
Baixinho, 48-49, 75-78, 85, 90, 97, 104, 105, 136
Banco Nacional de Minas Gerais, 37
Bando dos Quatro, 163, 165
Barão de Itararé (Aparício Torelly), 323
Belchior, 237
Berenice de Carvalho Batella Ribeiro (Bê), 107-108, 124-126, 128-129, 132, 139-140, 142, 145, 151,153, 155, 162-163, 166, 169-177, 182, 211, 219-220, 348, 362-363
Bete Mendes, 311
Betinho, 10, 21, 23-26, 29-31, 33-34, 37, 38, 40, 42-47, 49, 55-57, 67, 115-117, 120, 127, 132, 135, 140-141, 161-162, 167, 173, 179-180, 186, 205, 207, 215, 217, 247-253, 283-284, 288, 309, 328, 331, 337-339, 342, 346-351, 354, 360, 362-363, 367
Biafra, 98
Bibi Ferreira, 91
Bispos do Brasil, 166
Bloch Editores, 128
Bocaiúva, 20, 21, 30
Bode Orelana (personagem), 14, 103, 124, 143, 146, 151,182, 217, 238, 341
Bolívar Lamounier, 34
Bomba H, 350
Boris Casoy, 242
Bosc (desenhista), 38, 40
Brazilian Trade Bureau, 125, 128
Brigada de paraquedistas, 83
Bruna Lombardi, 211

Cabôco, 92-93, 95
Cacá Diegues, 236-238
Caetano Veloso, 235, 239-240
Caio Mourão, 94, 340, 357, 361
Calabouço, 68
Campo dos Afonsos, 83

Cândida, Candinha, 154-155, 172, 231, 251, 357

Candido Portinari, 23

Canecão, 196-197, 212

Carapuça, 73

Carlinhos Wagner, 38

Carlito Maia, 167, 179, 269, 317, 351

Carlos Alberto Barreto, 319-321, 367

Carlos Alberto Libânio Christo, frei Betto,10, 31, 318, 320, 367

Carlos Alberto Ratton *ver* Baixinho, 48

Carlos Bonecker, 315, 347

Carlos Caldeira Filho, 241

Carlos Diegues *ver* Cacá Diegues

Carlos Drummond de Andrade, 26, 101

Carlos Eduardo Novaes, 245

Carlos Estêvão, 35

Carlos Heitor Cony, 62, 69, 85

Carlos Imperial, 90

Carlos Lamarca, 120

Carlos Marighella, 57, 62

Carlos Moreno, 350

Carlos Zéfiro, 39

Carlyle Guimarães Cardoso, 58

Carmen (irmã), 21

Carmo Chagas, 38

Cartas da mãe (1981), 267, 270, 363

Cartum JS, 62-64, 68, 74, 201

Catulo da Paixão Cearense, 24

Caulos, 101, 179

Cecília Meireles, 341

Cemitério dos Mortos-Vivos, 90-91, 93-95, 196, 207, 213, 220

Cemitério São João Batista, 353

Central do Brasil, 45

Central Única dos Trabalhadores (CUT), 44, 353

Centro Comercial Arcângelo Maletta, 42, 49

Centro de Estudos Cinematográficos (CEC), 42

Centro de Informações da Aeronáutica (Cisa), 120, 207

Centro de Informações da Marinha (Cenimar), 55, 116

Centro de Memória Sindical, 221

Centro Popular de Cultura da UNE, 42

César Camargo Mariano, 212

César Pereio *ver* Bode Orelana

Chang Chun-qiao, 163

Charlie Brown (personagem), 124

Chase Manhattan, 80

Chaval, 38

Chiang Ching, ₁63

Chicago Tribune, 138-139

Chiclete com Banana, 230

Chico Buarque, 75, 84-85, 94, 194

Chico Caruso, 190, 261, 322

Chico Mário, 21, 23-24, 47, 66-67, 205, 214, 315, 331, 338, 348-349, 354

Chile, 41, 117, 120, 127

China, 57, 162-166, 171-172, 176-177, 294, 362-363, 371

Chopin, 24

Chuvas de verão, 236

Cid Horta, 38

Cine Palácio, 62

Cineclube do CEC, 54, 287

City Hospital, 130

Clarice Lispector, 91, 101

Cláudio Galeno Magalhães Linhares, 42

Cláudio Lembo, 198

Cláudio Paiva, 322-323

Cláudio Petraglia, 182

Claudius Ceccon, 62, 68, 73, 87

Clínica Bambina, 316, 330, 333, 336, 347, 368

Clodovil Hernandez, 264

Clube Mário Pedrosa, 319-321, 327, 353

Codecri, 87, 88, 104, 105, 147, 166, 261, 270, 362-363, 371-372, 377-378

Colégio Arnaldo, 26-27, 72, 128-129

Colégio de Aplicação da Faculdade de Filosofia da Universidâde Federal de Minas Gerais, 27

Colégio Eleitoral, 180, 284, 295-301, 305-306, 309, 311-312

Colégio Estadual de Minas Gerais, 27

Colégio Lúcio Santos, 27

Colégio Marista, 31

Colégio Militar, 26

Colégio Santa Maria, 22

Comando de Caça aos Carecas (CCC), 90

Comissão Mista do Congresso, 279

Comitê de Defesa do Crioléu *ver* Codecri

Comitê pela Anistia, 186

Companhia Cervejaria Antarctica, 58

Comuna Popular Rural de Tachai, 163

Comunidades Eclesiais de Base, 257

Concílio Vaticano II, 33

Confederação Brasileira de Desportos, 91

Congresso da UNE (1968), 68

Conjunto da Pampulha, 23

Conselho Administrativo de Defesa Econômica (Cade), 261

Conselho Indigenista Missionário (Cimi), 191

Constituição de 1946, 202

Consulado do México no Rio, 57

Contagem (distrito), 23

Coojornal, 118

Copa de 1970, 91

Copa do Mundo de 1962, 41

Copacabana, 54, 69, 88

Corina Mourão, 110-113

Corinthians, 297

Corisco (personagem), 102

Coro da Caatinga, 182, 185

Correio Braziliense, 285, 296

Correio da Manhã, 74, 97, 361

Correio de Minas (jornal), 37, 43

Costa e Silva, 61

Cri-Cri (Botafogo), 70-71, 101, 361

Cristina Pereira, 342

Cruz Vermelha, 130

Cruzeiro (time), 26, 58, 70

Cumprido (personagem), 322, 48-49, 75-78, 137 167, 170, 173, 176-177, 226, 275, 287, 309-310, 322, 337, 354, 367

Dan Griffin, 136

Daniel Filho, 291

Darcy Penteado, 329

Darcy Ribeiro, 55, 78

David Nasser, 91

Delegado Flores, 89

Delfim Netto, 304

Deng Xiao-ping, 164

Departamento de Correios e Telégrafos (DCT), 45

Deraldo Padilha (delegado), 69

Detroit News, 138-139

Deus e o Diabo na Terra do Sol, 102

Diário de Minas (jornal), 49, 51, 53-54, 57-58, 62, 201, 305, 327, 360

Diário de um cucaracha, 124, 177, 270-271, 364, 371

Dias Gomes, 266

Dick Tracy (personagem), 124

Diners, 93

Diretas já, 161, 295, 297, 299, 303, 306

Diretório Acadêmico da Faculdade de Ciências Econômicas, 34

Discoteca do Chacrinha, 97, 361

Discotec-sound, 157

Distribuidora Imprensa, 73

DM2, 49, 51

DOI-Codi, 82, 117, 147-148, 249, 262

Dois pontos (semanário), 256

"Dois toques", 58, 361

dom Mauro Morelli, 350, 353, 367

Domingo (revista), 240-241, 321

Don Martin, 73, 76

Dona Maria (mãe), 145, 159-161, 167, 205, 231, 247, 250-251, 267, 288, 296, 327, 348, 353-354

DOPS, 46, 55-56, 112, 120, 148, 186, 249

Dostoievski, 29

dr. Fringer, 123

Edgar Moura, 289, 327, 342, 357, 367

Editora Abril, 49, 261

Editora do Professor, 53

Editora Record, 288, 364

Edson Luís de Lima Souto, 68

Eduardo Mascarenhas, 263

Eduardo Suplicy, 317, 354

Educandário Dom Bosco, 26

Ele & Ela, 343, 365

Eliane Falcão, 320

Elis Regina, 92, 191, 196, 211, 212, 224, 250

Elomar, 102

Emenda Dante de Oliveira, 298-299

Emmanuel Mounier, 31

Enoch Domingos, 357

Eny Raimundo Moreira, 251

Erlon Chaves, 91

Ernesto Geisel (general), 84, 184

Ernesto Nazareth, 24

Escola Parque, 187

Esta é a sua vida, 287

Estados Unidos, 88, 120, 123, 135, 140-141, 143-144, 150, 201, 227, 290, 324-325, 328-329, 362

Estrela de alto-mar (livro-guia), 32

Eugênio Gudin, 90

Euler Bentes Monteiro, 180

Evandro Lins e Silva, 69

Evaristos Arns, 251

EX (revista), 64

Expedito Rolla Guerra (médico), 24

Exposição Comemorativa do 50º Aniversário do Exército de Libertação, 165

Ezequiel Neves, 51

Fafá de Belém, 286

Fantástico, 328

Fausto Wolff, 291

Fauzi Arap, 168

Federico Fellini, 289

Feira de Caruaru, 156

Fernando Bezerra, 156

Fernando Gabeira, 367

Fernando Gasparian, 88

Fernando Henrique Cardoso, 197

Fernando Sabino, 26

Festival de Cinema de Natal, 341

Festival Internacional da Canção (FIC), 62

Fichel Davit Chargel, 64

Fidel Castro, 33

Fiesp, 242

FIFA, 220

Filomena (irmã), 67, 205

Finlândia, 63

Flamengo (bairro), 45, 56, 72, 79

Flamengo (time), 64, 70-71, 297, 326, 354, 372

Flávio Cavalcanti, 90

Flávio Império, 329

Flávio Marcilio, 304

Flávio Marcio, 49

Flávio Rangel, 83, 85

FNDE, 291

Folha da Diocese do ABC, 191

Folha da Manhã, 241

Folha de Minas, 43

Folha de S.Paulo,12, 206, 236-237, 240-241, 243, 287, 305, 368

Folhetim (suplemento), 240-243

Fort Wayne, 138-139

Fortuna, 52-53, 62-63, 68, 74, 76, 80, 82, 84, 87, 126, 143, 367

Fradim (revista), 104, 133, 147, 150, 157, 167, 176, 209, 341, 362, 371

Fradim de libertação, 322, 344, 364, 371

França, 29, 67

Francisco Caminha, 320

Francisco de Oliveira, 255

Francisco Julião, 179, 203, 288, 367

Francisco Lage, 43, 48

Francisco Mário *ver* Chico Mario

Francisco Orelana (personagem), 101-102, 362

Franco Montoro, 198

Frederico (filho de Margarida de Moura), 156

380

frei Chico, 31, 193

frei Mateus Rocha, 29-31, 231, 274

Fundo Monetário Internacional, 181, 284, 293, 296

Furacão Elis, 196

Gabriel Gonzalez, 315, 317, 324, 329-330, 332, 334-335, 340, 367

Gal Costa, 219

Garry Trudeau, 136

Gato Pingado (América), 70-71, 361, 387

Gaviões das Diretas, 297

Gazeta Mercantil (grupo), 295, 305

Gazeta Mercantil, 206

Geraldo Sigaud, 91,

Germana Travassos, 162, 367

Gérson, 203

Gilberto Freyre, 90

Gilberto Gil, 235, 238

Gilberto Mansur, 51, 367

Gilda Westin Cosenza, 59, 65-66, 86, 97, 105, 109-115, 118-120, 132, 339, 347, 361-362

Gildásio Cosenza, 111-112, 118-120, 147-149, 324, 367

Gilse Maria, 59, 65, 109, 339, 347, 367

Glauber Rocha, 84-85, 102, 235, 237

Glauco, 201-203, 205, 206, 211, 218, 228-230, 367

Globo Rural, 354

Globo-Ipanema,321, 343

Glória Menezes, 92

Glorinha, 67, 205

Golbery do Couto e Silva, 146, 199, 235

Goreti (bairro),66, 380

Graça Salgado, 105, 120, 367

Grande Revolução Cultural, 162

Grande Teatro Lurdes, 43

Graúna (personagem), 14, 101-102, 105-10, 124, 143, 146-147, 151, 156, 182, 184, 193, 195, 202, 212, 217, 221, 233, 238, 302, 308, 340-341, 362, 371-372

Grupo Escolar Pedro II, 24

Guajajaras, 42

Guerra é guerra (livro), 53-54, 63, 73

Guerra e Paz (livro), 85

Guilherme Pereira do Rosário, 262

Guillermo O'Donnell, 301

Gustavo Corção, 90

Guy de Almeida, 51

Havana, 57, 103

Hebe Camargo, 91, 220

Heitor de Aquino, 304

Hélder Câmara, 81

Hélio Bicudo, 251, 259

Hélio Pellegrino, 291

Helio Silva, 251

Henfil do Bofe, 322

Henfil na China (livro), 363

"Henfil Luc", 222

Henfil Produções Limitada, 341

Henfil sós, 54

Henfil's boy, 206

Henrique de Lima Vaz (padre), 34

Herbert de Souza *ver* Betinho

Hermenegildo Sábat, 261
Hermes Lima, 69
Herr Walkyria von Mariemblau, 290
Higienópolis, 176, 178, 204, 222
Hiroshima, meu humor, 54, 360, 371
Hiroshima, mon amour, 54
Hong Kong, 165, 270
Hospital das Clínicas, 56, 110, 318-319
Hospital dos Servidores, 55
Hospital Psiquiátrico Pinel, 46
Hospital São Vicente de Paulo, 315-316, 346-347, 350, 365
Hospital Universitário do Fundão, 344, 349, 354
Hotel Del Rey, 59
Hotel Fernandão, 275-276, 345
Hotel Pampas Palace, 199
Hubert, 322-323
Humberto Pereira *ver* Cumprido

Iate Clube, 23
Ibiúna, 68
Ignez Abreu, 38
Igreja Católica, 33
Igreja de Santo Antônio, 65, 361
Igreja de São Francisco, 23
Ilusão à toa, 213
Inês Etienne Romeu, 42
Instituto Brasileiro de Análises Sociais e Econômicas (Ibase), 251, 253, 283, 369, 371-372
Instituto de Criminalística, 187
Instituto de Hematologia Santa Catarina, 314, 338

Instituto de Pesquisas e Estudos Sociais (Ipes), 43, 381
Instituto Pasteur, 325, 381
Interview, 265
Ione Cirilo, 176, 196, 211-213, 217, 233, 367
Ipatinga, 66, 109
Irmãos Marx, 42
Isaac Karabtchevsky, 42
IstoÉ (revista), 37, 159-162, 165, 167, 176, 196, 221, 239, 247, 261, 278, 286, 288, 293-297, 299-300, 303, 305-309, 362
Ivan Ângelo, 38, 51
Ivan Chagas Freitas, 72, 104, 123, 146
Ivan Cosenza de Souza (filho), 85-86, 357, 367, 372
Ivan Labelle, 104, 141, 146, 208-209
Ivan Lessa, 80, 87, 124, 323
Iza Guerra, 140, 143, 173, 233, 327, 337, 339, 347

J. Silvestre, 91
Jacob do Bandolim, 24
Jaguar, 15, 52-54, 62-63, 68, 73-85, 87, 124-125, 131, 169-170, 179, 208, 270, 323, 342, 367, 372
Jaime Prates, 190
Jaime Rabacov, 316
Jânio da Silva Quadros, 34, 304
Janio de Freitas, 102, 282, 320, 367
Jarbas Juarez, 40, 42
Jardim América (bairro), 67
Jayme Martins, 163

Jean Manzon, 91

Jece Valadão, 91

Jeferson de Andrade, 288, 302, 342, 367, 382

Jô Soares, 243, 350

João Alves de Lima, 126

João Baptista Figueiredo,180, 304

João Bosco, 214-217

João Carlos Magaldi, 317

João do Vale, 169

João Ferrador (personagem), 193

João Havelange, 91

João Ubaldo Ribeiro, 169-170

João XXIII (papa), 31

Joaquinzão, 254, 255

Joel Silveira, 69, 70

Joffre Rodrigues, 288

Jorge Guinle Filho, 329

Jornal da Globo, 271-272, 323

Jornal da Lapa, 267

Jornal da República, 181

Jornal da Tarde, 51, 97, 184

Jornal de Brasília, 181, 240-241, 363

Jornal do Brasil, 43, 51, 53, 83, 93, 98, 104, 113, 131-133, 143, 146-147, 154, 176, 216, 238, 240, 323, 353, 361-362

Jornal do Comércio, 326

Jornal dos Sports, 58-59, 62-64, 69-70, 72-75, 83, 97-98, 101, 201, 361, 369

José Ângelo Gaiarsa, 263

José Aparecido de Oliveira, 37, 318, 353

José Bonifácio de Oliveira Sobrinho, o Boni, 266

José Carlos (Zeca) Passos, 155, 156, 368

José Carlos de Oliveira, 101

José Carlos Dias, 249, 251, **288**

José Carlos Monteiro, 179, 293, 358, 368

José de Magalhães Pinto, 37, 49

José Eduardo Barbosa, 88, 103, 123-124, 126, 131-132, 135, 144, 288, 357, 368

José Eudes, 311

José Maria (irmão hemofílico), 21

José Maria Alkmin (político, primo da mãe), 23

José Maria Mayrink, 38, 368

José Ramos Tinhorão, 239

José Salomão David Amorim, 38

José Sarney, 300, 302, 304, 322, 327

José Serra, 34

José Sette Câmara, 99

José Vieira Madeira, 184

José-Itamar de Freitas, 271

Josué Montello, 58-59, 62-64, 69-70, 72-75, 83, 97-98, 101, 201, 361, 369

Jota, 190

Juiz de Fora, 93, 94, 112-113,

Juliana (filha de Gilse),110-115, 347-348

Juventude Estudantil Católica (JEC), 29

Juventude Independente Católica (JIC), 29

Juventude Operária Católica (JOC), 29

Juventude Universitária Católica (JUC), 29

King Features Syndicate, 136, 383

Klauss Vianna, 42

Kubanin, 287, 290

L. J. Lebret, 31

L'Action Catholique, 29

Ladeira do Sol, 153

Laércio Campos, 58

Laerte Coutinho, 189, 368

lago do Parque Municipal, 27

Lanfranco Aldo Ricardo Vaselli Cortellini Rossi Rossino, 98

Le Devoir, 140-141

Leandro Konder, 10

Legião Brasileira de Assistência (LBA), 43, 46, 340

Lei de Segurança Nacional, 61, 167, 197, 237, 248, 306

Leila Valente, 105, 108, 233, 289, 328, 339, 357, 368

Leilane Neubarth, 323

Lélia Abramo, 255

Lélio Granado, 275, 281, 341, 344-345

Leon Hirszman, 329

Leonardo Boff, 322

Leonel Brizola, 34, 44, 55, 57, 253, 270

Lições de graça (seção de quadrinhos), 51

Ligas Camponesas, 179

Liu Shao-qi, 164

Livraria do Estudante, 55, 360

Livro negro da ditadura, 118

LSN, 200

Luc Montagnier, 325

Lucas Mendes, 26, 128, 143

Lucélia Santos, 320

Lúcia Hunold Lara, 221, 357, 368, 221-229, 231-234, 253, 256, 267, 272, 274, 277, 283, 287-289, 297, 305, 309, 313, 315-319, 328, 331-332, 337, 339-340, 344-346, 350, 357, 363-364, 368

Lúcio Nunes, 37

Luc-Luc *ver* Lúcia Hunold Lara

Luis Fernando Verissimo, 179, 249, 243, 350

Luiz Carlos Maciel, 82, 85, 87

Luiz Carlos Prestes, 44, 239, 353

Luiz Fernando Emediato, 326, 341

Luiz Inácio Lula da Silva (Lula), 167, 190, 192-195, 197-200, 251, 253-260, 267-268, 278, 283, 286, 300, 309, 311-312, 317 353, 368, 383

Luiz Jatobá, 126

Luiz Pinguelli Rosa, 320

Macron (agência de publicidade), 58

Mad Monks, 138-139

Madame Satã, 78

Madrigal Renascentista, 42

Magro (Do MPB-4), 320

Mailson Ferreira da Nóbrega, 349

Manchete(revista), 48, 128, 151, 220

Manequinho (suplemento semanal), 68, 74, 361
Mao Tsé-tung, 55, 162
Maracanã, 65, 71, 75, 101
Marcello Cerqueira, 279, 281-282, 368
Márcio Rubens Prado, 58, 368
Marco Antônio de Menezes, 51
Marco Maciel, 186
Marcos de Vasconcellos, 185
Marcos Flaksman, 182
Margarida Araújo Seabra de Moura, 126, 155-156, 357, 368
Maria Augusta Figueiredo (avó), 20
Maria Cândida (irmã), 19-22, 67, 89, 117, 203-205, 214, 219, 224-225, 231
Maria Carneiro da Cunha, 12
Maria da Conceição (irmã mais velha, primogênita), 19-23
Maria da Conceição (mãe) *ver* D. Maria
Maria da Glória (irmã), 21
Maria Edicy Moreira, 241
Maria Helena Dutra, 239
Maria Helena Salles, 342
Maria Leal, 19, 23
Maria Lúcia Godoy, 42
Maria Nakano, 135, 179, 251
Márika Gidali, 182
Marília Gabriela, 262-264, 272
Marília Pêra, 92
Marina Colasanti, 384
Mário Alberto, 306
Mário Andreazza, 296
Mário Filho, 62
Mário Júlio Rodrigues, 64
Markito, 324
Marlete Coelho, 128, 137-138, 171, 328, 357, 368
Marli, 341, 344
Marta Suplicy, 263
Martha Alencar, 62, 81, 87, 368
Martha Paiva, 84
Mater et Magistra (encíclica papal), 31
Maurício Azêdo, 64, 69, 72, 288, 368
Maurício Kubrusly, 239
Maurício Maia, 202, 231, 305
Mauro Borja Lopes (Borjalo), 35, 38, 47, 62, 368
MDB, 128, 142-143, 148, 154, 166-167, 180, 198-199, 251, 279
Menestrel das Alagoas *ver* Teotônio Vilela
Michel Foucault, 329
Miguel (marido de Marlete), 136-137
Miguel Arraes, 44
Miguel Gustavo, 91
Miguel Lins, 179, 384
Miguel Paiva, 74, 83-84
Mikhail Baryshnikov, 232
Millôr Fernandes, 237, 322
Milton Coelho da Graça, 357, 368
Milton Nascimento, 43, 62, 219
Minas Gerais, 19, 27, 33, 37, 76, 101, 109-110, 145, 273, 300, 360
Mineirão, 58
Ministério da Indústria e Comércio, 160

Mino Carta, 159-160, 162, 165, 181, 295, 368

Miranda Castro, 37

Miriam Limoeiro, 320

Moacir Japiassu, 38

Moacy Cirne, 20, 103, 147, 357, 368

Moacyr Dalla, 304

Montes Claros, 21

Movimento (revista), 64

Movimento Nacional Constituinte, 350

Murilo Reis, 73-74, 87

Muriú, 155-156, 168

Museu da Imagem e do Som, 179, 271, 369, 372

Nações Unidas, 253

National Lampoon, 136

Nei Dias, 155

Neiva Moreira, 55

Nélio Dias, 156, 368

Nélio Rodrigues, 61, 83, 368

Nelsinho Rodrigues, 320

Nelson Rodrigues Filho, 58, 90

Nelson Rodrigues, 58, 90, 94

Newton Cruz, 304

Nilson Adelino Azevedo, 357, 368

Nilton Santos, 41

Nilton Travesso, 262-264, 266, 268, 271, 368

Nívia Souza, 67, 339, 357, 368

Nouvelle Vague, 42, 287

Nova Jerusalém, 156

Novo Testamento, 36

"O bêbado e a equilibrista", 214-215, 217, 228, 250, 351, 354

O Bicho, 143

O Centavo, 68, 74, 361

O Cruzeiro (revista), 35, 38, 41, 68, 71, 74, 361

O Dia, 104

O encouraçado Potemkin, 289

O Estado de Minas, 43

O Estado de S. Paulo, 11, 163, 168, 236, 326, 341, 343, 364, 368

O Globo, 10, 91, 94, 159, 293-294, 297, 308-309, 321-322, 327, 341, 343, 354, 364, 368

O Jornal, 63

O Paiz (de Ruy Barbosa), 70

O Paiz (jornal), 69, 361, 385

O Pasquim, 64, 72-79, 81-85, 87-90, 93-94, 97-98, 104, 106-107, 116-117, 123-125, 127-128, 131-132, 137-138, 142, 145, 150, 153, 161, 165, 176-177, 179-181, 193, 196, 201, 218-219, 221, 223, 228, 237, 239, 249, 254-255, 261-262, 266, 270, 283, 289, 293, 307, 314, 322-323, 342, 353, 361-362

O Planeta dos Homens, 166, 264

O São Paulo, 142, 191

O Sol, 59, 62-64, 84, 97, 120, 361

O Trabalhador Químico, 191, 363

Oboré, 189-192, 194, 197, 202, 206-207, 218, 221, 222, 225, 254-255, 363

Octavio Frias de Oliveira, 90, 241

Oduvaldo Vianna Filho, 266

Olinda, 81

Olívio Tavares de Araújo, 51

Olympio Mourão Filho, 45

Opinião (revista), 64, 88, 93, 146, 236, 280

Ordem dos Advogados do Brasil, 166, 262

Ordem dos Dominicanos, 29

Organização Latino-Americana de Solidariedade (OLAS), 57

Organização Mundial de Saúde, 328

Orlando Araújo Henriques, 125

Orlando Geisel, 83

Orlando Henriques, 128, 177

Orquestra de Waldir Calmon, 32

Os incríveis, 91

Os Trapalhões, 77

Oscar Niemeyer (arquiteto), 23, 78

Osmar Prado, 320

Osmar Santos, 351

Osvaldo Cardinatto, 193

Oswaldo Mendes, 180-181, 241-243, 368

Otávio Correia, 61, 83

Otto Lara Resende, 85, 179, 355

Otto Maria Carpeaux, 53

Pais & Filhos, 68

Palácio das Artes, 186

Palácio do Planalto, 37, 149, 241, 245, 285, 298

Palácio Jaburu, 297

Palácio Piratini, 34

Paraguai, 46, 117, 386

Paris Match (revista), 38, 41, 172, 325

Paris, 165, 172, 325

Partido Democrático Trabalhista (PDT), 253

Partido dos Trabalhadores (PT), 198-200, 207, 253-259, 268, 280, 282, 286, 297, 300-301, 306, 309, 311-312, 317, 319-321, 349, 353-354, 363

Passeata dos cem mil, 68, 196

Pastorais Operárias e da Juventude, 167

Paulinho (vizinho) *ver* Paulo César Santos Teixeira

Paulo Caruso, 190, 350

Paulo César Santos Teixeira, 24, 36, 45, 368

Paulo Francis, 80, 82, 85, 124-127, 140, 143, 171, 291

Paulo Francis, 80, 82, 85, 124-127, 140, 143, 171, 291, 368

Paulo Gracindo, 92

Paulo Haddad, 34

Paulo Mendes Campos, 85

Paulo Nogueira, 54, 368

Paulo Romeu, 302

Paulo Salim Maluf, 304

PCB, 34, 62, 148, 189-190, 207, 229, 235, 254, 281, 300, 305-306, 309, 386

Pedro Henrique de Paiva, 314

Pedro Pellegrino, 320

Pelé, 91-92

Penitenciária Agrícola de Ribeirão das
Neves, 23
Penitenciária Barreto Campelo, 186
Penitenciária de Linhares, 112
Penitenciária Lemos de Brito, 186
Penthouse, 136
Pepeu Gomes, 326, 386
Pequim, 162-163, 177
Pererê (revista), 35, 54
Petchó, 190, 222
Petrônio Portella, 184-185
Philadelphia Inquirer, 138-139, 362
Pif-Paf, 52, 74
Pinzon, 102
Pirapora, 20, 30
Pixinguinha, 24, 94
Placar, 72, 102
Planeta Diário, 322-323
Playboy, 136, 219, 238, 240, 387
Plínio Corrêa de Oliveira, 91
Plínio de Arruda Sampaio, 255, 257,
301, 368
Plínio Salgado, 91
Pó de Arroz (Fluminense), 70-71, 101,
361
Pô de Souza (personagem), 90
Politika (semanário), 88
Ponce de Leon Antunes, 38
Ponta do Morcego, 151, 153-154
Pontifícia Universidade Católica, 66,
289, 331
Porto Alegre, 34
Pouso Alegre, 273, 275-277, 281, 314,
326, 340, 344-346, 364

Preto-que-Ri (personagem), 89, 228
Princípios para a ação, 31
Projeto Emergência, 283-284
PTB, 34

Rachel de Queiroz, 91
Rádio Itatiaia, 53
Rafael de Carvalho, 182
Raul Cruz Lima, 276
Ravel, 91
Ray Conniff, 32
Redi, 62, 68
Regina Echeverria, 196, 216,
Regina Toscano, 320
Régis Debray, 55
Rei Momo, 89, 387
Reinaldo, 179, 322-323
Renascença (fábrica), 66
Renato Sérgio, 343
República de Ipanema Beach, 71
República Popular de Ramos, 71
Ressurreição, 315
Revista do Henfil, 181-184, 186, 196,
198, 213, 237, 363
Revista Domingo, 101, 240-241, 323
*Revista relativa ou Tinha um pinto no
meio do caminho,* 182
Revolução Cubana, 33
Revolução de 1930, 21
Revolução dos Cravos, 143
Revolução Russa, 63
Reynaldo Jardim, 59, 62
Ribeirão das Neves, 9, 19, 23
Ricardo Gontijo, 302, 333, 354, 368

Rio-Cine Festival, 341, 364

Rita Lee, 237, 263

Rita Luz, 333, 357, 368

Robério Seabra de Moura, 155, 368

Roberto Burle Marx, 23

Roberto Campos, 90

Roberto Carlos, 92

Roberto Drummond, 37-42, 47, 49, 368

Roberto Marinho, 90, 239

Roberto Saturnino Braga, 353

Rock Hudson, 329

Rodrigo Antônio de Araújo Abreu (avô), 20

Ronald Golias, 350

Ronaldo Bôscoli, 212

Ronaldo Costa Couto, 34, 147, 302, 368

"Rosa choque", 263

Rose Nogueira, 264

Rosemary, 220

Rossana (sobrinha), 203-204, 222, 231

Rubem Braga, 85

Rujos (desenhista), 39

Ruth Escobar, 168, 177, 181-182, 184-187, 249, 362

Ruthinéia de Moraes, 340

Salvador Allende, 117, 127

Sami Mattar, 61

Samuel Dirceu, 38

Samuel Wainer, 74, 91

Santa Casa de Misericórdia, 23-24

Santo Dias, 252

Sara (primeira namorada), 35

Saturday Evening Post, 39

SBT, 288

Sempé (desenhista), 38, 40, 48

Senhor (revista), 38

Serginho Leite, 350

Sérgio Augusto, 368, 372

Sérgio Buarque de Holanda, 255

Sérgio Cabral, 87, 93-94, 124, 179, 368

Sérgio Chapelin, 288

Sérgio Gomes da Silva, o Serjão, 190, 254, 368

Sérgio Mendes, 91

Sérgio Paranhos Fleury, 117

Sérgio Porto (Stanislaw Ponte Preta), 73, 323

Sérgio Ricardo, 320, 368

Sérgio Ropperto, 182

Serviço de Censura da Polícia Federal, 269

Severo Sales, 179

Sig, 85

Sílvio Santos, 267

Sílvio Tendler, 320

Simon Bolívar, 102

Simon Schwartzman, 34

Simone (cantora), 326

Sindicato da Indústria da Construção Civil, 154

Sindicato dos Metalúrgicos de São Bernardo, 195

Snoopy (personagem), 124

Sobral Pinto, 251

Sociedade Anônima Anglo-Brasileira Samabi, 64
Sociedade Protetora dos Animais, 71
Soledade (irmã), 21
Sônia Mamede, 182, 185
Sônia Nolasco-Ferreira, 125
Sônia Regina Manso, 203

Tancredo de Almeida Neves, 284, 295, 298, 299, 300-313, 318-319, 321-322, 336, 373
Tanda *ver* Maria Cândida
Tanga, 290-291, 310, 324, 327, 334, 341-343, 364
Tânia Carvalho, 11n
Tao Te King, 274
Tarcísio Meira, 92
Tárik de Souza, 124-125, 135, 149, 239, 279, 368, 37
Tarso de Castro, 73-75, 87, 208
Teatro Alberto Maranhão, 169
Teatro Bandeirantes, 212
Teatro Experimental, 43
Teatro Universitário, 43
Témoignage Chrétien (revista), 31
Teologia da Libertação, 43, 322, 359
Teotônio Vilela Filho, 341, 368
Teotônio Vilela, 279, 284, 286, 288, 295, 297, 303
The Nation, 136
The New York Times, 127, 136, 264, 288, 290, 291
The Washington Post, 136
Theotonio dos Santos, 34, 179

Thomaz Green Morton, 273, 275-278, 280-282, 314, 318-319, 326, 333-335, 340, 344-347, 364, 368
Tomaz Aroldo da Mota Santos, 32, 368
Toni Campos, 58
Toronto Sun, 138
Toronto, 135, 140, 179, 362
Tradição, Família e Propriedade (TFP), 91
Transversal do tempo, 212, 214
"Travessia", 62
Tribuna do Norte, 153-154, 168
Tributo a Teotônio, 341
Troféu Cid Rebelo Horta, 53
Troféu Velho Guerreiro, 97, 361
Tropicalismo, 62, 235
Tulsa, 138-139
TV Globo de Minas, 62
TV Homem, 264, 265, 267-269, 271-272, 289, 363
TV Itacolomi, 39
TV Mulher, 262-264, 266, 268-269, 271-272, 363-364, 390
TV Tupi, 94

Ubaldo, o Paranoico (personagem), 149-150, 160, 182, 362, 371-372
Última Hora, 37, 58, 74, 180, 240-242, 360, 363
Ulysses Guimarães, 279, 284, 286, 300
União Municipal dos Estudantes secundaristas, 34

União Nacional dos Estudantes (UNE), 34, 42, 45-46, 68, 266
Universal Press Syndicate (UPS), 136
Universidade Autônoma, 179, 247
Urubu (personagem), 14, 70, 71, 101, 104, 361, 372
Urubu de Prata, 94
Uruguai, 46, 55, 57

Valdir Azevedo, 269
Veja (revista), 37, 51, 71, 97, 138, 142, 157, 159-160, 239, 270, 369
Venício de Lima, 34-35
Versus, 64
Vicente Scherer, 91
Victor Nunes Leal, 69
Vietnã, 52, 63, 98, 127, 130, 136
Vinícius Caldeira Brant, 34
Vinicius de Moraes, 78
Vladimir Palmeira, 320

Wagner (cartunista), 68
Wagner Carelli, 11
Wagner Tiso, 291, 302, 320, 334, 341-342, 368
Waldir Pires, 55
Walter Fontoura, 132, 143, 241, 368
Walter Pires, 304,
Wanda (irmã), 21, 29-30, 33, 35, 43, 46, 48, 53, 67, 205, 368
Wang Hung-wen, 163
Washington Novaes, 320

Watergate, 127, 136
Wilmar, 68
Wilson Machado, 262
Wilson Manso, 38
Wilson Simonal, 90
Wladimir Murtinho, 185
Woden Madruga, 154-155, 159, 165-166, 168-170, 174-175, 198, 357, 368

Xangai, 162, 177
Xica da Silva, 236
Yao Wen-yuan, 163
Yoná Magalhães, 91
Yustrich, 41, 91

Zagallo, 91
Zé Kéti, 169
Zeferino (personagem), 14, 101-105, 124, 132, 133, 136, 143, 146-147, 151, 157, 182, 184, 193, 195, 217, 221, 242, 293, 341, 362
Zilah (irmã), 21-22, 29, 33, 67, 205, 250
Ziraldo Alves Pinto, 15, 35, 52, 54, 61-63, 68, 73-75, 77, 79-82, 84, 87, 101, 124, 179, 201, 208, 270, 322-323, 354, 368
Zózimo Barroso do Amaral, 291
Zuenir Ventura, 94-95, 307, 368
Zulaiê Cobra, 263
Zuzu Angel, 252

Este livro foi composto na tipologia Adobe
Garamond Pro, em corpo 12/16, e impresso
em papel off-white no Sistema Cameron da
Divisão Gráfica da Distribuidora Record.